10 가지 시작하는

TOEIC Speaking

기초영문법

10가지 문법으로 시작하는
TOEIC Speaking 기초영문법

초판 1쇄 발행 2023년 3월 17일

지은이 황인기(제이크) · 시원스쿨어학연구소
펴낸곳 (주)에스제이더블유인터내셔널
펴낸이 양홍걸 이시원

홈페이지 www.siwonschool.com
주소 서울시 영등포구 국회대로74길 12 시원스쿨
교재 구입 문의 02)2014-8151
고객센터 02)6409-0878

ISBN 979-11-6150-698-2 13740
Number 1-110606-18180400-08

머리말

"영어를 놓은 지 10년이 넘었습니다. 130점이 가능할까요?"

"토익 점수가 500점입니다. IM3를 받으려면 얼마나 걸릴까요?"

학생들로부터 자주 받지만 대답하기 참 어려운 질문입니다.
토익스피킹은 주어진 답변 시간에 빠르게 문장을 만들어야 하는 시험의 특성상
문법의 이해가 부족한 분들에게는 결코 쉽지 않은 시험입니다.

문법은 건설에 비유하자면 바닥을 다지는 기초공사와 같습니다.
문장의 구조에 대한 이해가 부족한 상태에서 토익스피킹을 공부하는 것은 모래 위에 건물을 짓는 것과 같습니다.

하지만 준비할 것은 많고, 시간은 부족한 여러분이기에
조금이라도 빨리 기초학습을 끝낼 수 있도록 필요한 것만 담았습니다.

본 교재를 학습한 후 목표 등급에 따라 '28시간에 끝내는 토익스피킹 START',
'15개 템플릿으로 끝내는 토익스피킹 필수 전략서', '5일 만에 끝내는 토익스피킹 실전 모의고사 15회' 교재로
학습을 이어간다면 어느새 영어에 익숙해진 자신의 모습을 발견할 수 있을 것입니다.

이 교재가 세상에 태어날 수 있게 시원스쿨의 많은 분들이 힘써 주셨습니다.
신승호 소장님, 아낌없는 지원에 늘 감사드립니다.
홍지영 팀장님을 비롯한 시험영어컨텐츠 2팀의 모든 분들께도 감사드립니다.
특히 문나라 대리님이 많이 고생하셨습니다.
또 제작에 도움을 준 김태형, 권도영, 박주연 수강생에게도 감사를 전합니다.

끝으로 제 삶의 소중한 동반자 박인아 양에게 이 책을 바칩니다.

황인기 Jake Hwang

책의 특장점

토익스피킹 1위 제이크가 만든 입문서입니다.

다년간의 현장 강의를 통해 얻은 노하우를 바탕으로
IM 등급 획득에 최적화된 학습 전략을 제공합니다.

YES24 국어외국어사전, 영어, 토익Speaking & Writing TEST/TOEIC S&W2022년 1월 1주 - 2023년 2월 월별 베스트 1위
유튜브 토익스피킹 부문 구독자수 1위(10.5만명) 2023.3기준

10가지 문법 학습을 통해 누구나 IM 등급을 달성할 수 있습니다.

필수 문법 학습과 문항별 적용 연습을 통해
왕초보도 토익스피킹의 기초를 다질 수 있습니다.

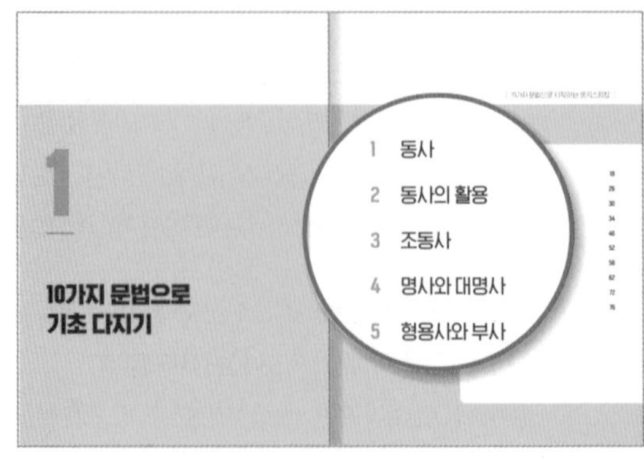

초보자를 위한 유용한 팁과 해설을 제공합니다.

현장 강의에서만 배울 수 있는 유용한 팁과
쉽고 꼼꼼한 해설을 통해 초보자도 혼자서 시험을 준비할 수 있습니다.

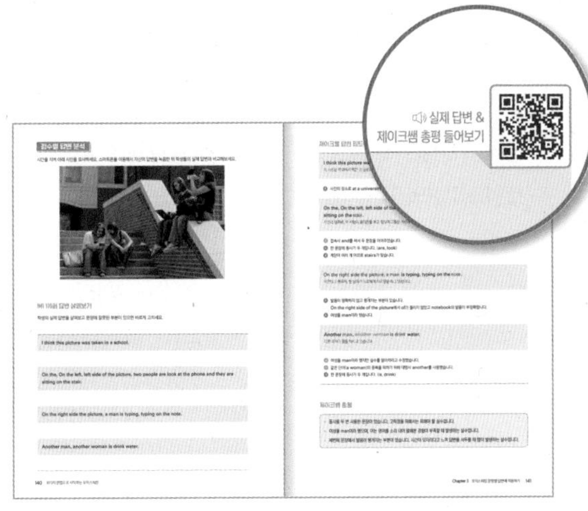

점수대별 답변 분석을 제공합니다.

학생들의 점수대별 답변과 제이크쌤의 음성 피드백을 통해 나의 실력을 점검하고 보완할 수 있습니다. (QR 제공)

학습을 위한 다양한 컨텐츠를 제공합니다.

필수 어휘 모음, 토익스피킹 아이디어 노트, 필수 문장 모음, 동사 변화표 등 학습에 도움을 주는 다양한 부가 컨텐츠를 제공합니다.

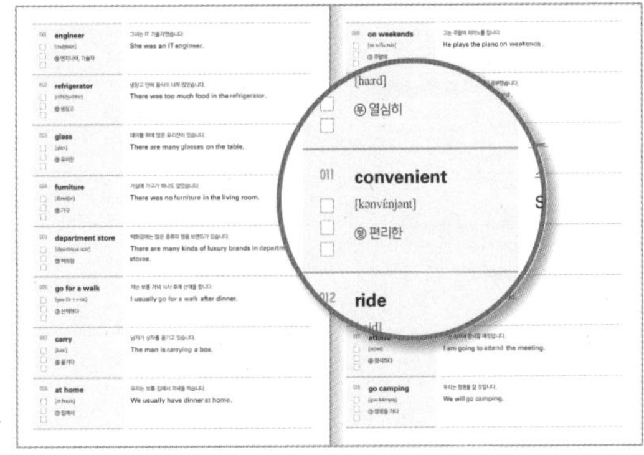

출제 가능성이 높은 모의고사 2회분을 수록했습니다.

최신 경향을 반영한 실전 모의고사 2회분과 초보자의 실전 연습을 도와줄 답변 가이드를 제공합니다.

학습 플로우

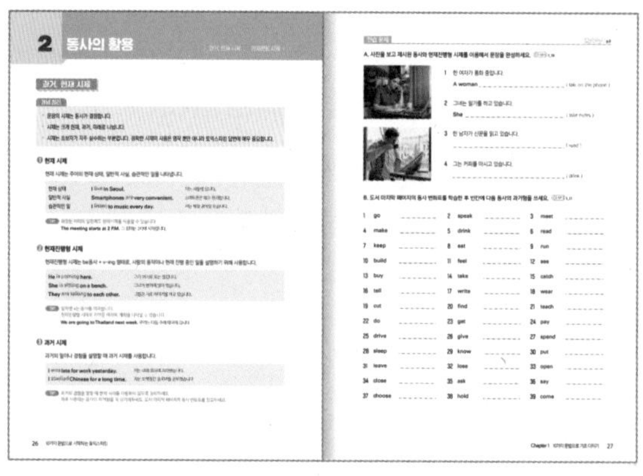

1 10가지 문법으로 기초 다지기

답변 제작을 위한 필수 문법 학습과 연습 문제를 통해 토익스피킹의 기본기를 탄탄히 다질 수 있습니다.

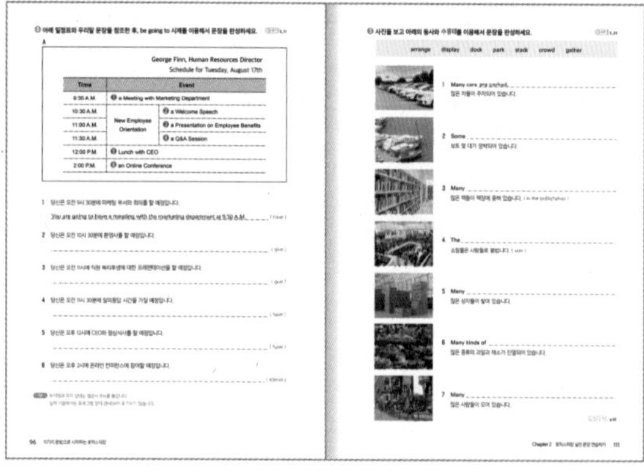

2 토익스피킹 실전 문장 연습하기

학습한 10가지 문법을 활용해서 토익스피킹 답변에 자주 사용되는 문장을 집중 연습합니다.

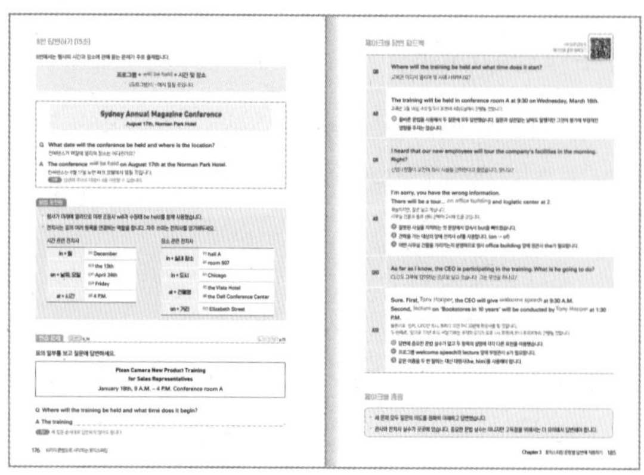

3 토익스피킹 문항별 답변에 적용하기

앞서 배운 문법 포인트를 활용해서 토익스피킹 문항별 학습을 진행합니다.

자신의 실력을 점검하고 보완할 수 있는 문항별 실전 문제와 점수대별 답변 분석 코너를 제공합니다.

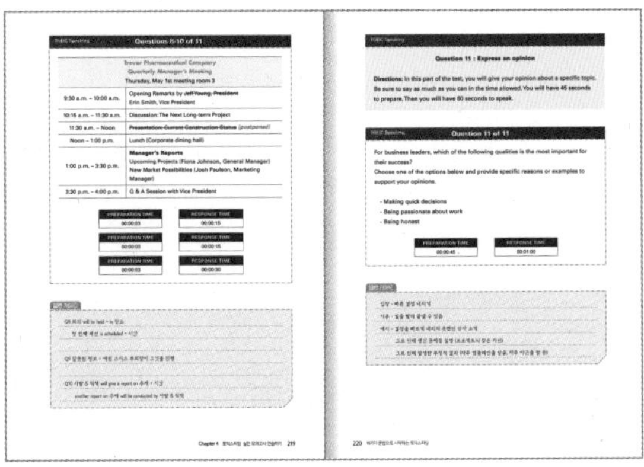

4 토익스피킹 실전 모의고사 연습하기

실제 시험과 동일한 환경에서 출제 가능성이 높은 문제로 구성된 모의고사를 연습함으로써 실전 감각을 키울 수 있습니다.

실전 모의고사 1회에는 답변 가이드가 제공됩니다.

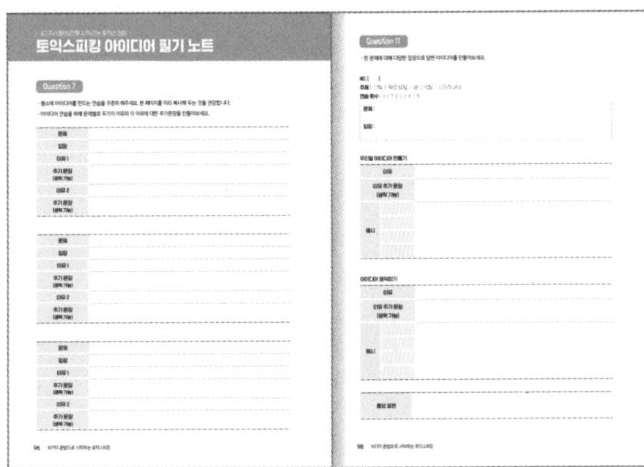

5 학습 중 다양한 부가 컨텐츠 이용하기

제공되는 다양한 부가 컨텐츠를 학습 중간에 이용하세요. 더 효과적인 학습이 가능합니다.

- 필수 어휘 모음 (PDF 제공)
- 아이디어 필기 노트 (책 속의 책)
- 동사 변화표
- 필수 문장 연습

* PDF는 시원스쿨LAB 사이트에서 다운로드 하실 수 있습니다.
* 동사 변화표와 필수 문장 연습은 교재 뒷부분의 절취 가능한 자료를 통해 확인하실 수 있습니다.

저자 직강 유료 온라인 강의

10가지 문법으로 시작하는 토익스피킹의 체계적인 학습을 위해 저자 직강 온라인 강의를 제공합니다. 자세한 정보는 시원스쿨LAB 사이트를 확인하세요.

도서 구매자에게 제공되는 실전 모의고사 1회분 해설 특강 및 MP3 음원은 시원스쿨LAB 사이트에서 이용 가능합니다.

(lab.siwonschool.com)

학습 플랜

1주 완성 플랜

시험을 준비할 시간이 짧은 분들을 위한 학습 플랜입니다.

Day 1	Day 2	Day 3	Day 4	Day 5	Day 6	Day 7
Chapter 1 1-5	Chapter 1 6-10	Chapter 2 1-5	Chapter 2 6-10	Chapter 3 Question 1-7번	Chapter 3 Question 8-11번	실전 모의고사 1-2회
□	□	□	□	□	□	□

- 하루 대부분의 시간을 학습에 투자하는 플랜입니다.
- 학습을 시작하기에 앞서 전날 배운 내용을 복습하세요.
- 학습이 빨리 끝났다면 다음날 배울 내용을 미리 학습하세요.

2주 완성 플랜

일반적으로 추천하는 학습 플랜입니다.

Day 1	Day 2	Day 3	Day 4	Day 5	Day 6	Day 7
Chapter 1 1-4	Chapter 1 5-7	Chapter 1 8-10	Chapter 1 복습 및 밀린 진도 학습	Chapter 2 1-4	Chapter 2 5-7	Chapter 2 8-10
☐	☐	☐	☐	☐	☐	☐
Day 8	**Day 9**	**Day 10**	**Day 11**	**Day 12**	**Day 13**	**Day 14**
Chapter 2 복습 및 밀린 진도 학습	Chapter 3 Question 1-7번	Chapter 3 Question 8-11번	Chapter 3 복습 및 밀린 진도 학습	실전 모의고사 1회	실전 모의고사 2회	모의고사 복습 및 학습내용 총정리
☐	☐	☐	☐	☐	☐	☐

- 학습을 시작하기에 앞서 전날 배운 내용을 복습하세요.
- 학습이 빨리 끝났다면 다음날 배울 내용을 미리 학습하세요.

토익스피킹 기본 정보

1 시험 목적

국제적인 비즈니스 환경에서 구어체 영어로 의사소통 하는 능력을 측정하는 시험입니다.
컴퓨터에 답변을 녹음하는 방식으로 진행되며 크게 아래와 같은 내용을 평가하게 됩니다.

- 영어권 원어민 혹은 영어가 능통한 비원어민과 의사소통이 가능한지
- 적절한 표현을 이용하여 일상생활 혹은 업무 환경에서 필요한 대화를 할 수 있는지
- 일반적인 업무 환경에서 대화를 지속해 나갈 수 있는지

2 시험 구성

문제 번호	문항 수	문제 유형	준비 시간	답변 시간
1-2	2	지문 읽기	각 45초	각 45초
3-4	2	사진 묘사하기	각 45초	각 30초
5-7	3	듣고 질문에 답하기	각 3초	15/15/30초
8-10	3	제공된 정보를 사용하여 질문에 답하기	표 읽기 45초, 각 3초	15/15/30초
11	1	의견 제시하기	45초	60초

- 문항 별 준비 시간과 답변 시간이 다릅니다.

3 점수별 등급

점수	등급
200	Advanced High
180-190	Advanced Mid
160-170	Advanced Low
140-150	Intermediate High
130	Intermediate Mid 3
120	Intermediate Mid 2
110	Intermediate Mid 1
90-100	Intermediate Low
60-80	Novice High
0-50	Novice Mid / Low

4 시험 진행

입실에서 퇴실까지는 약 45분이 소요되며, 시험 진행 순서는 아래와 같습니다. (11시 30분 시험 기준)

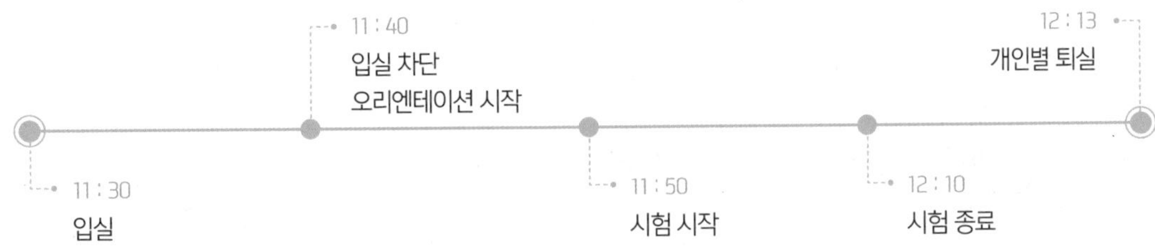

5 시험 접수 및 관련 사항

시험 등록	공식 홈페이지 www.toeicspeaking.co.kr 에서 신청할 수 있습니다.
응시료	84,000원
시험 방식	컴퓨터 기반 시험(Computer Based Test)으로 모니터에 제시된 질문에 마이크를 이용해서 녹음을 하는 방식입니다.
시험 장소	전국 각지의 지정된 시험장
시험 일자	매주 토, 일요일 오전 혹은 오후에 진행됩니다. 평일에도 시행되는 경우가 있으니 자세한 일정은 홈페이지를 확인해 주세요.
성적발표 및 확인	응시일로부터 약 5일 뒤, 홈페이지에서 확인 가능합니다. 성적표는 1회에 한해 무료로 인쇄 가능합니다.
유효 기간	2년
당일 준비물	신분증 필수 지참 (주민등록증, 여권, 운전면허증)
응시 가능 횟수	시험은 하루에 1회만 응시 가능합니다.

목차

Chapter 3 토익스피킹 문항별 답변에 적용하기

Chapter 4 토익스피킹 실전 모의고사 연습하기

부록 왕초보를 위한 토익스피킹 필수 어휘 모음 (PDF)

토익스피킹 아이디어 필기 노트 (책 속의 책)

토익스피킹 빈출 동사 변화표

토익스피킹 필수 문장 연습

* PDF는 시원스쿨LAB 사이트에서 다운로드 하실 수 있습니다.
* 동사 변화표와 필수 문장 연습은 교재 뒷부분의 절취 가능한 자료를 통해 확인하실 수 있습니다.

1

10가지 문법으로 기초 다지기

품사와 문장 구성 성분

품사

문장을 이루는 여러 단어들을 그 성질이 같은 것끼리 묶은 것을 품사라고 합니다. 이 중 문법의 기초가 되는 중요한 품사는 명사, 대명사, 동사, 형용사, 부사입니다.

명사

사람, 사물, 장소 등 대상의 이름을 가리키는 말입니다.

I need a car.

저는 차가 필요합니다.

예 bank, Seoul, table, Susan

대명사

앞에 언급된 명사를 대신해서 쓰는 말로 같은 명사의 반복을 피하기 위해 쓰입니다.

I met a man. He is very rich.

저는 한 남자를 만났습니다. 그는 매우 부자입니다.

예 you, we, he, she, they

동사

사람의 행동이나 사물의 움직임 또는 상태를 설명하는 말로 크게 be동사, 일반동사, 조동사로 구분됩니다.

They live in England.

그들은 영국에서 살아요.

예 is, are, have, go, can

형용사

명사의 상태, 성질, 모양 등을 설명합니다.

We provide a convenient customer service.

우리는 편리한 고객 서비스를 제공합니다.

예 good, full, strong, quick

부사

동사나 형용사, 부사를 더 자세하게 설명해주는 역할을 합니다. 주로 시간, 빈도, 강도 등을 나타냅니다.

I usually drink a cup of coffee in the morning.

저는 보통 아침에 커피 한 잔을 마십니다.

예 today, very, never, here, soon

전치사

명사나 대명사의 앞에서 시간, 장소, 위치, 방향 등을 나타냅니다.

There is a laptop computer on the table.

테이블 위에 노트북 컴퓨터가 있습니다.

예 in, at, on, about, for, to, by, with

접속사

문장과 문장 또는 문장 가운데 동등한 두 성분을 이어주는 역할을 합니다.

I bought some water and juice.

저는 물과 쥬스를 샀습니다.

예 and, but, or, so, because, if

감탄사

놀람, 기쁨, 당황 등 감정을 강하게 표현하는 역할을 합니다.

Oh, I'm sorry.

앗, 죄송합니다.

예 wow, really?, excellent!

문장 성분

문장을 이루는 구성 요소를 문장 성분이라고 합니다. 문장의 필수적인 요소는 주어, 동사, 목적어, 보어가 있습니다.

주어

문장의 주체가 되는 대상으로 문장 맨 앞에 주로 위치합니다.

They are sitting on a bench.
그들은 벤치에 앉아 있습니다.

A man is looking at a picture.
그는 그림을 쳐다보고 있습니다.

동사

주어의 상태나 행동을 나타내고 주로 주어의 뒤에 위치합니다.

He is an office worker.
그는 직장인입니다.

I bought music at a record shop.
저는 음반 매장에서 음악을 구매했습니다.

목적어

목적어는 동사의 대상이 되는 명사입니다.

I borrowed a book.
저는 책을 한권 빌렸습니다.

I drop my mobile phone often.
저는 휴대폰을 자주 떨어뜨립니다.

보어

명사, 형용사가 쓰이며 문장에서 의미가 불완전한 부분을 채웁니다.

She became a chef.
그는 요리사가 되었습니다.

This restaurant is famous.
이 레스토랑은 유명합니다.

구와 절

문장은 동사의 유무에 따라 구와 절로 구분할 수 있습니다.

구	두개 이상의 단어들이 뭉친 것을 가리키며 문장 내에서 명사, 형용사, 부사의 역할을 합니다. 불완전한 형태이므로 단독으로 사용할 수 없습니다. • 명사구 He is carrying a large box. 그는 큰 상자를 나르고 있습니다. • 형용사구 The man(명사) on the left(형용사구) is talking on the phone. 왼쪽의 남자가 통화를 하고 있습니다. • 부사구 It takes about 2 hours(명사) to go there(형용사구) by bus(부사구). 거기에 가는데 버스로 약 2시간이 걸립니다.
절	주어와 동사가 포함된 두개 이상의 단어들이 뭉친 것을 가리킵니다. 완성된 문장의 형태를 가지고 있으므로 단독으로 사용 가능합니다. • 명사절 I found that the test was very important(명사 자리). 저는 시험이 매우 중요하다는 것을 알았습니다. • 부사절 I traveled to Paris before I got a job(동사 travel 수식). 저는 취업하기 전에 파리를 여행했습니다.

TIP 구와 절의 이름과 역할을 암기할 필요는 없습니다. 각자 문장 내에서 어떤 역할을 하는지 이해하는 정도면 충분합니다.

1 동사

be동사

개념 정리

- 문장은 대부분 명사로 시작하며, 이를 주어라고 합니다. This pen is expensive. 이 펜은 비쌉니다.
  (This pen: 주어)
- 동사는 주어의 뒤에서 주어의 상태나 행동을 설명합니다. 모든 문장에는 동사가 필요합니다.
  They work at a restaurant. 그들은 레스토랑에서 일합니다.
  (They: 주어, work: 동사)
- 동사는 크게 be동사와 일반동사로 나뉩니다.

❶ be동사의 형태

be동사는 주어가 무엇인지, 어떤 상태인지, 어디에 있는지를 설명하고 '~이다', '~가 있다'라는 의미로 쓰입니다.

- She is a student. 그녀는 학생입니다.
- She is sick. 그녀는 아픕니다.
- She is in the living room. 그녀는 거실에 있습니다.

be동사는 주어와 문장의 시제에 따라 형태가 달라집니다.

주어	현재 시제	과거 시제
I	am	was
We	are	were
You		
They		
he / she / it / 사람 이름	is	was

- She is thirsty. 그녀는 목이 마릅니다.
- He is in the building. 그는 빌딩 안에 있습니다.
- They are 10 dollars. 그것들은 10달러입니다.
- She was an IT engineer. 그녀는 IT 기술자였습니다.
- They were very busy. 그들은 매우 바빴습니다.

❷ be동사의 부정문

be동사 뒤에 not을 붙이면 부정문이 됩니다.

He is a university student. → He is not a university student.
그는 대학생입니다. → 그는 대학생이 아닙니다.

It is a good idea. → It is not a good idea.
그것은 좋은 생각입니다. → 그것은 좋은 생각이 아닙니다.

The movie was fun. → The movie was not fun.
그 영화는 재밌었습니다. → 그 영화는 재미가 없었습니다.

연습 문제

정답 및 해설 p.4

A. 빈칸에 알맞은 be동사를 넣어 문장을 완성하세요. MP3 1_1

1 저는 회사원입니다.

I ______ an office worker.

2 그는 선생님입니다.

He ______ a teacher.

3 테이블 위에 접시가 몇 개 있습니다.

Some plates ______ on the table.

4 그녀는 집에 없었습니다. 그녀는 직장에 있었습니다.

She _____ not at home. She _____ at work.

B. 우리말 문장과 일치하도록 알맞은 be동사를 골라 문장을 완성하세요. MP3 1_2

am are is was were

1 그는 저의 가장 친한 친구입니다. (best friend)

He ______________________________

2 야채는 건강에 좋습니다. (good for health)

Vegetables ______________________________

3 저는 수영을 잘합니다. (good at swimming)

I ______________________________

4 지난 여름은 매우 더웠습니다. (very hot)

Last summer ______________________________

5 그들은 몸이 아팠습니다. (sick)

They ______________________________

❸ There + be동사

There + be동사는 어디에 무엇이 있다는 것을 의미합니다. 뒤에 따라오는 명사에 따라 be동사의 형태가 바뀝니다.

There	is (현재) was (과거)	+	한 개의 명사 (desk, sofa 등) 혹은 수를 셀 수 없는 명사 (water, time 등)
	are (현재) were (과거)	+	두 개 이상의 명사 (flowers, people 등)

- **There is a laptop computer on the desk.** 책상 위에 노트북이 있습니다.
- **There was too much dust in the air.** 공기 중에 먼지가 너무 많았습니다.
- **There are many trees on the street.** 거리에 나무가 많습니다.
- **There were not many people in the fitness center.** 피트니스 센터에 사람이 많지 않았습니다.

TIP 명사 앞에 있는 a와 the를 관사라고 부릅니다. 이어지는 4. 명사와 대명사에서 학습할 예정이니 여기서는 가볍게 읽고 지나가세요.

There + be동사의 뒤에 명사의 수를 설명하는 형용사가 올 수 있습니다.

There is no + 명사	(명사)가 없다
There are many kinds of + 복수 명사	~에 많은 종류의 (명사)가 있다

- **There was no TV in the living room.** 거실에 TV가 없었습니다.
- **There are many kinds of luxury brands in department stores.**
  백화점에는 많은 종류의 명품 브랜드가 있습니다.

TIP many kinds of는 종류의 다양성을 강조하며, various(다양한)와 의미가 같습니다.
There are many stores in the shopping mall. (매장의 수가 많음)
There are various stores in the shopping mall. (매장의 종류가 다양함)

정답 및 해설 p.5

C. 문장에서 잘못된 부분을 찾아 바르게 고치세요. MP3 1_3

1 There was many stars in the sky yesterday.

was → ________

2 There is a café in this building 2 years ago.

________ → ________

3 There are a lot of bread on the table.

________ → ________

4 There is many kinds of flower festivals in Taiwan.

________ → ________

5 There is no eggs in the supermarket today.

________ → ________

D. 빈칸에 알맞은 단어를 골라 문장을 완성하세요. MP3 1_4

is are no many kinds of

1 냉장고 안에 음식이 너무 많습니다.

There ______ too much food in the refrigerator.

2 사무실에 많은 사람들이 있습니다.

There ______ a lot of people in the office.

3 그 서점에는 많은 종류의 책이 있습니다.

There are ______________ books in the bookstore.

4 그 피트니스 센터에는 수영장이 없었습니다.

There was ______ swimming pool in the fitness center.

TIP 셀 수 없는 명사는 단수로 취급합니다.

일반 동사

개념 정리

▸ 일반동사는 주어의 행동을 설명하며, be동사를 제외한 나머지 모든 동사를 말합니다.

He works at a bank. 그는 은행에서 일합니다.
Danny bought a new car. 대니는 새 차를 구매했습니다.

❶ 일반 동사의 형태

현재의 상황 혹은 반복적인 행동에 대해 말할 때 일반동사의 기본형을 사용합니다.

현재의 상황	I have thirty dollars. We like basketball. They run three cafes.	저는 30달러를 가지고 있습니다. 우리는 농구를 좋아합니다. 그들은 세 개의 카페를 운영합니다.
반복적인 행동이나 습관	I usually go for a walk after dinner. We play computer games every day. They always work hard.	저는 보통 저녁 식사 후에 산책을 합니다. 우리는 매일 컴퓨터 게임을 합니다. 그들은 항상 열심히 일합니다.

TIP be동사와 일반동사는 함께 사용하지 않습니다.
We are have a lot of work. (X)
→ We have a lot of work. (O)

일반동사에 -ing가 붙으면 더 이상 동사의 역할을 하지 못합니다.
The man carrying a box. (X)
→ The man is carrying a box. (O)

❷ 일반 동사의 형태 변화

주어가 3인칭 단수일 때는 일반동사의 기본형 뒤에 -s, -es 혹은 -ies를 붙입니다. 3인칭이란 말하거나 듣는 사람이 아닌 제3자를 뜻하며, 대표적인 예로 he, she, it, 고유명사 등이 있습니다.

- He plays the piano on weekends. 그는 주말에 피아노를 칩니다.
- She teaches English at university. 그녀는 대학에서 영어를 가르칩니다.
- Nolan has two cars. 놀란은 두 대의 차를 가지고 있습니다.

연습 문제

정답 및 해설 p.6

A. 동사에 유의해서 다음 문장을 바르게 고치세요. 모든 문장의 시제는 현재입니다. MP3 1_5

1 My shoes very expensive. → ______

2 They are like Korean music a lot. → ______

3 I am having two sisters. → ______

4 We usually having dinner at home. → ______

5 The programs are start at 9 A.M. → ______

6 I am worry about my future often. → ______

B. 다음 문장에서 잘못 사용된 동사를 바르게 고치세요. 모든 문장의 시제는 현재입니다. MP3 1_6

1 She know Jamie. know → ______

2 Susan have a lot of homework today. ______ → ______

3 This bus go to Seoul station. ______ → ______

4 This T-shirt look very dirty. ______ → ______

5 He sleep about 6 hours a day. ______ → ______

6 They works at a restaurant. ______ → ______

일반동사의 부정문과 의문문

❶ 일반동사의 부정문

일반동사의 부정문은 동사 앞에 don't 나 doesn't를 붙입니다.

주어	형태	예문
I / you / we / they	don't + 동사 원형	I like cats. 저는 고양이를 좋아합니다. I don't like cats. 저는 고양이를 좋아하지 않습니다.
he / she / it	doesn't + 동사 원형	She has a car. 그녀는 차가 있습니다. She doesn't have a car. 그녀는 차가 없습니다.

TIP have의 3인칭 단수형은 has입니다.

일반동사 부정문의 과거형은 주어의 구분 없이 동사 앞에 didn't를 붙입니다.

주어	형태	예문
모든 주어	didn't + 동사 원형	I called him. 저는 그에게 전화했습니다. I didn't call him. 저는 그에게 전화하지 않았습니다.

❷ 일반동사의 의문문

일반동사의 의문문은 do 나 does를 주어 앞에 붙입니다.

주어	형태	예문
I / you / we / they	Do + 주어 + 동사 원형 ~?	Q Do you like cats? 당신은 고양이를 좋아하나요? A I like cats. 저는 고양이를 좋아합니다.
he / she / it	Does + 주어 + 동사 원형 ~?	Q Does she have a car? 그녀는 차가 있나요? A She doesn't have a car. 그녀는 차가 없습니다.

일반동사 의문문의 과거형에는 주어의 구분 없이 did를 사용합니다.

주어	형태	예문
모든 주어	Did + 주어 + 동사 원형 ~?	Q Did he call you? 그가 당신에게 전화했나요? A He didn't call me. 그는 저에게 전화하지 않았습니다.

연습 문제

정답 및 해설 p.7

A. 우리말 문장의 시제에 유의해서 부정문을 완성하세요. MP3 1_7

1 그는 어제 파티에 오지 않았습니다. He ________ ________ to the party yesterday.

2 저는 주말에는 일을 하지 않습니다. I ________ ________ on weekends.

3 그녀는 태블릿 PC가 없습니다. She ________ ________ a tablet PC.

4 저는 커피를 좋아하지 않았습니다. I ________ ________ coffee.

5 저는 운전을 하지 않습니다. I ________ ________.

B. 아래 부정문에서 잘못 사용된 동사를 바르게 고치세요. MP3 1_8

1 Many people like not pigeons. → Many people ________________

2 I have not many friends. → I ________________

3 Tracey doesn't work yesterday. → Tracey ________________

4 I had not breakfast today. → I ________________

C. 우리말 문장과 일치하도록 빈칸을 채우세요. MP3 1_9

1 당신은 중국 음식을 좋아하나요? Q ________ ________ ________ Chinese food?
저는 중국 음식을 좋아하지 않습니다. A I ________ ________ Chinese food.

2 그녀가 학교에 갔나요? Q ________ ________ ________ to school?
그녀는 오늘 학교에 가지 않았습니다. A She ________ ________ to school today.

3 그녀가 당신의 전화번호를 아나요? Q ________ ________ ________ your phone number?
그녀는 제 전화번호를 알아요. A She ________ my phone number.

4 당신은 자주 운동을 하나요? Q ________ ________ ________ often?
저는 자주 운동을 하지 않습니다. A I ________ ________ often.

2 동사의 활용

과거, 현재 시제

개념 정리

- 문장의 시제는 동사가 결정합니다.
- 시제는 크게 현재, 과거, 미래로 나뉩니다.
- 시제는 초보자가 자주 실수하는 부분입니다. 정확한 시제의 사용은 영작 뿐만 아니라 토익스피킹 답변에 매우 중요합니다.

❶ 현재 시제

현재 시제는 주어의 현재 상태, 일반적 사실, 습관적인 일을 나타냅니다.

현재 상태	I live in Seoul.	저는 서울에 삽니다.
일반적 사실	Smartphones are very convenient.	스마트폰은 매우 편리합니다.
습관적인 일	I listen to music every day.	저는 매일 음악을 듣습니다.

TIP 확정된 미래의 일정에도 현재시제를 사용할 수 있습니다.
The meeting starts at 2 P.M. 그 회의는 2시에 시작합니다.

❷ 현재진행형 시제

현재진행형 시제는 be동사 + v-ing 형태로, 사람의 동작이나 현재 진행 중인 일을 설명하기 위해 사용합니다.

He is coming here.	그가 여기로 오는 중입니다.
She is sitting on a bench.	그녀가 벤치에 앉아 있습니다.
They are talking to each other.	그들은 서로 이야기를 하고 있습니다.

TIP 알파벳 v는 동사를 의미합니다.
현재진행형 시제로 가까운 미래의 계획을 나타낼 수 있습니다.
We are going to Thailand next week. 우리는 다음 주에 태국에 갑니다.

❸ 과거 시제

과거의 일이나 경험을 설명할 때 과거 시제를 사용합니다.

I was late for work yesterday.	저는 어제 회사에 지각했습니다.
I studied Chinese for a long time.	저는 오랫동안 중국어를 공부했습니다.

TIP 과거의 경험을 말할 때 현재 시제를 사용하지 않도록 유의하세요.
자주 사용되는 동사의 과거형을 꼭 암기해두세요. 도서 마지막 페이지의 동사 변화표를 참고하세요.

연습 문제

정답 및 해설 p.8

A. 사진을 보고 제시된 동사와 현재진행형 시제를 이용해서 문장을 완성하세요. MP3 1_10

1 한 여자가 통화 중입니다.

A woman ______________________ (talk on the phone)

2 그녀는 필기를 하고 있습니다.

She ______________________ (take notes)

3 한 남자가 신문을 읽고 있습니다.

______________________ (read)

4 그는 커피를 마시고 있습니다.

______________________ (drink)

B. 도서 마지막 페이지의 동사 변화표를 학습한 후 빈칸에 다음 동사의 과거형을 쓰세요. MP3 1_11

1 go	________	2 speak	________	3 meet	________
4 make	________	5 drink	________	6 read	________
7 keep	________	8 eat	________	9 run	________
10 build	________	11 feel	________	12 see	________
13 buy	________	14 take	________	15 catch	________
16 tell	________	17 write	________	18 wear	________
19 cut	________	20 find	________	21 teach	________
22 do	________	23 get	________	24 pay	________
25 drive	________	26 give	________	27 spend	________
28 sleep	________	29 know	________	30 put	________
31 leave	________	32 lose	________	33 open	________
34 close	________	35 ask	________	36 say	________
37 choose	________	38 hold	________	39 come	________

현재완료 시제

❶ 현재완료

과거에 시작된 일이 현재까지 영향을 미칠 때 현재완료 시제를 사용합니다. 현재완료의 기본 형태는 have(has) + 과거분사입니다.

과거 시제	현재완료 시제
I lived in Seoul for 3 years. 저는 서울에서 3년 동안 살았습니다. 지금은 서울에 없을 수 있음	I have lived in Seoul for 3 years. 저는 서울에서 3년째 살고 있습니다. 현재도 서울에 있음
He went to Australia. 그는 호주에 갔습니다. 지금은 호주에 없을 수 있음	He has gone to Australia. 그는 호주에 갔습니다. 현재도 호주에 있음

TIP
• 과거분사는 동사의 변화형 중 하나로 완료 시제 및 수동적 의미의 문장을 만드는데 쓰입니다.
영어로 past participle라고 하며, 줄여서 p.p 라고 표기합니다.
• 자주 사용되는 동사의 과거형과 과거분사형을 꼭 암기해두세요. 도서 마지막 페이지의 동사 변화표를 참고하세요.
go (현재) - went (과거) - gone (과거분사)

❷ 현재완료의 4가지 의미

현재완료는 계속, 경험, 결과, 완료의 네가지 의미를 가지며, 토익스피킹에서는 주로 계속, 경험의 의미로 쓰입니다.

계속	I have played the piano since high school.	저는 고등학교 때부터 피아노를 쳤습니다.
경험	I have been to Europe twice.	저는 유럽에 두 번 가봤습니다.
결과	She has already quit her job.	그녀는 이미 퇴사했습니다.
완료	He has just eaten dinner.	그는 막 저녁을 먹었습니다.

TIP 현재완료 시제는 과거 시점과 함께 사용할 수 없습니다. I have been to Paris last year. (X)
현재완료 시제의 부정문은 have 뒤에 not을 붙입니다. I have not played soccer since 2015.

❸ 현재완료 진행형

현재완료의 진행형은 현재 진행형과 현재완료가 결합된 시제로, 현재완료 시제에 비해 동작의 연속성이 강조됩니다.
현재완료의 진행형 기본 형태는 have been + v-ing입니다.

		be	v-ing	(현재진행형)
+	have	p.p		(현재완료)
=	have	been	v-ing	(현재완료진행)

- I have been working here for 10 years. 저는 여기서 10년째 일하는 중입니다.
- I have been studying English for about 3 years. 저는 영어를 약 3년째 공부하고 있습니다.

연습 문제

정답 및 해설 p.9

A. 문맥에 맞게 괄호 안의 동사를 과거 또는 현재완료 시제로 바꾸세요. MP3 1_12

1 She (send) me an email last night. [ ]

2 I (study) English since elementary school. But I still hate it. [ ]

3 I (use) this laptop computer for 7 years. It is very heavy. [ ]

4 He (live) in Seoul for 20 years. But he moved to Pusan last year. [ ]

5 I (buy) a tablet PC, but I sold it. [ ]

6 I (play) the guitar since I entered university. [ ]

7 I (lose) my watch yesterday. [ ]

B. 현재완료의 진행형과 주어진 단어를 이용해서 문장을 완성하세요. MP3 1_13

1 그들은 새벽 5시부터 일하고 있습니다. (work, since)

They ______________________________

2 그는 아침부터 중요한 전화를 기다리고 있습니다. (wait for, call)

He ______________________________

3 그녀는 두시간 째 운동 중입니다. (exercise)

She ______________________________

C. 도서 마지막 페이지의 동사 변화표를 학습한 후 빈칸에 다음 동사의 과거분사형을 쓰세요. MP3 1_14

1 go	______	2 speak	______	3 read	______
4 run	______	5 see	______	6 come	______
7 take	______	8 write	______	9 cut	______
10 do	______	11 drive	______	12 give	______
13 know	______	14 put	______	15 choose	______

3 조동사

조동사

개념 정리

- 조동사는 동사의 앞에서 동사에 특정한 의미를 더해주는 동사입니다.
- 조동사 뒤에는 항상 동사의 기본형인 동사원형이 옵니다.

  He can play table tennis.
  (can: 조동사, play: 동사원형)

- 조동사는 한 문장에 하나만 쓸 수 있습니다.

  He will can play tennis. (X)
  (will: 조동사, can: 조동사)

❶ can

can + 동사원형의 형태로 쓰이며, 능력이나 가능의 의미를 갖습니다.

현재	I can swim. I can't swim.	저는 수영을 할 줄 압니다. 저는 수영을 못합니다.
과거	I could swim in the past.	저는 과거에는 수영을 할 줄 알았습니다.

TIP 공손하게 요청을 할 때도 could를 사용합니다.
Could you close the door? 문 좀 닫아 주시겠어요?

❷ be able to + 동사원형

be동사 + able to + 동사원형의 형태로 쓰이며, 능력이나 가능성을 나타내는 조동사 can과 의미가 같습니다. 토익스피킹에서는 주로 과거, 미래 시제와 함께 사용합니다.

과거	I was able to pass the test. I was not able to pass the test.	저는 시험에 합격할 수 있었습니다. 저는 시험에 합격하지 못했습니다.
미래	We will be able to watch a movie. We will not be able to watch a movie.	우리는 영화를 볼 수 있을 것입니다. 우리는 영화를 보지 못 할 것입니다.

TIP 부정문에서 부정어 not의 위치에 유의하세요.

연습 문제

정답 및 해설 p.10

A. 다음 밑줄 친 부분을 바르게 고치세요. 문장의 시제는 그대로 유지하세요. MP3 1_15

1 He can playing the violin. → ______

2 I could be help him. → ______

3 I was able to fixed the computer. → ______

4 We were able to not finish the project. → ______

5 She will able to finishing the project soon. → ______

B. 아래의 예제를 참조한 후, 제시된 조동사를 이용해서 나의 능력에 관한 문장을 자유롭게 만드세요. MP3 1_16

I can drive a car.	저는 운전을 할 수 있습니다.
I can't eat spicy food.	저는 매운 음식을 못 먹습니다.
I was able to play piano.	저는 피아노를 칠 수 있었습니다.

1 I can ______

2 I can ______

3 I can't ______

4 I can't ______

5 I was able to ______

6 I was able to ______

❸ will, be going to

will + 동사원형, be동사 + going to + 동사원형의 형태로 쓰이며, 미래에 발생할 일을 설명합니다.

will + 동사원형 미래의 예측 혹은 주어의 의지	I will help you. I think the rain will not stop.	제가 도와드리겠습니다. (의지) 비가 그치지 않을 것 같아요. (예측)
be going to + 동사원형 가까운 미래에 예정된 일	Kane is going to give a lecture at 3 P.M. She is not going to attend the meeting.	케인은 3시에 강의를 할 예정입니다. 그녀는 회의에 참석하지 않을 예정입니다.

TIP 부정문에서 부정어 not의 위치에 유의하세요.
be going to + 동사원형을 be going to + 장소와 혼동하지 않도록 주의하세요.
I'm going to move out tomorrow. 저는 내일 이사를 갑니다.
I'm going to Pusan today. 저는 오늘 부산에 갑니다.

❹ have to, should

have to + 동사원형의 형태로 쓰이며, 행동에 대한 의무를 나타냅니다. have to의 부정문은 ~을 하지 않아도 된다는 불필요의 의미로 쓰입니다.

현재	We have to leave now.	우리는 지금 출발해야 합니다.
과거	She had to work overtime every day.	그녀는 매일 야근을 해야 했습니다.
현재 부정	I don't have to wear a suit on Fridays.	저는 금요일에는 정장을 입지 않아도 됩니다.
과거 부정	I didn't have to go on a business trip.	저는 출장을 갈 필요가 없었습니다.

TIP don't have to는 don't need to와 의미가 같습니다.

should는 have to보다 더 가벼운 정도의 의무나 충고의 의미로 쓰입니다.

You should listen to him.	그의 말을 듣는 것이 좋습니다.
I should exercise more often.	저는 더 자주 운동을 해야 합니다.

TIP 강한 의무를 나타내는 조동사 must는 토익스피킹에서 잘 사용되지 않습니다.

연습 문제

정답 및 해설 p.11

C. 우리말 문장과 일치하도록 알맞은 동사를 골라 문장을 완성하세요. MP3 1_17

sell go attend rain

1 그들은 회의에 참여하지 않을 것입니다. (의지)

They ______ ______ ______ the meeting.

2 제 생각엔 내일 비가 올 것 같습니다. (예측)

I think it ______ ______ tomorrow.

3 우리는 캠핑을 갈 것입니다. (예정)

We ______ ______ ______ ______ camping.

4 저는 차를 팔지 않을 것입니다. (예정)

I ______ ______ ______ ______ ______ my car.

D. 우리말 문장과 일치하도록 알맞은 조동사를 골라 문장을 완성하세요. MP3 1_18

had to should don't have to have to should not didn't have to

1 돈을 내지 않아도 됩니다.

You ________________ pay.

2 지하철을 타는 것이 좋겠습니다.

You ______________________ take the subway.

3 그에게 지금 전화하면 안 돼요.

You ________________ call him now.

4 그들은 서두를 필요가 없었습니다.

They ________________ hurry.

5 저는 그 시험에 꼭 합격해야 합니다.

I ________________ pass the test.

6 저는 계획을 변경해야만 했습니다.

I ________________ change the plan.

4 명사와 대명사

| 명사 관사 대명사 |

명사

개념 정리

- 명사는 사람, 사물, 장소 등의 이름을 가리키는 말로, 셀 수 있는 명사와 셀 수 없는 명사로 나뉘어집니다.

I have two smartphones. 저는 스마트폰이 두 대 있습니다. 셀 수 있는 명사
I drink coffee in the morning. 저는 아침에 커피를 마십니다. 셀 수 없는 명사

❶ 셀 수 있는 명사

가산 명사라고 하며, 대상에 일정한 형태가 있어 앞에 숫자를 붙일 수 있는 명사를 뜻합니다.

특징	예
단수형과 복수형이 존재함	He is drawing a picture. 그는 그림을 그리고 있습니다. He has many pictures at home. 그는 집에 그림이 많습니다.
단수 명사 앞에 a/an을 붙일 수 있음	A man is looking at a monitor. 한 남자가 모니터를 쳐다보고 있습니다.
수량 형용사 some/any를 붙일 수 있음	There are some people on the street. 거리에 사람들이 몇 명 있습니다. I don't have any plans today. 오늘은 아무런 계획이 없습니다.

❷ 셀 수 없는 명사

불가산 명사라고 하며, 앞에 숫자를 붙일 수 없는 명사를 뜻합니다.

특징	예
복수형이 존재하지 않음	moneys (X) furnitures (X) informations (X) equipments (X)
명사 앞에 a나 an을 붙일 수 없음	She is holding a paper. (X) She is holding a piece of paper. (O) 그녀가 종이 한 장을 들고 있습니다.
명사 앞에 수를 붙일 수 없음	I drank two coffees today. (X) I drank two cups of coffee today. (O) 저는 오늘 커피를 두 잔 마셨습니다.
be동사 is, was를 사용	The information were very helpful. (X) The information was very helpful. (O) 그 정보는 매우 도움이 되었습니다.
수량 형용사 some/any를 붙일 수 있음	I need some water. 물이 좀 필요해요. I don't have any advice for him. 그에게 조언해 줄 것이 없습니다.

TIP 셀 수 없는 명사의 앞에 수식하는 말이 오면 부정관사 a/an을 쓸 수 있습니다.
I can see a blue sky outside the window. 창 밖에 파란 하늘이 보입니다.
I had a big breakfast. 저는 아침을 많이 먹었습니다.

연습 문제

정답 및 해설 p.12

A. 아래 단어를 셀 수 있는 명사와 셀 수 없는 명사로 구분하세요. MP3 1_19

bread paper tomato water health time sandwich news traffic
airplane music money jewelry umbrella furniture beef question
rice equipment story child coffee chocolate weekend advice baggage
vegetable knowledge fish island pizza drama

셀 수 있는 명사 ______________________________

____

____

셀 수 없는 명사 ______________________________

____

____

TIP 형태에 유의해야 할 복수형 명사를 학습해두세요.

-s를 붙이는 대부분의 명사	pictures, animals, friends, questions, desks
-es를 붙이는 명사	buses, classes, watches, dishes, boxes
-ies를 붙이는 명사	cities, countries, companies, stories, universities
-ves를 붙이는 명사	leaves, knives, shelves
불규칙적으로 바뀌는 명사	man-men, woman-women, child-children, person-people
항상 복수형으로 쓰이는 명사	glasses, pants, jeans, shoes, socks

관사

개념 정리

▸ 관사는 명사 앞에서 그 수가 하나 또는 하나 이상인지, 일반적인 것인지, 아니면 특정한 명사인지를 나타냅니다. 관사는 정관사(the)와 부정관사(a, an)로 나뉩니다.

I took a class yesterday. The class was useful. 저는 어제 수업을 들었습니다. 그 수업은 유용했습니다.
I bought a coat. The coat is light and comfortable. 저는 코트를 샀습니다. 그 코트는 가볍고 편합니다.

❶ 부정관사 a/an

부정관사 a/an은 셀 수 있는 명사의 단수 앞에 사용합니다.

쓰임	예
여러 개 중 불특정한 하나	There is a hospital near my house. 우리 집 근처에는 병원이 있습니다. She is an IT engineer. 그녀는 IT 엔지니어입니다.
한 개의, 한 사람의	I need a pen. 저는 펜이 하나 필요합니다. I have a sister. 저는 여동생이 한 명 있습니다.
~마다, ~당	I exercise twice a week. 저는 일주일에 두 번 운동합니다. They travel abroad once a year. 그들은 일년에 한 번 해외 여행을 합니다.

TIP 명사의 발음이 자음으로 시작하는 단어 앞에는 a, 모음으로 시작하는 단어 앞에는 an을 씁니다.

발음이 자음 소리로 시작	a house, a month, a university, a uniform
발음이 모음 소리로 시작	an apple, an egg, an hour, an honest man

❷ 정관사 the

정관사 the는 서로 알고 있는 특정한 것이나, 앞서 말한 것을 다시 가리킬 때 사용합니다. 정관사 the는 가산 명사 뿐 아니라 불가산 명사와도 함께 사용됩니다.

쓰임	예
이미 언급된 명사의 앞	I went to a Thai restaurant yesterday. The restaurant was excellent. 저는 어제 태국 음식점에 갔습니다. 그 음식점은 훌륭했습니다. I had chicken for lunch. The chicken was not good. 저는 점심으로 치킨을 먹었습니다. 그 치킨은 맛이 없었습니다.
서로 알고 있는 명사의 앞	Could you open the window? 창문 좀 열어 주시겠어요? How was the movie? 영화는 어땠나요?
가리키는 대상이 분명한 명사의 앞	The bag on the table is mine. 테이블 위에 있는 가방은 제 것입니다. The picture on the wall is very expensive. 벽에 걸린 저 그림은 매우 비쌉니다.
그 외 관용적 표현	play the (악기), in the morning, on the internet, on the street, go to the movies

연습 문제

정답 및 해설 p.12

A. 우리말 문장과 일치하도록 선택지 중 알맞은 것을 고르세요. MP3 1_20

1 저는 드럼을 칠 수 있습니다. I can play (a / the / 없음) drums.

2 그들은 농구를 하고 있습니다. They are playing (a / the / 없음) basketball.

3 그는 차가 있습니다. 그 차는 흰색입니다. He has (a / the / 없음) car. (A / The / 없음) car is white.

4 잭슨은 버스를 타고 집에 갔습니다. Jackson went home by (a / the / 없음) bus.

5 저는 운전면허증이 없습니다. I don't have (a / the / 없음) driver's license.

6 테이블 위의 꽃들이 아름답습니다. (A / The / 없음) flowers on the table are beautiful.

7 우리는 보통 6시에 저녁을 먹습니다. We usually have (a / the / 없음) dinner at 6 P.M.

8 저는 고등학교에서 음악을 배웠습니다. I studied (a / the / 없음) music in high school.

9 저는 새로운 사무실이 필요합니다. I need (a / the / 없음) new office.

10 방에 있는 TV가 고장 났습니다. (A / The / 없음)TV in (a / the / 없음) room is broken.

TIP 관사를 쓰지 않는 경우

운동 이름	jogging , soccer, tennis, basketball	과목 이름	math, music, history, science
식사 이름	breakfast, lunch, dinner	교통 수단 (~로)	by bus, by train, by subway
고유명사	Seoul, Chinese, Italy, Google	관용적 장소 표현	go to school, go to work, at home

대명사

개념 정리

▸ 앞에 언급된 명사를 대신해서 쓰는 말로 같은 명사의 반복을 피하기 위해 쓰입니다.

I love beef steak. It is delicious. 저는 소고기 스테이크를 좋아합니다. 그것은 맛있습니다.
(=steak)

I have a little sister. She is a nurse. 저는 여동생이 한 명 있습니다. 그녀는 간호사입니다.
(=sister)

❶ 인칭대명사

인칭대명사는 사람이나 사물을 대신해서 가리키는 말입니다. 인칭대명사에는 4가지 쓰임이 있습니다.

격	쓰임	예문
주격	문장의 주어 역할	I like coffee. 저는 커피를 좋아합니다. He works at a bookstore. 그는 서점에서 일합니다.
소유격	소유 관계를 나타냄	It is my bag. 이건 제 가방입니다. I borrowed her pen. 저는 그녀의 펜을 빌렸습니다.
목적격	동사나 전치사 뒤에 위치	He helped me. 그가 저를 도와줬습니다. She explained about it. 그녀는 그것에 대해 설명했습니다.
소유대명사	소유격 + 명사의 역할	This car is not mine. 이 차는 제 것이 아닙니다. It's yours. 이것은 당신의 것입니다.

TIP 고유명사의 소유대명사는 뒤에 's를 붙입니다.
It is Sam's car. 이것은 샘의 차입니다.

인칭대명사의 형태는 쓰임에 따라 다음과 같이 바뀝니다.

주격	소유격	목적격	소유대명사
I	my	me	mine
he	his	him	his
she	her	her	hers
it	its	it	-
we	our	us	ours
you	your	you	yours
they	their	them	theirs

TIP 표의 내용을 지금 암기하지 않아도 됩니다. 영작을 하다 막히면 참고하세요.

연습 문제

정답 및 해설 p.13, 14

A. 밑줄 친 부분을 알맞은 인칭대명사로 바꾸세요. MP3 1_21

1 <u>Jack's father</u> is a policeman. → ______

2 I can't find <u>Susan and James</u>. → ______

3 I met <u>your sister</u> on the street. → ______

4 Did <u>Kate and John</u> come to work yesterday? → ______

5 <u>The T-shirt</u> is very dirty. → ______

6 Tomorrow is <u>my father's</u> birthday. → ______

7 <u>Damian and I</u> played soccer. → ______

8 He gave gifts to <u>me and my brother</u>. → ______

B. 인칭대명사가 잘못 쓰인 문장을 찾아 바르게 고치세요. MP3 1_22

1 Luke likes Ann. He calls she every day. ______ → ______

2 I like him. But I don't like his friends. ______ → ______

3 Erika invited we to her birthday party. ______ → ______

4 I bought new gloves, but I lost it yesterday. ______ → ______

5 I watched a movie. I really enjoyed them. ______ → ______

6 They are very popular. Everybody knows their names. ______ → ______

7 Look at the picture. Their color is beautiful. ______ → ______

❷ 비인칭 주어 it

비인칭 주어 it은 시간, 가격, 날씨, 거리 등을 설명하는 문장에서 주어로 쓰이며, 문장 내에서 뜻이 없는 주어의 역할을 합니다. 반면에 인칭대명사 it은 앞에 언급된 단수명사를 대신하여 '그것'이라고 해석합니다.

의미	예문	
비인칭 주어 it이 의미를 갖지 않음	[시간] It is 7 o'clock. 시간은 7시입니다.	[가격] It is $250. 가격은 250달러입니다.
	[날짜] It is August 11 today. 오늘은 8월 11일입니다.	[거리] It is 30 minutes away by bus. 버스로 30분 거리입니다.
	[요일] It is Friday today. 오늘은 금요일입니다.	[날씨] It is sunny outside. 바깥은 화창합니다.
인칭대명사 it이 의미를 가짐	I bought a book. But I lost it(=book) yesterday. 저는 책을 한 권 구매했습니다. 그런데 어제 그것을 잃어버렸습니다.	

TIP it은 문장 내에서 가주어(가짜 주어)로 쓰이기도 합니다. 가주어 it은 아무 의미가 없으며, 진짜 주어를 문장 앞에 두기에는 너무 길어서 간략한 가주어로 대체했다는 표시로 사용합니다.

It is important to exercise every day. 매일 운동하는 것은 중요합니다.
(It: 가주어, to exercise every day: 진짜 주어)

❸ 지시대명사

지시대명사는 특정한 사람이나 사물을 가리키는 대명사입니다.

거리	예문
가까이 있는 대상	(단수) This is my bag. 이것은 제 가방입니다. (복수) These are my shoes. 이것들은 제 신발입니다.
멀리 있는 대상	(단수) That is my house. 저것이 제 집입니다. (복수) Those are my brother's. 저것들은 제 남동생의 것입니다.

TIP 지시대명사는 명사의 앞에서 형용사처럼 쓰이기도 합니다.

This book is interesting. 이 책은 재미있습니다.

These questions are very difficult. 이 문제들은 매우 어렵습니다.

연습 문제

정답 및 해설 p.14

C. 비인칭 주어 it을 이용해서 질문에 자유롭게 답변하세요. MP3 1_23

1 What's the date today?

____

2 What day is it today?

____

3 How's the weather today?

____

4 What time is it?

____

5 How far is it to your university?

____

6 How much is your laptop computer?

____

D. 우리말 문장과 일치하도록 알맞은 지시대명사를 골라 문장을 완성하세요. MP3 1_24

this that these those

1 이것은 내가 가장 좋아하는 책입니다. → ________ is my favorite book.

2 저것은 새로 생긴 카페입니다. → ________ is a new café.

3 저것들은 오스카의 그림입니다. → ________ are Oscar's paintings.

4 이 꽃들은 아름답습니다. → ________ ________ are beautiful.

5 저 빵집은 매우 오래되었습니다. → ________ ________ is very old.

6 이 냉장고는 고장 났습니다. → ________ ________ is broken.

❹ 부정대명사

부정대명사는 불특정한 사람이나 사물을 지칭하는 대명사입니다.

some / any

조금, 약간의 의미로 some은 주로 긍정문과 의문문, any는 부정문과 의문문에 쓰입니다.

There are some cups on the table.	테이블 위에 컵이 몇 개 있습니다.
Can I have some water?	물 좀 주시겠어요?
I don't have any homework today.	오늘은 숙제가 하나도 없습니다.
Do you have any good ideas?	뭔가 좋은 아이디어가 있나요?

TIP some과 any의 뒤에는 가산 명사와 불가산 명사 모두 사용 가능합니다.
부탁을 하거나 긍정적인 대답이 예상될 때 의문문에 some을 사용합니다.

all

모두라는 의미로 명사 앞에 오거나 all of them 혹은 all of the + 복수명사의 형태로 사용합니다.

All visitors have to wear helmets.	모든 방문객들은 헬멧을 써야 합니다.
All of them are working hard.	그들 모두가 열심히 일하고 있습니다.
All of the employees got promoted.	직원들 모두가 승진했습니다.

TIP all은 동사를 꾸미는 부사로 쓰일 수 있습니다.
I visited them all. 저는 그들 모두를 방문했습니다.

each / every

each는 각자/각각의, every는 모든이라는 의미이며, 둘 다 뒤에 단수 명사가 옵니다.

Each person has a different opinion.	각각의 사람들은 다른 의견을 가지고 있습니다.
Every student likes him.	모든 학생들이 그를 좋아합니다.

TIP every는 one과 함께 쓰여 단수 명사가 됩니다.
Everyone enjoyed the party. 모두가 파티를 즐겼습니다.

most

대부분이라는 의미로 대다수의 대상을 지칭합니다. 명사 앞에 오거나 most of them 혹은 most of the + 복수명사의 형태로 사용합니다.

Most cities in Hong Kong are crowded.	홍콩의 대부분의 도시는 혼잡합니다.
Most of them went on vacation.	그들의 대부분은 휴가를 떠났습니다.
Most of the trains were delayed.	대부분의 기차가 연착되었습니다.

연습 문제

정답 및 해설 p.15

E. 우리말 문장과 일치하도록 알맞은 부정대명사를 골라 문장을 완성하세요. MP3 1_25

some any all each every most

1 뭔가 좋은 아이디어가 있나요? Do you have ___________ good ideas?

2 랄프는 새 집을 사려고 돈을 좀 모았습니다. Ralph saved ___________ money for a new house.

3 저는 면접에서 모든 질문에 답변했습니다. I answered ___________ question in the interview.

4 모든 방에는 소화기가 있습니다. ___________ rooms have a fire extinguisher.

5 각 방에는 두개의 침대가 있습니다. ___________ room has two beds.

6 저는 교실에 있는 대부분의 학생을 압니다. I know ___________ students in the classroom.

7 저는 우유와 치즈가 좀 필요해요. I need ___________ milk and cheese.

8 모든 학생들이 시험을 통과했습니다. ___________ of the students passed the exam.

9 모든 학생들은 교복을 입어야 합니다. ___________ student should wear school uniforms.

10 부엌에 음식이 하나도 없습니다. There isn't ___________ food in the kitchen.

11 그들은 전부 방을 청소하고 있습니다. ___________ of them are cleaning the room.

12 대부분의 히터가 고장 났습니다. ___________ of the heaters are broken.

both

둘 다라는 의미로 주로 단독으로 쓰이거나 both of them의 형태로 사용합니다.

I like both.	저는 둘 다 좋습니다.
Both of them are wearing jeans.	둘 다 청바지를 입고 있습니다.
I lost both of my earrings.	저는 귀걸이를 양쪽 다 잃어버렸습니다.

another

또 다른이라는 의미로 같은 종류의 다른 하나를 언급할 때 사용합니다. 뒤에 단수 명사가 옵니다.

We have another guest.	손님이 한 분 더 있습니다.
Another man is reading a book.	또 다른 남자가 책을 읽고 있습니다.
Can I see another car?	차를 한대 더 볼 수 있을까요?

one

먼저 언급된 것과 같은 종류의 사람이나 사물을 가리킵니다. 복수형은 ones입니다.

A Do you have a pen?	혹시 펜이 있으세요?
B Yes, I have many. Which one(=pen) do you need?	네, 많아요. 어떤 펜이 필요한가요?
A Give me all the yellow ones(=pens) please.	노란색 펜을 다 주세요.

each other

서로라는 의미로 보통 두 명일 때 쓰지만, 둘 이상일 때도 사용 가능합니다.

They are talking to each other.	그들은 서로 이야기하고 있습니다.
We helped each other.	우리는 서로를 도왔습니다.
They know each other very well.	그들은 서로를 매우 잘 알고 있습니다.

 정답 및 해설 p.15

F. 우리말 문장과 일치하도록 알맞은 부정대명사를 골라 문장을 완성하세요. MP3 1_26

both another one(s) each other

1 이 시계는 너무 비싸요. 더 싼 것이 있나요?

This watch is too expensive. Do you have a cheaper __________?

2 우리는 서로를 신뢰합니다.

We trust __________.

3 건물 내에 또 다른 회의실이 있나요?

Is there __________ meeting room in the building?

4 우리 둘 다 직장에 늦었습니다.

__________ of us were late for work.

5 이 청바지는 너무 작아요. 더 큰 게 있나요?

These jeans are too tight. Do you have bigger __________?

6 그들은 테이블을 다른 방으로 옮겼습니다.

They moved the table to __________ room.

7 저희 부모님은 두분 다 과학자입니다.

__________ of my parents are scientists.

8 그들은 서로를 돌봅니다.

They take care of __________.

5 형용사와 부사

형용사

개념 정리

- 형용사는 명사의 상태, 성질, 모양 등을 설명합니다.
  easy 쉬운 sick 아픈 cold 추운 light 가벼운
- 형용사는 명사와 함께 다닙니다.
  This is a difficult question. 이것은 어려운 문제입니다.
  The cafe was noisy. 카페가 시끄러웠습니다.

❶ 형용사의 역할

형용사는 명사의 앞에서 명사의 상태나 성질을 설명합니다.

- He lives in a large house. 그는 큰 집에 삽니다.
- I have many friends. 저는 많은 친구들이 있습니다.
- They need a quiet place. 그들은 조용한 장소가 필요합니다.

형용사는 be동사 뒤에서 명사의 상태나 성질을 설명합니다.

- This smartphone is easy to use. 이 스마트폰은 사용하기 쉽습니다.
- The house is convenient to live in. 그 집은 살기 편리합니다.
- The car was difficult to drive. 그 차는 운전하기 어려웠습니다.

❷ 수량 형용사

정해지지 않은 막연한 수나 양을 나타내는 형용사입니다.

수량 형용사	함께 쓰이는 명사	예문
many	가산 명사	I have many friends. 저는 많은 친구들이 있습니다.
much	불가산 명사	I don't have much money. 저는 돈이 별로 없습니다.
a lot of (= lots of)	둘 다	There are a lot of tourists in Rome. 로마에는 관광객이 많습니다. I have lots of furniture in my house. 우리 집에는 가구가 많습니다.

연습 문제

정답 및 해설 p.16, 17

A. 제시된 한글 형용사를 영어로 바꾸세요. MP3 1_27

1 바쁜	________	2 시끄러운	________
3 잘못된	________	4 조용한	________
5 중요한	________	6 건강한	________
7 지루한	________	8 아픈	________
9 위험한	________	10 가벼운	________
11 무거운	________	12 어려운	________
13 쉬운	________	14 도움이 되는	________
15 규칙적인	________	16 유용한	________
17 신나는	________	18 예의가 바른	________
19 마음이 편안한	________	20 편리한	________
21 유명한	________	22 인기있는	________
23 아름다운	________	24 합리적인	________
25 시간이 이른	________	26 시간이 늦은	________
27 재미있는, 흥미로운	________	28 규모가 큰	________
29 다양한	________	30 맛있는	________

B. 다음 중 어법상 알맞은 수량 형용사를 고르세요. MP3 1_28

1 He has (many, much) work to finish today.

2 We need (many, much) tennis balls.

3 Did you make (many, much) foreign friends?

4 They had so (many, much) fun on the beach.

5 There are (many, much) people on the street.

부사

개념 정리

▸ 부사는 동사와 형용사에 의미를 더해주는 역할을 합니다. 또한 다른 부사나 문장을 꾸며주는 역할을 합니다.

동사 수식	He walks quickly. 그는 빨리 걷습니다. (walks: 동사)
형용사 수식	The movie was really funny. 영화는 정말 재미있었습니다. (funny: 형용사)
문장 전체 수식	Fortunately, the meeting starts at 1 P.M. 다행히도, 회의가 오후 1시에 시작합니다. (the meeting starts at 1 P.M.: 문장)
다른 부사 수식	He eats lunch very fast. 그는 점심을 매우 빨리 먹습니다. (fast: 부사)

❶ 부사의 형태

부사는 일반적으로 형용사 뒤에 -ly를 붙여서 만듭니다.

부사의 기본 형태	quickly 빠르게 kindly 친절하게 safely 안전하게 easily 쉽게
형용사와 형태가 같은 부사	fast 빠른 early 일찍 late 늦게 high 높게 hard 열심히
형태는 유사하지만 의미가 다른 부사	late 늦게 - lately 최근에 high 높이 - highly 매우 hard 열심히 - hardly 거의 ~않는 close 가까운 - closely 자세히
-ly로 끝나는 형용사	lovely 사랑스러운 friendly 친근한 lonely 외로운 lively 활기찬

❷ 부사의 위치

일반부사	동사의 뒤	They study hard nowadays. 그들은 요즘 열심히 공부합니다.
	문장의 끝	She speaks kindly. 그녀는 말을 친절하게 합니다.
	형용사의 앞	This book is very boring. 이 책은 매우 지루합니다.
	부사의 앞	He works really hard. 그는 정말 열심히 일합니다.
빈도부사	일반동사의 앞	I usually go to work early. 저는 보통 일찍 출근합니다.
	be동사의 뒤	He is never late for work. 그는 절대 회사에 늦지 않습니다.
	조동사의 뒤	I will always remember his advice. 저는 항상 그의 조언을 기억할 것입니다.
	문장의 끝	This machine stops working often. 이 기계는 자주 작동을 멈춥니다.

TIP 빈도부사의 강도

never	<	rarely	<	sometimes	<	often	<	usually	<	always
절대 ~않다		거의 ~않다		가끔씩, 때때로		자주, 종종		보통, 주로		늘, 항상

연습 문제

정답 및 해설 p.17

A. 우리말 문장과 일치하도록 아래의 형용사를 그대로 쓰거나 부사로 바꾸어 빈칸을 채우세요. MP3 1_29

late careful hard easy fast quiet serious warm quick high safe

1 그는 신중한 사람입니다. He is a ______________ person.

2 우리는 도서관에서 조용히 말해야 합니다. We need to speak ______________ in the library.

3 이 물은 마셔도 안전합니다. The water is ______________ to drink.

4 칸은 이 문제를 쉽게 해결했습니다. Khan solved this question ______________.

5 애니는 매우 진지하게 말하고 있습니다. Annie is talking very ______________.

6 따뜻한 옷을 준비해주세요. Please prepare ______________ clothes.

7 왜 그렇게 빨리 운전을 하세요? Why are you driving so ______________?

8 경기가 20분 늦게 시작했습니다. The game started 20 minutes ______________.

9 그들은 회의를 빨리 끝냈습니다. They finished the meeting ______________.

10 그는 높이 뛰어올랐습니다. He jumped ______________.

11 그들은 열심히 연습하는 중입니다. They are practicing ______________.

B. 빈 칸 중 가장 적절한 위치에 빈도부사를 넣어 문장을 완성하세요. MP3 1_30

1 It ______________ snows ______________ in Canada. [always]

2 I ______________ will ______________ forget this moment ______________. [never]

3 Ellen ______________ goes ______________ to school by bus. [usually]

4 We ______________ can ______________ make ______________ mistakes. [sometimes]

5 I argue ______________ with ______________ my coworkers ______________. [often]

비교급과 최상급

❶ 비교급과 최상급의 형태

형용사와 부사에 -er, 또는 앞에 more를 붙여 복수의 대상을 비교할 수 있습니다. 또한 형용사와 부사에 -est, 또는 앞에 most를 붙여 최상급 표현을 만들 수 있습니다.

대상	원급	비교급	최상급
대부분의 형용사와 부사	long	longer	the longest
길이가 긴 형용사와 부사	expensive	more expensive	the most expensive

TIP • 규칙을 따르지 않고 불규칙하게 변화하는 형용사와 부사도 있습니다.
예 good – better – best

❷ 비교급과 최상급의 활용

비교급 + than ~보다 (형용사/부사)하다

She is younger than him.	그녀는 그보다 어립니다.
He studied harder than other students.	그는 다른 학생들보다 더 열심히 공부했습니다.
This book is more interesting than that one.	이 책이 저 책보다 더 재미있습니다.

TIP 비교급 앞에 much를 써서 비교급을 강조할 수 있습니다.
He is much older than her. 그는 그녀보다 훨씬 더 나이가 많다.

the + 최상급 가장 ~한

I think it is the best idea.	이게 가장 좋은 생각인 것 같습니다.
He is the oldest member in the team.	그가 팀에서 가장 나이가 많은 멤버입니다.
It is the most expensive watch in this store.	이게 매장에서 제일 비싼 시계입니다.

TIP one of the + 최상급 + 복수명사는 '가장 ~한 것 중 하나'라는 의미입니다.
Smartphones are one of the greatest inventions.
스마트폰은 가장 위대한 발명품 중 하나입니다.

연습 문제

정답 및 해설 p.18

A. 다음 단어의 비교급과 최상급을 쓰세요. MP3 1_31

	원형	비교급	최상급		원형	비교급	최상급
1	big			2	tall		
3	hard			4	busy		
5	good			6	easy		
7	fast			8	bad		
9	small			10	light		
11	heavy			12	little		
13	cold			14	large		
15	young			16	long		
17	cheap			18	high		
19	rich			20	famous		
21	difficult			22	beautiful		
23	smart			24	popular		
25	expensive			26	dangerous		
27	important			28	interesting		
29	crowded			30	healthy		

B. 우리말 문장과 일치하도록 주어진 단어를 이용해서 문장을 완성하세요. MP3 1_32

1 그의 노트북 컴퓨터가 제 것보다 더 좋습니다. (good)

His laptop computer is ________ ________ mine.

2 이게 호텔에서 제일 비싼 방입니다. (expensive)

This is ________ ________ ________ ________ in the hotel.

3 저게 세계에서 제일 빠른 차입니다. (fast)

That is ________ ________ ________ in the world.

4 토플은 토익보다 훨씬 더 어려운 시험입니다. (difficult)

TOEFL is a ________ ________ ________ test ________ TOEIC.

6 부정사와 동명사

to부정사

개념 정리

- to부정사의 형태는 to + 동사원형입니다.
- to부정사를 이용해서 문장에 동사를 추가할 수 있습니다.
  I saved money. + buy a house = I saved money to buy a house.
  저는 저축을 했습니다 집을 사다 저는 집을 사기 위해 저축을 했습니다.
- to부정사는 문장에서 부사, 명사, 형용사의 역할을 합니다.
  I got up early to exercise. (부사 역할) 저는 운동을 하기 위해 일찍 일어났습니다.
  He decided to go to Europe. (명사 역할) 그는 유럽에 가기로 결심했습니다.
  She uses SNS to do business. (형용사 역할) 그녀는 사업을 하기 위해 SNS를 사용합니다.

❶ 부사 역할을 하는 to부정사

to부정사는 동사, 형용사, 부사를 수식하는 부사의 역할을 할 수 있습니다.

동사 수식 ~하기 위해	I worked hard to get a bonus.	저는 보너스를 받기 위해 열심히 일했습니다.
	He got up early to do yoga.	그는 요가를 하기 위해 일찍 일어났습니다.
	I went hiking to relieve my stress.	저는 스트레스를 풀기 위해 등산을 갔습니다.
형용사 수식 ~하기에	The class is difficult to understand.	이 수업은 이해하기 어렵습니다.
	This car is very expensive to buy.	이 차는 구매하기에 너무 비쌉니다.
	This camera is easy to use.	이 카메라는 사용하기 쉽습니다.

TIP to 부정사 앞에 for + 목적격을 더해서 특정 대상을 지칭할 수 있습니다.
The class is difficult for her to understand. 이 수업은 그녀가 이해하기엔 어렵습니다.
This car is too expensive for him to buy. 이 차는 그가 구매하기에 너무 비쌉니다.

연습 문제

정답 및 해설 p.19

A. 주어진 표현을 이용해서 문장을 완성하세요. MP3 1_33

to carry alone　to get a job　to travel　to buy a suit
to exercise　to read　to relieve stress　to have breakfast

1 싱가포르는 여행하기 안전합니다.

Singapore is safe ______________________.

2 그는 취업을 하기 위해 열심히 공부했습니다.

He studied hard ______________________.

3 그녀는 운동을 하기 위해 체육관에 등록했습니다.

She registered for a gym ______________________.

4 이 상자는 혼자서 옮기기에 무겁습니다.

This box was heavy ______________________.

5 저는 정장을 한 벌 사기 위해 쇼핑몰에 갔습니다.

I went to a shopping mall ______________________.

6 이 책은 읽기 어렵습니다.

This book is difficult ______________________.

7 저는 보통 스트레스를 풀기 위해 클래식 음악을 듣습니다.

I usually listen to classical music ______________________.

8 저는 아침을 먹기 위해 일찍 일어납니다.

I wake up early ______________________.

❷ 명사 역할을 하는 to부정사

to부정사는 명사처럼 문장 내에서 주어와 목적어의 역할을 할 수 있습니다.

주어 역할	to부정사는 문장의 맨 앞에서 주어로 사용할 수 있습니다. To learn a foreign language is useful. 외국어를 배우는 것은 유용합니다. 주어 일반적으로 to부정사가 주어 역할을 할 때, to부정사를 문장의 뒤로 보내고 가주어 it을 주어 자리에 넣습니다. 가주어는 문장에서 아무런 의미를 가지지 않습니다. It is useful to learn a foreign language. 외국어를 배우는 것은 유용합니다. It was glad to see him. 그를 만나서 반가웠습니다. It is difficult to play tennis. 테니스를 치는 것은 어렵습니다.
목적어 역할	to부정사는 특정 동사 뒤에 위치해서 목적어 역할을 할 수 있습니다. She wants to quit her job. 그녀는 일을 그만두고 싶어합니다. I decided to study in England. 저는 영국에서 공부하기로 결심했습니다. We need to attend the conference. 우리는 그 컨퍼런스에 참여해야 합니다. TIP to 부정사가 목적어 역할을 하는 동사 : want, decide, need, learn, hope, plan, start, like

TIP to 부정사는 보어로도 쓰입니다. 그 중 목적어를 수식하는 목적격 보어에 대해 학습해두세요.
I told him to work at home. 저는 그에게 집에서 일하라고 말했습니다.
He encouraged me to move to Seoul. 그는 저에게 서울로 이사하도록 독려했습니다.
I asked her to come to work early. 저는 그녀에게 일찍 출근하라고 요청했습니다.

❸ 형용사 역할을 하는 to부정사

to부정사는 앞에 위치한 명사를 수식하는 형용사 역할을 할 수 있습니다.

I have some work to finish tonight.	오늘 밤에 끝내야 할 일이 있습니다.
She needs some money to rent a house.	그녀는 집을 임대하기 위한 돈이 필요합니다.
There is nothing to drink in the refrigerator.	냉장고에 마실 것이 없습니다.

연습 문제

정답 및 해설 p.19, 20

B. 우리말 문장과 주어진 단어를 이용해서 문장을 완성하세요. MP3 1_34

1 맷은 해외에서 공부를 하기로 결심했습니다.

Matt ____________________ (decide, study abroad)

2 저는 대학원에서 공부하고 싶었습니다.

I ____________________ (want, at a graduate school)

3 그들은 새로운 프로젝트를 시작할 계획을 세웠습니다.

They ____________________ (plan, start)

4 카레를 만드는 것은 어렵지 않습니다.

It is ____________________ (not difficult, make)

5 혼자 캠핑을 가는 것은 위험합니다.

It is ____________________ (go camping alone)

TIP 문장의 시제에 유의하세요.

C. 우리말 문장과 주어진 단어를 이용해서 문장을 완성하세요. MP3 1_35

1 유럽에는 방문할 나라가 많습니다.

There ____________________ in Europe. (countries, visit)

2 저는 카페에서 일할 기회가 있었습니다.

I ____________________ in a café. (have a chance)

3 저는 해야 할 일이 많습니다.

I ____________________ (a lot of work, do)

4 그는 레스토랑을 차릴 충분한 돈이 없었습니다.

He ____________________ (enough, open)

동명사

개념 정리

- 동사원형에 -ing를 붙여 명사의 역할을 하도록 만든 것을 동명사라고 합니다.

  He stopped working. 그는 일하는 것을 그만두었습니다.
  (stopped: 동사, working: 동명사)

- 동명사는 단독으로는 더 이상 동사로 사용할 수 없습니다.

  A man wearing a blue jacket. (X) → A man is wearing a blue jacket. (O)

❶ 주어 역할을 하는 동명사

동명사는 문장의 주어 자리에 올 수 있습니다. 주어로 쓰인 동명사는 단수로 취급합니다.

Taking a walk is useful to relieve stress.	산책을 하는 것은 스트레스 해소에 유용합니다.
Studying English takes a lot of time.	영어를 공부하는 것은 많은 시간이 걸립니다.
Drinking too much coffee is bad for our health.	커피를 너무 많이 마시는 것은 건강에 좋지 않습니다.

❷ 목적어 역할을 하는 동명사

동명사는 동사 다음에 위치하여 동사의 목적어 역할을 할 수 있습니다.

I enjoy watching YouTube videos.	저는 유튜브 영상을 즐겨 봅니다.
He will stop smoking.	그는 담배를 끊을 것입니다.
She gave up studying Chinese.	그녀는 중국어 공부를 포기했습니다.

TIP 다음 동사 뒤에는 동명사가 올 수 있습니다.
enjoy, keep, practice, stop, finish, quit, avoid, give up, mind, deny, suggest, dislike, consider, imagine, postpone

다음 동사 뒤에는 동명사와 to부정사 둘 다 올 수 있습니다.
love, like, begin, start

동명사를 이용한 토익스피킹 대표 구문 7가지

be busy -ing ~하느라 바쁘다	She is busy raising three children. 그녀는 세 아이를 키우느라 바쁩니다.
be good at -ing ~을 잘하다	He is good at singing. 그는 노래를 잘합니다.
be used to -ing ~에 익숙하다	I am used to working alone. 저는 혼자 일을 하는데 익숙합니다.
go -ing ~하러 가다	I went jogging this morning. 저는 오늘 아침에 조깅을 했습니다.
have difficulty in -ing ~하는데 어려움을 겪다	She has difficulty in learning a new program. 그녀는 새로운 프로그램을 배우는 데 어려움을 겪고 있습니다.
look forward to -ing ~을 기대하다	He is looking forward to traveling to Canada. 그는 캐나다 여행을 기대하고 있습니다.
spend (시간/돈) -ing ~하는 데 (시간/돈)을 쓰다	I spent a lot of money fixing my house. 저는 집을 고치는 데 많은 돈을 썼습니다.

연습 문제

정답 및 해설 p.20

A. 우리말 문장과 주어진 표현을 이용해서 문장을 완성하세요. MP3 1_36

read a book ride a bicycle make pasta run a YouTube channel
simple boring difficult healthy

1 책을 읽는 것은 지루합니다.

____

2 자전거를 타는 것은 건강한 취미입니다.

____

3 파스타를 만드는 것은 간단합니다.

____

4 유튜브 채널을 운영하는 것은 어렵습니다.

____

B. 주어진 단어를 올바르게 배열하세요. 제시된 동사를 문법에 맞게 변형해서 사용하세요. MP3 1_37

1 그들은 축제를 준비하느라 바쁩니다.

They ______________________________ the festival. (busy / are / prepare for)

2 우리는 일요일에 산책하는 것을 즐깁니다.

We ______________________________ on Sundays. (a walk / take / enjoy)

3 그녀는 그림을 그리는데 두 시간을 보냈습니다.

She ______________________________ a picture. (spend / draw / 2 hours)

4 그는 계속해서 영어를 연습했습니다.

He ______________________________ (practice / English / keep)

5 당신은 같은 문장을 사용하는 것을 피해야 합니다.

You ______________________________ the same sentence. (avoid / should / use)

6 저는 일찍 일어나는 것에 익숙합니다.

I ______________________________ (used to / am / early / wake up)

TIP used to + 동사원형은 '과거에 ~하곤 했다'는 의미입니다. (현재는 하지 않음)
I used to have dinner at home. 저는 집에서 저녁을 먹곤 했습니다.

7 수동태

개념 정리

- 주어가 어떤 동작을 직접 할 때 사용하는 동사의 형태를 능동태라고 합니다.

  Joan Rowling wrote Harry Potter. 조앤 롤링은 해리포터를 썼습니다.
  사람이 직접 책을 씀

- 주어가 어떤 동작을 받거나 당할 때 사용하는 동사의 형태를 수동태라고 합니다.

  Harry Potter was written by Joan Rowling. 해리포터는 조앤 롤링에 의해 쓰여졌습니다
  책이 사람에 의해서 쓰여짐

❶ 수동태의 기본 구조

주어 + be동사 + 과거분사 + by 행위자

Smartphones are used by most people. 스마트폰은 대부분의 사람들로부터 이용됩니다.
This monitor was made in China. 이 모니터는 중국에서 제조되었습니다.

TIP 수동태의 부정문은 be동사 + not + 과거분사 어순입니다.
This monitor is not made in Korea. 이 모니터는 한국에서 제조되지 않았습니다.

행위자가 누구인지 모른다면 by + 행위자를 생략할 수 있습니다.
The window was broken (by someone). 유리창이 (누군가에 의해) 깨졌습니다.

연습 문제

정답 및 해설 p.21

A. 다음 밑줄 친 부분을 바르게 고치세요. MP3 1_38

1 This building is built five years ago.

2 Sam was painted the wall.

3 The conference will be hold next week.

4 My sister is learned coding last month.

5 This wallet was make in Italy.

6 Somebody was stolen my wallet.

❷ 수동태의 다양한 시제

수동태 과거	was(were) + 과거분사의 형태로 쓰이며, 과거에 발생한 일을 설명합니다. The show was canceled. So, we watched another show. 그 공연은 취소되었습니다. 그래서 우리는 다른 공연을 봤습니다. TIP 수동태 과거의 부정문: The show was not canceled.
수동태 현재완료	현재완료와 수동태가 하나로 합쳐진 시제로 have(has) + been + 과거분사의 형태로 쓰입니다. 과거에 발생한 일이 현재까지 영향을 미칠 때 사용합니다. The show has been canceled. We need to find another one. 그 공연은 취소되었습니다. 우리는 다른 공연을 찾아야 해요. TIP 수동태 현재완료의 부정문: The show has not been canceled.
수동태 미래	will + be동사 + 과거분사의 형태로 쓰이며, 미래에 발생할 일을 설명합니다. It is raining a lot. The show will be canceled. 비가 많이 옵니다. 그 공연은 취소될 것입니다. TIP 수동태 미래의 부정문: The show will not be canceled.

❸ by 이외의 전치사를 쓰는 수동태 표현

수동태 표현에 by + 행위자가 아닌 다른 전치사가 붙는 표현들이 있습니다.

be worried about ~에 대해 걱정하다	I was worried about my grades. 저는 성적이 걱정되었습니다.
be interested in ~에 관심이 있다	He is very interested in SNS. 그는 SNS에 관심이 많습니다.
be satisfied with ~에 만족하다	I'm satisfied with my new office. 저는 새로운 사무실에 만족합니다.
be located in ~에 위치하다	The hotel is located in Seoul. 그 호텔은 서울에 있습니다.
be crowded with ~로 붐비다	The park is crowded with people. 공원은 사람들로 붐빕니다.

연습 문제

정답 및 해설 p.21, 22

B. 우리말 문장과 일치하도록 수동태 과거와 수동태 미래시제를 이용해서 문장을 완성하세요. MP3 1_39

1 그 그림이 뉴욕 미술관에 팔렸습니다. (sell)

The painting ______________________ to New York Art Gallery.

2 그 프로젝트는 그에 의해 마무리될 것입니다. (finish)

The project ______________________ him.

3 저 빌딩은 멜리사 하워드에 의해 디자인되었습니다. (design)

That building ______________________ Melissa Howard.

4 그 책은 다음 달에 출판될 것입니다. (publish)

The book ______________________ next month.

C. 우리말 문장과 일치하도록 수동태 현재완료시제를 이용해서 문장을 완성하세요. MP3 1_40

1 개회식은 취소되었습니다. (cancel)

The opening ceremony ______________________

2 세미나가 다음 달로 연기되었습니다. (postpone)

The seminar ______________________ until next month.

3 모든 회의가 다음 주 월요일로 변경되었습니다. (reschedule)

All meetings ______________________ for next Monday.

D. 우리말 문장과 일치하도록 문장을 완성하세요. MP3 1_41

1 백화점이 쇼핑객들로 붐빕니다.

The department store __________ __________ __________ many shoppers.

2 그 박물관은 파리에 위치해 있습니다.

The museum __________ __________ __________ Paris.

3 그녀는 자신의 건강을 걱정합니다.

She __________ __________ __________ her health.

4 저는 패스트푸드에 관심이 없습니다.

I __________ __________ __________ __________ fast food.

8 접속사와 전치사

접속사

개념 정리

▸ 접속사는 단어와 단어, 구와 구 그리고 문장과 문장을 연결해주는 역할을 합니다.

This laptop computer is slim(단어) and light(단어). 이 노트북은 얇고 가볍습니다.

I go to work by bus(구) or on foot(구). 저는 버스를 타거나 걸어서 출근합니다.

We didn't go camping(문장) because the weather was bad(문장). 우리는 날씨가 나빠서 캠핑을 가지 않았습니다.

TIP 동사를 제외한 두 개 이상의 단어 덩어리를 '구'라고 합니다. 구는 문장 내에서 명사, 형용사, 부사의 역할을 합니다. 두 번째 예문에서 두 개의 구는 동사 go를 수식하는 부사의 역할을 하고 있습니다.

❶ 등위 접속사 and, but, or

등위 접속사는 문법적으로 성격이 유사한 단어나 문장을 연결하는 역할을 합니다.

등위 접속사	역할	예문
and 그리고	서로 비슷한 내용을 연결	I have two cars and three scooters. 저는 두대의 차와 세대의 스쿠터를 가지고 있습니다.
but 그러나, 하지만	서로 반대되는 대상을 연결	I like milk but I don't like cheese. 저는 우유를 좋아하지만 치즈는 좋아하지 않습니다.
or 또는, 아니면	두 가지 이상의 선택사항을 연결	I eat bread or cereal for breakfast. 저는 아침으로 빵이나 시리얼을 먹습니다.

TIP 접속사는 크게 등위 접속사, 상관 접속사, 종속 접속사로 나뉘어집니다. 그런데 이런 문법 용어에 크게 신경 쓰지 않아도 됩니다. 접속사의 의미를 중심으로 학습하세요.

연습 문제

정답 및 해설 p.23

A. 빈칸에 알맞은 등위 접속사를 넣어 문장을 완성하세요. MP3 1_42

and or but

1 He wanted to buy a chocolate cake ________ he didn't have enough money.

2 Which sports do you like better, soccer ________ basketball?

3 You need to go home ________ take a rest.

4 The class was interesting ________ too long.

5 He invited Sally ________ her friends for lunch.

6 Please put your jacket on the sofa ________ in the closet.

7 She speaks Chinese ________ Japanese.

8 I called him, ________ he didn't answer the phone.

9 You can walk there ________ take a taxi.

❷ 시간 접속사

시간 접속사는 두 문장의 시간적 관계를 설명하는 역할을 합니다.

접속사	역할
when ~할 때	특정 시간대를 설명 When I was young, I played the violin. 저는 어렸을 때, 바이올린을 연주했습니다. TIP when절이 문장의 뒤에 올 수 있습니다. I played the violin when I was young. when절
while ~하는 동안	연속적으로 일어나는 두 동작을 연결 While I was in university, I always had a part-time job. 대학을 다니는 동안, 저는 항상 아르바이트를 했습니다. TIP while 뒤에는 동사의 -ing 형태가 올 수 있습니다. I watched TV while eating dinner. 저는 저녁을 먹으면서 TV를 봤습니다.
after ~후에	시간 순서를 설명 I entered an IT company after I graduated. 저는 졸업 후 IT회사에 입사했습니다.
before ~전에	시간 순서를 설명 I lived in Pusan before I moved to Seoul. 저는 서울로 이사오기 전에 부산에서 살았습니다.
until ~할 때까지	시간 순서를 설명 He studied until he passed the exam. 그는 시험에 합격할 때까지 공부했습니다. TIP after, before, until은 전치사로도 사용됩니다. 전치사로 쓰일 경우 뒤에 명사가 옵니다. I did my homework after dinner. (전치사) I did my homework after I had dinner. (접속사)

❸ 그 외의 접속사

접속사	역할
because ~때문에	이유를 설명 I can't go to the party because I have to work overtime. 저는 야근을 해야 해서 파티에 갈 수 없습니다. TIP because of 다음에는 명사가 옵니다. I came back to Korea because of my family. 저는 가족 때문에 한국에 돌아왔습니다.
so 그래서	원인과 결과를 설명 I didn't study hard, so I didn't pass the test. 저는 공부를 열심히 하지 않아서, 시험에 합격하지 못했습니다.
that ~라고, ~라는 것을	두 문장을 이어 의미를 연결 I know that he worked hard last year. 저는 그가 작년에 열심히 일했다는 것을 압니다. TIP 접속사 that은 생략 가능합니다. I know he worked hard last year.
if ~하면	조건을 설명 If you leave now, you can catch the train. 지금 떠나면, 기차를 탈 수 있습니다. TIP 조건을 설명하는 if절(if를 포함한 문장)에는 현재시제를 사용합니다. if절은 문장의 뒤에 올 수 있습니다. You can catch the train if you leave now. if절

정답 및 해설 p.23, 24

B. 빈칸에 알맞은 접속사를 넣어 문장을 완성하세요. MP3 1_43

before after until when while

1 ________ I was an intern, I lived with my coworkers.

2 ________ she graduated, she became a nurse.

3 I listen to music ________ studying.

4 I will not go to work ________ the snow stops.

5 I wrote down his message ________ I forgot it.

6 I made many mistakes ________ I was a new employee.

C. 빈칸에 알맞은 접속사를 넣어 문장을 완성하세요. MP3 1_44

because if so that

1 Ellie missed the subway, ________ she was late for work.

2 I heard ________ he worked very hard.

3 Tell me ________ you are busy.

4 I'm very tired ________ I woke up early.

5 I'm sure ________ we can finish this project.

전치사

개념 정리

▸ 전치사는 문장 내에서 전치사 + 명사의 형태로 쓰이며, 시간, 장소, 방향 등을 나타냅니다.

The concert will start at 7 P.M. 콘서트가 저녁 7시에 시작할 것입니다. (시간)
He is traveling in Brazil. 그는 브라질을 여행하고 있습니다. (장소)
She is going down the stairs. 그녀는 계단을 내려가고 있습니다. (방향)

❶ 시간 전치사

시간 전치사는 명사 앞에 위치해서 구체적인 시간을 나타냅니다.

대표 시간 전치사

at	구체적인 시각 및 하루 중 특정한 때	at 9 A.M. 오전 9시에	at night 밤에
on	요일 및 날짜	on Sunday 일요일에 on Sundays 매주 일요일에 on July 7th 7월 7일에	on Sunday morning 일요일 아침에 on the 19th 19일에 on the weekend 주말에
in	월, 년, 계절 오전, 오후, 저녁	in 2022 2022년에 in March 3월에 in summer 여름에	in the morning 아침에 in the afternoon 오후에 in the evening 저녁에

TIP on the weekend는 특정한 주말 한번을, on weekends는 매주 주말을 의미합니다.

기타 시간 전치사

for	~동안 (시간 단위 명사 앞)	I studied for three hours yesterday. 저는 어제 세 시간 동안 공부했습니다.
during	~동안 (일반 명사 앞)	I traveled in Spain during the winter vacation. 저는 겨울방학 동안 스페인을 여행했습니다.
by	~까지 (동작을 마쳐야 하는 시점)	I need to send this report by tomorrow. 저는 내일까지 이 보고서를 보내야 합니다.
until	~까지 (동작이나 상태가 지속됨)	She will stay here until next week. 그녀는 다음 주까지 여기에 머무를 것입니다.
before	~전에	He takes a shower before breakfast. 그는 아침식사 전에 샤워를 합니다.
after	~후에	I exercise after work. 저는 퇴근 후에 운동을 합니다.

연습 문제

정답 및 해설 p.24

A. 시간 전치사 at, on, in 중에 빈칸에 알맞은 전치사를 쓰세요. MP3 1_45

1 I take swimming lessons ________ Fridays ________ 9 P.M.

2 He studied in Canada ________ 2020.

3 He takes a nap for about 30 minutes ________ the afternoon.

4 The seminar will start ________ May 7th.

5 I like to go camping ________ spring.

B. 주어진 전치사 중 알맞은 것을 골라 문장을 완성하세요. MP3 1_46

1 (before, after)

I felt very tired ________ work.

I read a manual ________ using the oven.

2 (for, during)

I waited for a taxi ________ 30 minutes.

I couldn't concentrate ________ class.

3 (by, until)

The library is open ________ 10 P.M.

Please register for the gym ________ May 9th.

❷ 장소 전치사

장소 전치사는 명사 앞에 위치해서 구체적인 장소나 위치를 나타냅니다.

대표 장소 전치사

at	~에 (위치, 지도상의 한 지점)	at home 집에서 at work 직장에서 at school 학교에서	at the Grand Hotel 그랜드 호텔에서 at Utah University 유타 대학에서
on	~의 위에 (표면에 닿은 상태)	on the table 테이블 위에 on the wall 벽에 on the sofa 소파에	on the floor 바닥에 on the street 거리에
in	~의 안에 (장소의 내부, 도시, 나라)	in the room 방 안에 in Hall A A관에서	in Seoul 서울에 in China 중국에

TIP 대부분의 호텔과 극장 이름 앞에는 정관사 the를 붙입니다.

기타 장소 전치사

under	~의 아래에	There is a basket under the desk. 책상 아래에 바구니가 있습니다.
next to	~의 옆에	Next to her, a man is reading a book. 그녀의 옆에, 한 남자가 책을 읽고 있습니다.
in front of	~의 앞에	A man is standing in front of the door. 한 남자가 문 앞에 서있습니다.
behind	~의 뒤에	Behind him, a woman is crossing a road. 그의 뒤에, 한 여자가 길을 건너고 있습니다.
around	~의 근처에, 주위에	There are three people around the table. 테이블 주위에 세 사람이 있습니다.
across from	~의 맞은편에	The hospital is across from the library. 병원은 도서관 맞은편에 있습니다.

연습 문제

정답 및 해설 p.25

C. 장소 전치사 at, on, in 중에 빈칸에 알맞은 전치사를 쓰세요. MP3 1_47

1 There is a desk __________ the room.

2 They will arrive __________ the hotel soon.

3 I dropped my smartphone __________ the floor.

4 She studied __________ Queensland University.

5 Leon lives __________ Taiwan.

D. 사진을 보고 주어진 단어와 장소 전치사를 이용해서 문장을 완성하세요. MP3 1_48

1 한 남자가 노란 파라솔 아래에 앉아 있습니다. (sit, parasol)

A man is ____

2 그의 앞에, 많은 중고 카메라가 진열되어 있습니다. (display)

______________ him, many used cameras ______________________

3 그의 뒤에, 많은 차들이 주차되어 있습니다. (park)

______________ him, many cars ______________________________

4 그의 맞은 편에, 한 여자가 카메라를 확인 중입니다. (check)

______________ him, a woman _______________________________

TIP 2번과 3번 문장에는 수동태(be동사 + 과거분사)가 필요합니다.

❸ 그 외의 전치사

전치사는 시간과 장소 외에도 다양한 의미를 갖습니다.

along	~을 따라서	Many cars are parked along the road. 많은 차들이 길을 따라 주차되어 있습니다.
from	~로부터	We will start the tour from New York. 우리는 뉴욕에서 투어를 시작할 것입니다.
to	~로(방향), ~에게	He gave this book to me. 그가 이 책을 나에게 주었습니다.
by	~로(수단), ~을 타고	I went home by subway. 저는 지하철을 타고 집에 갔습니다.
with	~와 함께	I went to Jeju Island with my best friend. 저는 가장 친한 친구와 함께 제주도에 갔습니다.
on	~에 대한	Dr. Norton will give a lecture on this problem. 노튼 박사가 이 문제에 대한 강의를 할 것입니다.

연습 문제

정답 및 해설 p.25

E. 우리말 문장과 일치하도록 알맞은 전치사를 골라 문장을 완성하세요. MP3 1_49

from	on	along	to	with	by

1 많은 사람들이 해변을 따라 걷고 있습니다.

Many people are walking __________ the beach.

2 저는 서울에서 인천까지 자전거로 이동했습니다.

I traveled __________ Seoul __________ Incheon __________ bicycle.

3 달튼은 직장 동료들과 새로운 이슈에 대한 회의를 했습니다.

Dalton had a meeting __________ the new issue __________ his coworkers.

4 저는 그녀에게 이메일로 파일을 보냈습니다.

I sent the file __________ her __________ email.

9 분사

개념 정리

- 형용사 역할을 하는 동사의 -ing형, -ed형을 각각 현재분사, 과거분사라고 합니다.

  break (부수다) → broken window (부서진 창문)
  동사 / 과거분사 / 명사

- 분사는 의미에 따라 현재와 과거라는 말이 붙지만 시제와는 관련이 없습니다.

❶ 현재분사

현재분사는 동사원형 + -ing의 형태로 명사의 앞이나 뒤에서 명사를 꾸며주는 형용사의 역할을 합니다. 현재분사는 문장에서 능동(명사가 어떤 동작을 함) 또는 진행의 의미를 나타냅니다.

The woman wearing a gray suit is my coworker. 회색 정장을 입고 있는 여자는 제 직장동료입니다.
(The woman: 명사, wearing: 현재분사)

I know the man sitting on the bench. 저는 벤치에 앉아 있는 남자를 알아요.
(man: 명사, sitting: 현재분사)

The name of the restaurant is Flying Pan. 레스토랑의 이름은 플라잉 팬 입니다.
(Flying: 현재분사, Pan: 명사)

❷ 과거분사

과거분사는 동사원형 + -ed 형태로 명사를 꾸미는 형용사의 역할을 합니다. 과거분사는 문장에서 수동(명사가 어떤 동작을 받거나 당함)이나 완료의 의미를 나타냅니다.

I bought a used car made in 2015. 저는 2015년에 만들어진 중고차를 샀습니다.
(used car: 명사, made: 과거분사)

Did you see the scooter parked at the entrance? 입구에 주차된 스쿠터를 보셨나요?
(scooter: 명사, parked: 과거분사)

I bought frozen beef yesterday. 저는 어제 냉동 소고기를 샀습니다.
(frozen: 과거분사, beef: 명사)

연습 문제

정답 및 해설 p.26

A. 우리말 문장과 일치하도록 주어진 단어를 사용해서 문장을 완성하세요. MP3 1_50

1 노래를 하는 사람들은 제 친구입니다. (sing)

The people __________ are my friends.

2 검정색 정장을 입은 남자가 신문을 읽고 있습니다. (wear)

The man __________ __________ __________ __________ is reading a newspaper.

3 커피를 마시는 여자가 제 상사입니다. (drink)

The woman __________ __________ is my supervisor.

B. 우리말 문장과 일치하도록 주어진 단어를 배열하세요. MP3 1_51

1 이것은 프랑스에서 만들어진 가방입니다.

This is ______________________________ (a bag / in France / made)

2 그들은 1970년에 지어진 집에서 살고 있습니다.

They are ______________________________ (built / living / in 1970 / in a house)

3 그녀는 영어로 쓰여진 책을 읽고 있습니다.

She is ______________________________ (written / a book / in English / reading)

❸ 감정을 나타내는 분사

분사를 이용해서 사람의 감정을 묘사할 수 있습니다. 주어가 어떠한 감정을 불러일으키는 경우에는 현재분사, 주어가 어떠한 감정을 직접 느끼는 경우에는 과거분사를 사용합니다.

현재 분사 (주어가 사물일 때)

주어가 어떤 감정을 불러일으킬 때 사용합니다.

The book is boring.	그 책은 지루합니다.
This movie is very exciting.	이 영화는 매우 흥미진진합니다.
His computer skills are surprising.	그의 컴퓨터 기술은 놀랍습니다.

과거 분사 (주어가 사람일 때)

주어가 어떤 감정을 직접 느낄 때 사용합니다.

He is bored.	그는 지루해 하고 있습니다.
He was disappointed.	그는 실망했습니다.
I was very surprised.	저는 매우 놀랐습니다.

TIP 감정을 묘사하기 위해 과거 분사가 필요한 자리에 현재 분사를 쓰는 실수를 많이 합니다. 예를 들어, 내가 지루함을 느꼈다는 문장을 I was boring이라고 영작하는 경우가 많은데, 이는 내가 '지루하고 재미 없는 사람'이라는 뜻이 됩니다.

정답 및 해설 p.26

C. 우리말 문장과 일치하도록 아래의 단어를 현재분사나 과거분사로 변형해서 문장을 완성하세요. MP3 1_52

disappoint interest amaze shock satisfy depress excite

1 저는 그 책이 매우 재미있다고 생각합니다.

I think the book is very ______________________

2 그는 약간 실망한 것처럼 보입니다.

He looks a little ______________________

3 테스트 결과는 매우 만족스러웠습니다.

The test result was very ______________________

4 그 영화는 나를 우울하게 만들었습니다.

The movie made me ______________________

5 그녀는 나에게 충격적인 이야기를 해주었습니다.

She told me a ______________________ story.

6 그들은 매우 신이 났습니다.

They were very ______________________

7 그 뮤지컬은 놀라웠습니다.

The musical was ______________________

10 관계사

관계대명사

개념 정리

- 관계대명사는 두 문장에 공통으로 들어간 단어를 이용해서 한 문장으로 연결하는 역할을 합니다.
- 관계대명사는 앞에 있는 명사(선행사)에 추가적인 설명을 합니다.
- 대표적인 관계대명사는 who, that, which가 있습니다.
- 관계사가 쓰인 문장은 구조가 복잡합니다. 먼저 해석 연습을 통해 관계사를 왜 쓰는지, 어떻게 해석하는지를 이해하는 것이 중요합니다.

I met a woman. She is a lawyer. (a woman = she)	→	I met a woman who is a lawyer. (a woman: 선행사, who: 관계대명사)
저는 한 여자를 만났습니다. 그녀는 변호사입니다.		저는 변호사인 한 여자를 만났습니다.

❶ 주어 역할을 하는 관계대명사

주어 역할을 하는 관계대명사로 뒤에 동사가 옵니다.

관계사	역할	예문
who	주어 역할을 하는 사람 대신 사용	I know an intern. He speaks English well. 저는 한 인턴사원을 알아요. 그는 영어를 잘 합니다. (an intern: 선행사, He: 사람) = I know an intern who speaks English well. 저는 영어를 잘 하는 인턴사원을 알아요. (an intern: 선행사, who speaks English well: 관계대명사절) · 관계대명사절이란 관계대명사를 포함한 문장을 말하며, 선행사에 대한 추가적인 설명을 합니다. · 선행사(an intern)와 이어지는 문장의 주어(he)가 동일한 대상일 때 주격 관계대명사를 사용합니다. · 관계대명사 who 대신 that을 쓸 수 있습니다.
which that	주어 역할을 하는 사물 대신 사용	I bought a coat. The coat was expensive. 저는 코트를 샀습니다. 그 코트는 비쌌습니다. (a coat: 선행사, The coat: 사물) = I bought a coat which(=that) was expensive. 저는 비싼 코트를 샀습니다. (a coat: 선행사, which(=that) was expensive: 관계대명사절) · 관계대명사 which 대신 that을 쓸 수 있습니다.

TIP 관계대명사 that vs. 접속사 that

공통점이 있는 두 문장을 하나로 묶는 관계대명사 that은 앞에 명사가 오지만,
공통점이 없는 두 문장을 연결하는 접속사 that 앞에는 명사가 오지 않습니다.

She has a house that has five rooms. 그녀는 방이 다섯개인 집을 가지고 있습니다.
(house: 명사, that: 관계대명사)

I know that he worked hard last year. 저는 그가 작년에 열심히 일한 것을 알아요.
(that: 접속사)

연습 문제

정답 및 해설 p.27

A. 빈칸에 알맞은 주격 관계대명사를 쓰세요. MP3 1_53

1 He bought a car ________ was very expensive.

2 I met a man ________ is very good at swimming.

3 I have a monitor ________ has a large screen.

4 Sam is a man ________ helps me a lot.

B. 우리말 문장과 일치하도록 주격 관계대명사와 주어진 단어를 이용해서 문장을 완성하세요. MP3 1_54

1 그는 방이 세 개인 집을 샀습니다. (have)

He bought a house ________ ________ ________ ________

2 저는 미국에 사는 친구가 한 명 있습니다. (live)

I have a friend ________ ________ ________ ________

3 그녀는 매우 오래된 차를 운전합니다. (is)

She drives a car ________ ________ ________ ________

4 저는 엑셀을 잘 다루는 직장 동료가 한 명 있습니다. (be good at)

I have a coworker ________ ________ ________ ________ ________

❷ 목적어 역할을 하는 관계대명사

관계대명사는 문장에서 목적어 역할을 할 수 있습니다. 주어 역할을 하는 관계대명사와는 두가지 차이점이 있습니다.

선행사와 관계대명사절의 주어가 서로 다름

주어 역할을 하는 관계대명사	I know an employee who is good at Excel. 저는 엑셀을 잘 다루는 직원을 알아요. (an employee: 선행사 / who is good at Excel: 관계대명사절) · 선행사(an employee)와 관계대명사절의 주어(who)가 동일한 대상입니다.
목적어 역할을 하는 관계대명사	I know the man who Jane helped. 저는 제인이 도와준 남자를 알아요. (the man: 선행사 / who Jane helped: 관계대명사절) · 선행사(the man)와 관계대명사절의 주어(Jane)가 다릅니다.

관계대명사 뒤에 동사가 아니라 주어가 위치함

주어 역할을 하는 관계대명사	I went to a café that was very famous. 저는 매우 유명한 카페에 갔습니다. (a café: 선행사 / that was very famous: 관계대명사절) · 관계대명사 뒤에 동사(was)가 위치합니다.
목적어 역할을 하는 관계대명사	I went to a café that Frank recommended. 저는 프랭크가 추천한 카페에 갔습니다. (a café: 선행사 / that Frank recommended: 관계대명사절) · 관계대명사 뒤에 주어(Frank)가 위치합니다.

TIP 목적격 관계대명사는 생략이 가능합니다. 하지만 주격 관계대명사는 생략할 수 없습니다.

I met the man ~~who~~ Lucas introduced. (목적격)
저는 루카스가 소개해준 남자를 만났습니다.

I bought a smartphone ~~which~~ Ken recommended. (목적격)
저는 켄이 추천해준 스마트폰을 샀습니다.

I know a man who travels abroad often. (주격 – 생략할 수 없음)
저는 해외여행을 자주 가는 남자를 알아요.

❸ 관계대명사 what

관계대명사 what은 선행사와 관계대명사 that이 합쳐진 것으로 선행사를 포함하기 때문에 앞에 선행사 역할을 하는 명사가 오지 않습니다.

관계대명사 that	She didn't eat the pasta that I cooked. 그녀는 내가 만든 파스타를 먹지 않았습니다. (the pasta: 선행사) · that은 목적어 역할을 하는 관계대명사로, 앞에 선행사가 필요합니다.
관계대명사 what	She didn't eat what I cooked. 그녀는 내가 만든 것을 먹지 않았습니다. · 관계대명사 what은 앞에 선행사 역할을 하는 명사가 오지 않습니다.

정답 및 해설 p.27, 28

C. 우리말 문장과 같은 뜻이 되도록 주어진 단어를 배열하세요. MP3 1_55

1 그는 제가 사고 싶어 했던 차를 가지고 있습니다.
(that / has / I / buy / wanted to / the car)
→ **He** ______________________________

2 저는 주문한 피자를 아직도 받지 못했습니다.
(I / ordered / that / haven't / the pizza / received)
→ **I** ______________________________

3 그녀가 존이 소개해 준 직원입니다.
(the employee / is / John / who / introduced)
→ **She** ______________________________

4 우리는 그가 잃어버린 가방을 찾고 있습니다.
(looking for / he / are / that / a bag / lost)
→ **We** ______________________________

D. 우리말 문장과 일치하도록 주어진 단어를 이용해서 문장을 완성하세요. MP3 1_56

1 이것이 제가 필요한 것입니다. (what, need)
This is ______________________________

2 이것이 제가 필요한 책입니다. (that, the book)
This is ______________________________

3 저는 그들이 말하는 것을 믿지 않습니다. (what, believe, say)
I ______________________________

4 저는 그들이 말하는 모든 것을 믿지는 않습니다. (that, everything)
I ______________________________

관계부사

개념 정리

- 관계부사는 관계대명사와 마찬가지로 선행사에 추가적인 설명을 해줍니다.
  This is the library where I usually study. 여기가 제가 주로 공부하는 도서관입니다.
  (the library: 선행사, where: 관계부사)
- 관계부사는 선행사를 포함할 수 있습니다.
  This is where (= the library where) I usually study. 여기가 제가 주로 공부하는 곳입니다.
- 대표적인 관계부사로는 where, when, why, how가 있습니다.

❶ 관계부사의 쓰임

관계부사	의미	예문
where	장소 설명	This is the school. 여기는 학교입니다. + She studied here. 그녀는 여기서 공부했습니다. = This is the school where she studied. 여기가 그녀가 공부했던 학교입니다.
	TIP school과 here은 의미가 겹치기 때문에 중복해서 쓰지 않습니다.	
when	시간 설명	I will never forget the day. 저는 그 날을 잊지 못할 것입니다. + I passed the exam. 저는 시험에 합격했습니다. = I will never forget the day when I passed the exam. 저는 시험에 합격한 날을 잊지 못할 것입니다.
why	이유 설명	I know the reason. 저는 이유를 알아요. + She was late for work. 그녀는 직장에 늦었습니다. = I know (the reason) why she was late for work. 저는 그녀가 직장에 늦은 이유를 알아요.
	TIP 선행사 reason은 생략 가능합니다. I know ~~the reason~~ why she was late for work.	
how	방법 설명	That is the way. 그것이 방법입니다. + He finished the project quickly. 그는 프로젝트를 빨리 끝냈습니다. = That is how he finished the project quickly. 그것이 그가 프로젝트를 빨리 끝낸 방법입니다.
	TIP the way와 how는 함께 사용하지 않습니다.	

TIP 관계대명사와 관계부사를 사용해야만 토익스피킹에서 고득점이 가능한 것은 아닙니다. 공부를 막 시작한 단계라면 관계사의 역할과 쓰임을 이해하는 것 만으로도 충분합니다.

연습 문제

정답 및 해설 p.28

A. 빈칸에 올바른 관계부사를 사용해서 문장을 완성하세요. MP3 1_57

1 여기가 제가 그녀를 처음 만난 레스토랑입니다.

This is the restaurant ________________ I first met her.

2 그것이 제가 그들을 좋아하는 이유입니다.

That is the reason ________________ I like them.

3 저는 회사에 입사한 날짜를 기억하고 있습니다.

I remember the date ________________ I entered the company.

4 이것이 그가 치과의사가 된 방법입니다.

That is ________________ he became a dentist.

5 여기가 제가 일했던 곳입니다.

This is ________________ I used to work.

6 다음 기차가 언제 도착하는지 모릅니다.

I don't know ________________ the next train arrives.

7 그녀가 왜 화가 났는지 아시나요?

Do you know ________________ she is upset?

2

토익스피킹
실전 문장
연습하기

1 동사

| be동사 일반동사 일반동사의 부정문, 의문문 |

영어의 모든 문장에는 동사가 필요합니다. 동사는 주어의 동작이나 상태를 나타내는 말로 크게 be동사, 일반동사, 조동사로 나뉘어집니다.

동사는 영작에서 중요한 역할을 하므로 모든 문항에서 올바른 동사를 사용하는 것이 중요합니다.

❶ 사진을 보고 There + be동사와 주어진 표현을 이용해서 문장을 완성하세요.

MP3 2_1

on the water	outside the window	on the platform	in the meeting room
in the bookshelves	on the table	on the product shelves	on the wall
in the shopping cart	behind him	on the street	on the ceiling

1

a laptop computer

2

cars

3

frames

4

a train

5

a plane

6

books

7

people

8

shoes

9

a blackboard

10

a boat

11

lights

12

groceries

1 There is a laptop computer on the table.

2

3

4

5

6

7

8

9

10

11

12

TIP 장소를 나타내는 표현은 문장의 앞에 올 수 있습니다.

There are many glasses on the table. 테이블 위에 많은 유리잔이 있습니다.

= On the table, there are many glasses.

정답 및 해설 p.30

❷ 우리말 문장과 주어진 단어를 이용해서 부정문을 완성하세요. 6-10번 문제에는 과거시제를 사용하세요.

MP3 2_2

1 저는 클래식 음악을 좋아하지 않습니다. (classical music)

I don't like classical music.

2 저는 집에서 요리를 하지 않습니다. (at home)

I ____________________

3 우리는 사무실에서 정장을 입지 않습니다. (suits, office)

We ____________________

4 그녀는 스마트폰이 없습니다. (힌트 없음)

She ____________________

5 저는 TV를 보지 않습니다. (watch)

I ____________________

6 그는 체육 수업을 좋아하지 않았습니다. (physical education classes)

He ____________________

7 저는 운동을 하지 않았습니다. (힌트 없음)

I ____________________

8 그들은 중국어를 못했습니다. (speak)

They ____________________

9 그는 출장을 가지 않았습니다. (go on a business trip)

He ____________________

10 그녀는 숙제를 하지 않았습니다. (do her homework)

She ____________________

정답 및 해설 p.30, 31

❸ 아래의 예제를 참고하여, 주어진 단어를 활용해서 질문의 답변을 완성하세요. 5-8번 문제에는 의문사에 직접 답변해보세요.

MP3 2_3

Q When do you usually exercise? 당신은 주로 언제 운동을 하나요?
A I usually exercise in the evening. 저는 주로 저녁에 운동을 합니다.

1 Q When do you usually shop for groceries?
A (on weekends / usually / shop for groceries)

I ______________________________

2 Q What is your favorite hobby?
A (is / favorite hobby / watching Netflix videos)

My ______________________________

3 Q How often do you use public transportation?
A (public transportation / almost every day / use)

I ______________________________

4 Q What time do you usually have dinner?
A (usually / at 7 o'clock / have dinner)

I ______________________________

5 Q How many hours do you use a laptop or desktop computer a day?
A (a desktop computer / use / a day / for about 총 사용시간)

I ______________________________

6 Q How many times do you send emails a day?
A (about 빈도 / a day / send emails)

I ______________________________

7 Q What kinds of movies do you enjoy watching?
A (watching / 영화의 종류 / enjoy)

I ______________________________

8 Q What do you usually do after school or work?
A (usually / after work / 주로 하는 것)

I ______________________________

정답 및 해설 p.31

2 동사의 활용

동사는 문장의 시제에 따라 형태가 달라집니다. 토익스피킹에서 자주 사용되는 시제는 다음과 같습니다.

현재 진행형 시제	사람의 동작을 설명할 때 사용합니다. A man **is reading** something. 한 남자가 뭔가를 읽고 있습니다.
과거 시제	과거에 발생한 일을 설명할 때 사용합니다. I **worked** at a fast food restaurant. 저는 패스트푸드점에서 일했습니다.
현재 완료 시제	과거부터 계속 되어온 일이나 경험을 설명할 때 사용합니다. I **have been** to India. 저는 인도에 가본 적이 있어요.

❶ 사진을 보고 주어진 단어와 **현재 진행형 시제**를 이용해서 문장을 완성하세요.

MP3 2_4

1

take

2

ride

3

talk on

4

make

1 A woman is taking a picture.

2 A woman ______

3 A man ______

4 A woman ______

5

look at

6

type on

7

talk to

8

use

5 A man ______

6 A woman ______

7 Two women ______

8 A man ______

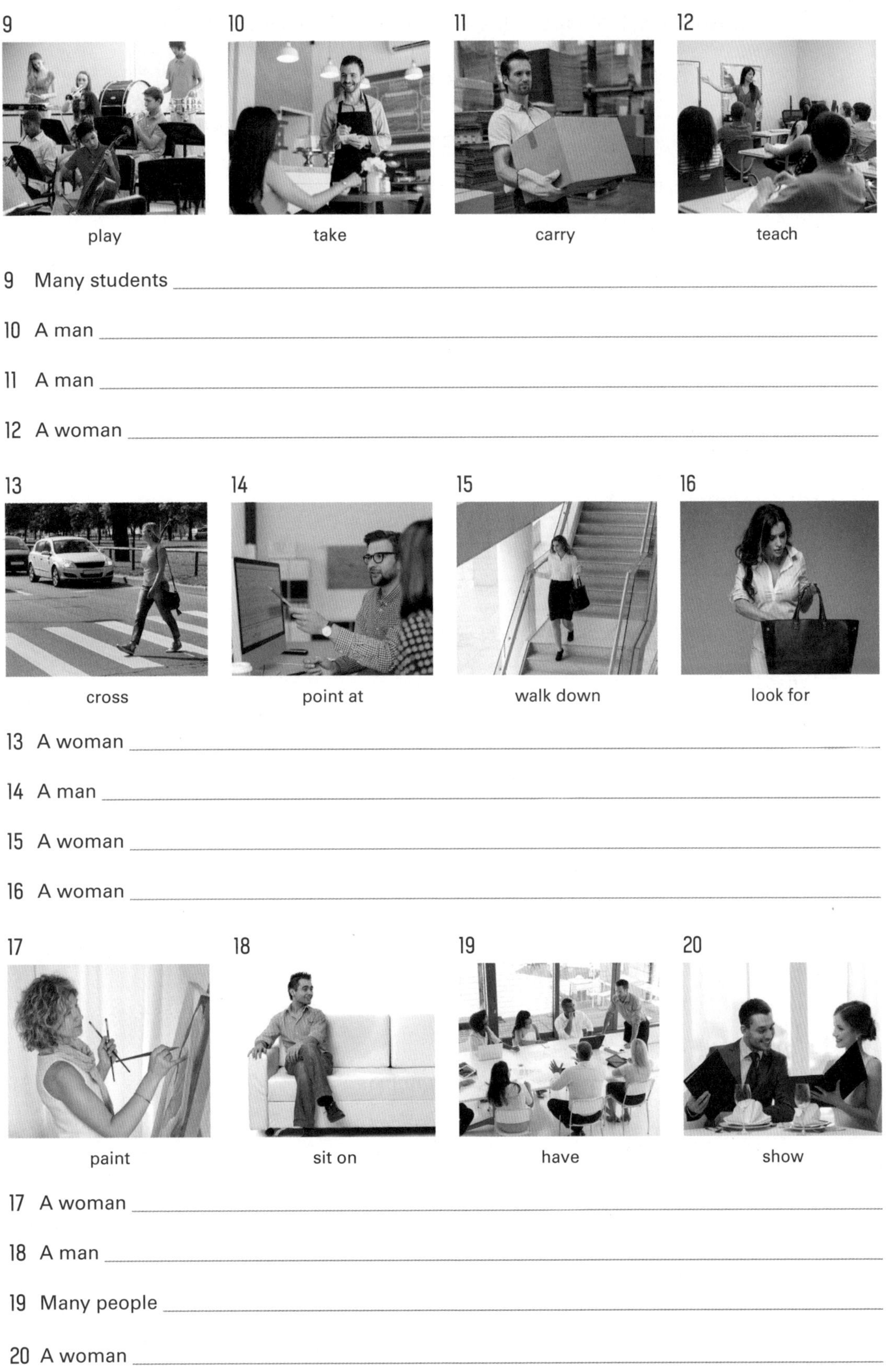

9 play

10 take

11 carry

12 teach

9 Many students ______________________________

10 A man ______________________________

11 A man ______________________________

12 A woman ______________________________

13 cross

14 point at

15 walk down

16 look for

13 A woman ______________________________

14 A man ______________________________

15 A woman ______________________________

16 A woman ______________________________

17 paint

18 sit on

19 have

20 show

17 A woman ______________________________

18 A man ______________________________

19 Many people ______________________________

20 A woman ______________________________

정답 및 해설 p.32, 33

❷ 우리말 문장과 일치하도록 주어진 표현과 동사의 과거 시제를 활용해서 문장을 완성하세요.  2_5

1 제가 신입사원이었을 때, 저는 자주 야근을 했습니다. (work overtime)

When I was a ___new employee___, I ___worked overtime often.___

2 제가 고등학생이었을 때, 저는 밤 10시까지 학교에서 공부했습니다. (at school, until)

When I was a ______________________, I ______________________

3 제가 중학생이었을 때, 저는 온라인 서점에서 책을 구매했습니다. (at an online bookstore)

When I was a ______________________, I ______________________

4 제가 대학생이었을 때, 저는 카페에서 아르바이트를 했습니다. (work part-time)

When I was a ______________________, I ______________________

5 제가 인턴이었을 때, 저는 매일 회의를 했습니다. (have a meeting)

When I was an ______________________, I ______________________

6 제가 초등학생이었을 때, 저는 교외 지역에서 살았습니다. (in the suburb)

When I was an ______________________, I ______________________

7 제가 취업 준비생이었을 때, 저는 혼자서 취업 면접을 준비했습니다. (job seeker, prepare for)

When I was a ______________________, I ______________________

8 제가 팀 리더였을 때, 저는 일년에 한 번 신입사원을 채용했습니다. (hire, once)

When I was a ______________________, I ______________________

정답 및 해설 p.33

❸ 동사의 현재 완료 시제를 이용해서 질문에 긍정문으로 답변한 후, 괄호 안의 주제로 추가 문장을 만드세요.

MP3 2_6

1 Q Have you ever used a tablet PC? (목적)

A I have used a tablet PC. I used it to take a lecture.

2 Q Have you ever bought a computer online? (시점)

A ______________________________

3 Q Have you ever traveled abroad? (장소)

A ______________________________

4 Q Have you ever had Indian food? (소감)

A ______________________________

5 Q Have you ever exercised at a gym? (목적)

A ______________________________

정답 및 해설 p.33, 34

❹ 주어진 우리말 표현과 동사의 현재완료 진행형을 이용해서 문장을 만드세요.

MP3 2_7

1 (영어 공부, 공부해온 기간)

I have been studying English for six months.

2 (일, 근무해온 기간)

I ______________________________

3 (거주하는 지역, 거주해온 기간)

I ______________________________

4 (자신의 취미, 취미로 해온 기간)

I ______________________________

정답 및 해설 p.33, 34

3 조동사

조동사는 동사의 앞에서 동사에 여러 의미를 더해주는 역할을 합니다. 조동사의 뒤에는 동사 원형이 옵니다.
토익스피킹에서는 7번과 11번에서 답변의 이유를 말할 때나 8-10번에서 예정된 일정을 설명할 때 조동사를 사용합니다.

❶ 우리말 문장과 일치하도록 주어진 표현과 조동사 can을 이용해서 문장을 완성하세요.

MP3 2_8

1 Where do you prefer to buy clothes between the department store and the online store?
당신은 백화점과 온라인 매장 중 어디에서 옷을 사는 것을 선호하나요?

온라인 매장	저는 더 저렴한 가격에 옷을 구매할 수 있습니다. I ______________________ (at a cheaper price)
	저는 장소에 상관없이 옷을 구매할 수 있습니다. I ______________________ (regardless of)
백화점	저는 다양한 브랜드를 비교할 수 있습니다. I ______________________ (compare)
	저는 직원들에게 옷에 대해 질문할 수 있습니다. I ______________________ (ask the staff)

2 Do you prefer exercising at home or at the fitness center?
당신은 집과 피트니스 센터 중 어디에서 운동을 하는 것을 선호하나요?

집	저는 편안한 분위기에서 운동할 수 있습니다. I ______________________ (in a comfortable atmosphere)
	저는 시간에 상관없이 운동을 할 수 있습니다. I ______________________ (힌트 없음)
피트니스 센터	저는 다양한 운동기구를 이용할 수 있습니다. I ______________________ (exercise equipment)
	저는 트레이너에게 운동을 배울 수 있습니다. I ______________________ (learn how to + V)

3 Which do you prefer, cooking yourself or eating at a restaurant?
당신은 직접 요리하는 것과 레스토랑에서 먹는 것 중 어느 것을 더 선호하나요?

직접 요리하기	제가 요리 재료를 선택할 수 있습니다. I ______________________________ (ingredients) 저는 더 건강한 음식을 먹을 수 있습니다. I ______________________________ (healthier)
레스토랑에서 먹기	저는 다양한 음식을 주문할 수 있습니다. I ______________________________ (order) 저는 요리하는 시간을 절약할 수 있습니다. I ______________________________ (save time V-ing)

4 Do you prefer driving your own car or using public transportation in your city?
당신은 살고 있는 도시에서 차를 운전하는 것과 대중교통을 이용하는 것 중 어느 것을 더 선호하나요?

차 운전	저는 늦은 밤에도 이동할 수 있습니다. I ______________________________ (late at night) 저는 많은 짐을 가지고 다닐 수 있습니다. I ______________________________ (luggage)
대중교통 이용	저는 돈을 아낄 수 있습니다. I ______________________________ (힌트 없음) 저는 교통체증을 피할 수 있습니다. I ______________________________ (traffic jams)

정답 및 해설 p.35, 36

❷ 아래의 조동사를 사용해서 문장을 완성하세요. 문장의 시제에 유의하세요.

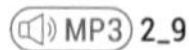

can　　was able to　　will be able to

1 저는 시간에 상관없이 운동할 수 있습니다.

______________________________ (regardless of time)

2 저는 조용한 환경에서 공부할 수 있습니다.

______________________________ (in a quiet environment)

3 저는 이 프로젝트를 기한 내에 끝낼 수 있습니다.

______________________________ (finish, in time)

4 저는 유명한 IT회사에 입사할 수 있었습니다.

______________________________ (enter, famous)

5 우리는 일에 집중할 수 없었습니다.

______________________________ (concentrate on)

6 그녀는 마감 기한을 지킬 수 있었습니다.

______________________________ (meet the deadline)

7 그들은 더 많은 고객을 끌어올 수 있을 것입니다.

______________________________ (attract)

8 우리는 매출을 향상시킬 수 있을 것입니다.

______________________________ (sales, increase)

정답 및 해설 p.37

❸ 아래의 조동사를 사용해서 문장을 완성하세요. 문장의 시제에 유의하세요.

MP3 2_10

should had to don't have to didn't have to

1 우리는 종이와 플라스틱을 재활용해야 합니다.

______________________________ (recycle)

2 그들은 훌륭한 고객 서비스를 제공해야 합니다.

______________________________ (excellent, provide)

3 당신은 그것에 대해서 걱정하지 않아도 됩니다.

______________________________ (worry about it)

4 저는 은행에 직접 가지 않아도 됩니다.

______________________________ (in person)

5 그는 혼자서 여러 업무를 해야 했습니다.

______________________________ (do, various tasks)

6 저는 다른 가방을 구매해야 했습니다.

______________________________ (another)

7 저는 고등학교 때 교복을 입지 않아도 되었습니다.

______________________________ (a school uniform, in high school)

8 그녀는 세금을 내지 않아도 되었습니다.

______________________________ (pay)

정답 및 해설 p.37

❹ 아래 일정표와 우리말 문장을 참조한 후, be going to 시제를 이용해서 문장을 완성하세요.  2_11

A

George Finn, Human Resources Director
Schedule for Tuesday, August 17th

Time	Event	
9:30 A.M.	❶ a Meeting with Marketing Department	
10:30 A.M.	New Employee Orientation	❷ a Welcome Speech
11:00 A.M.		❸ a Presentation on Employee Benefits
11:30 A.M.		❹ a Q&A Session
12:00 P.M.	❺ Lunch with CEO	
2:00 P.M.	❻ an Online Conference	

1 당신은 오전 9시 30분에 마케팅 부서와 회의를 할 예정입니다.

You are going to have a meeting with the marketing department at 9:30 A.M. (have)

2 당신은 오전 10시 30분에 환영사를 할 예정입니다.

____________________ (give)

3 당신은 오전 11시에 직원 복리후생에 대한 프레젠테이션을 할 예정입니다.

____________________ (give)

4 당신은 오전 11시 30분에 질의응답 시간을 가질 예정입니다.

____________________ (have)

5 당신은 오후 12시에 CEO와 점심식사를 할 예정입니다.

____________________ (have)

6 당신은 오후 2시에 온라인 컨퍼런스에 참여할 예정입니다.

____________________ (attend)

TIP 부서명과 직위 앞에는 정관사 the를 붙입니다.
실제 시험에서는 프로그램 앞에 관사(a)가 표기되지 않습니다.

B

Itinerary for Luke Evans

August 15th

2:45 P.M. ❶ Depart Chicago
6:00 P.M. ❷ Arrive in Philadelphia ❸ (Blue Planet Hotel)

August 16th

10:00 A.M. ❹ a Factory Tour (ENC Electronics)

August 17th

9:30 A.M. ❺ a Meeting (ENC Electronics' Engineers)
1:00 P.M. ❻ Lunch (Jacob Allen)
4:00 P.M. Depart Philadelphia

1 당신은 오후 2시 45분에 시카고를 출발할 예정입니다.

________________________________ (depart)

2 당신은 오후 6시에 필라델피아에 도착할 예정입니다.

________________________________ (arrive)

3 당신은 블루 플래닛 호텔에서 지낼 예정입니다.

________________________________ (stay)

4 당신은 오전 10시에 ENC 전자회사의 공장 견학에 참여할 예정입니다.

________________________________ (attend)

5 당신은 오전 9시 30분에 ENC 전자회사의 기술자들과 회의를 할 예정입니다.

________________________________ (have)

6 당신은 오후 1시에 제이콥 앨런과 점심식사를 할 예정입니다.

________________________________ (have)

정답 및 해설 p.38, 39

4 명사와 대명사

명사는 사람 또는 사물의 이름을 나타내는 말로 아래와 같은 특징이 있습니다.

- 명사는 셀 수 있는 가산 명사와 셀 수 없는 불가산 명사로 나뉘어집니다.
- 하나의 가산 명사 앞에는 부정관사 a/an을 붙일 수 있으며, 모든 가산 명사에는 복수형이 있습니다.
- 불가산 명사는 앞에 a/an이 붙지 않으며, 복수형이 없습니다.
- 이미 언급되었거나 무엇을 말하는지 분명한 명사의 앞에는 정관사 the를 붙입니다.

❶ 우리말 문장과 일치하도록 문장을 완성하세요. 필요한 명사의 앞에 관사(a,the)를 더하세요. MP3 2_12

1 저는 아침식사를 자주 거릅니다.

____ (skip, often)

2 저는 커피와 녹차를 좋아합니다.

____ (like)

3 저는 지하철로 출근을 합니다.

____ (go to work)

4 그녀는 프랑스어와 일본어를 합니다.

____ (speak)

5 그들은 아침에 배드민턴을 칩니다.

____ (힌트 없음)

6 밖에 차가 한 대 있습니다. 그 차는 비싸 보입니다.

____ (outside, look)

7 저는 그 사진들을 이메일로 전송했습니다.

____ (send, by email)

8 그는 메인 스트리트에 있는 한 카페에서 일했습니다.

____ (work, on)

9 그는 서울에 빵집을 열었습니다.

____ (open)

10 저는 영화를 봤습니다. 그 영화는 슬펐습니다.

____ (watch)

정답 및 해설 p.40

❷ 아래의 본문을 읽고, 빈칸에 a와 the 중에 알맞은 관사를 넣으세요. 관사가 필요 없는 곳에는 X 표시를 하세요.

MP3 2_13

1

About 2 years ago, I had ______ part-time job at ______ convenience store.
I usually worked late at ______ night.
So, it was difficult to wake up in ______ morning.
And I often fell asleep in ______ class.
As a result, I quit ______ part-time job in 3 months.

약 2년 전에, 저는 편의점에서 아르바이트를 했습니다.
저는 보통 밤 늦게까지 일을 했습니다.
그래서 아침에 일어나기가 어려웠습니다.
그리고 수업 중에 자주 잠들었습니다.
그 결과 저는 3개월 만에 아르바이트를 그만 두었습니다.

2

When I was ______ university student, I lived in ______ big city.
So, I could study ______ English at ______ famous language school.
______ language school had ______ good education system.
As a result, I was able to get ______ high score on ______ TOEIC.

제가 대학생이었을 때, 저는 대도시에서 살았습니다.
그래서 저는 유명한 어학원에서 영어를 공부할 수 있었습니다.
그 어학원은 좋은 교육 시스템을 가지고 있었습니다.
그 결과, 저는 토익에서 높은 점수를 받을 수 있었습니다.

3

In the case of my best friend, he opened ______ restaurant in ______ small town.
However, he didn't have many customers because ______ location was not good.
So, he moved ______ restaurant to ______ Seoul.
As a result, ______ number of ______ customers is increasing.

제 가장 친한 친구의 경우, 그는 작은 마을에서 식당을 열었습니다.
그런데, 위치가 좋지 않아서 손님이 많지 않았습니다.
그래서, 그는 식당을 서울로 옮겼습니다.
그 결과, 고객의 수가 늘어나고 있습니다.

4

In the case of my university library, it has bad facilities.
For example, ______ chairs in ______ library are very uncomfortable.
Also, ______ air conditioners break down often in ______ summer.
So, I don't study in ______ library.

저의 대학 도서관의 경우, 시설이 좋지 않습니다.
예를 들어, 도서관의 의자는 매우 불편합니다.
또한, 여름에는 에어컨이 자주 고장 납니다.
그래서, 저는 도서관에서 공부하지 않습니다.

정답 및 해설 p.40, 41

❸ 우리말 문장과 일치하도록 알맞은 인칭대명사를 고르세요.

MP3 2_14

1 저는 그로부터 어떤 이메일도 받지 못했습니다.
I haven't got any emails from (he / his / him).

2 그것은 그녀의 잘못이 아니었습니다.
That was not (she / her / hers) fault.

3 저는 노트북을 샀습니다.
I bought a laptop computer.
그런데 키보드가 작동하지 않았습니다.
But (it / its) keyboard didn't work.

4 저는 그들에게 도움을 요청했습니다.
I asked (they / their / them) for help.

5 저는 어제 그들과 회의를 했습니다.
I had a meeting with (they / their / them) yesterday.
그들은 저의 제안을 마음에 들어했습니다.
(They / Their / Them) liked my suggestion.

6 당신은 내일 그들의 사무실을 방문할 예정입니다.
You are going to visit (they / their / them) office tomorrow.

7 밖에 비가 오고 있습니다.
(It / This / That) is raining outside.

8 걸어서 한 시간 걸립니다.
(It / This / That) takes an hour on foot.

9 이 프레젠테이션들은 유용할 것입니다.
(This / These / Those) presentations will be useful.

10 저 그림들은 매우 비쌉니다.
(This / These / Those) paintings are very expensive.

정답 및 해설 p.41

❹ 사진을 보고 아래의 부정대명사를 한번씩 이용해서 문장을 완성하세요.

MP3 2_15

some all both another each other most

1 ______________________ (wear, lab coat)
그들 모두가 실험복을 입고 있습니다.

2 ______________________ (talk to)
그들은 서로 대화를 하고 있습니다.

3 ______________________ (paintings, hang)
그림 몇 점이 벽에 걸려 있습니다.

4 ______________________ (black suit)
두 사람 다 검은색 정장을 입고 있습니다.

5 Next to her, ______________________ (drink)
그녀의 옆에, 다른 여자가 물을 마시고 있습니다.

6 ______________________ (look similar)
대부분의 집들이 비슷하게 생겼습니다.

정답 및 해설 p.42

5 형용사와 부사

| 형용사 부사 비교급과 최상급 |

형용사는 명사와 함께 다니며 그 상태나 성질을 설명합니다. 부사는 동사나 형용사에 추가적인 의미를 더해주는 역할을 합니다. 형용사와 부사는 토익스피킹에서 영작이 필요한 모든 문항의 답변에 사용되며, 매번 새로운 표현을 사용하려 하기보다 자기에게 익숙한 표현 위주로 연습하는 것이 중요합니다.

I bought a sofa. (I: 주어, bought: 동사, sofa: 명사)	→	I bought a too expensive sofa. (too: 부사, expensive: 형용사)
저는 소파를 샀습니다.		저는 너무 비싼 소파를 샀습니다.

❶ 우리말 문장과 일치하도록 아래의 형용사를 한번씩 이용해서 문장을 완성하세요.

MP3 2_16

inconvenient cheap hard boring lonely easy expensive

1 혼자 운동을 하는 것은 지루했습니다.

It was boring to exercise alone. (boring, alone)

2 혼자 사는 것은 외로웠습니다.

It ______________________ (live)

3 이 키보드는 사용하기 불편합니다.

It ______________________ (use)

4 큰 도시에서는 은행을 찾기 쉽습니다.

It ______________________ (find)

5 한국에서 대중교통을 이용하는 것은 저렴합니다.

It ______________________ (public transportation)

6 영화관에서 영화를 보는 것은 비쌉니다.

It ______________________ (a movie theater)

7 요즘은 집을 사기가 어렵습니다.

It ______________________ (these days)

정답 및 해설 p.43

❷ 우리말 문장과 일치하도록 아래의 빈도부사를 한번씩 이용해서 문장을 완성하세요.

MP3 2_17

never rarely sometimes often usually always

1 제가 대학생이었을 때, 저는 종종 봉사활동을 했습니다.

<u>When I was a university student, I often did volunteer work.</u> (do volunteer work)

2 제가 고등학생이었을 때, 저는 항상 아침식사를 했습니다.

____________________________________ (have breakfast)

3 제가 중학생이었을 때, 저는 수학을 거의 공부하지 않았습니다.

____________________________________ (힌트 없음)

4 제가 신입사원이었을 때, 저는 주로 오전 8시에 출근했습니다.

____________________________________ (come to work)

5 제가 인턴이었을 때, 저는 가끔 직장에서 실수를 했습니다.

____________________________________ (make mistakes)

6 제가 취업 준비생이었을 때, 저는 절대 작은 회사에 지원하지 않았습니다.

____________________________________ (apply to, small company)

정답 및 해설 p.43

❸ 우리말 문장과 일치하도록 비교급이나 최상급 표현을 이용해서 문장을 완성하세요.

MP3 2_18

1 저는 더 큰 집으로 이사를 했습니다.

I moved to a bigger house. (move, big)

2 제 상사는 저보다 나이가 더 어렸습니다.

__________ (supervisor, young)

3 요즘에는 집에서 요리를 하는 것이 더 비쌉니다.

__________ (cook at home)

4 우리는 다른 팀들보다 그 프로젝트를 더 빨리 끝냈습니다.

__________ (finish, early)

5 저는 가장 싼 음식을 주문했습니다.

__________ (order, cheap)

6 그 레스토랑은 우리 동네에서 제일 유명합니다.

__________ (famous)

7 그녀는 한국에서 가장 큰 IT회사에 입사했습니다.

__________ (enter)

8 제주도는 한국에서 가장 인기있는 관광지입니다.

__________ (tourist attraction)

정답 및 해설 p.44

6 부정사와 동명사

to부정사나 동명사는 동사를 변형한 형태로 문장에서 다양한 역할을 하지만 단독으로는 문장의 동사로 사용할 수 없습니다. 토익스피킹에서는 자신의 의견을 설명하는 7번이나 11번 문제의 답변에 자주 사용됩니다.

to부정사는 동사원형 앞에 to를 붙인 형태로 명사, 형용사, 부사 등 다양한 용도로 사용할 수 있습니다. 동명사는 동사원형에 -ing를 붙인 형태로 문장에서 하나의 명사처럼 사용할 수 있습니다.

❶ 우리말 문장과 일치하도록 to부정사를 사용해서 답변을 완성하세요.

MP3 2_19

1 제가 대학생이었을 때, 저는 중국어를 공부하기 위해 온라인 강의를 들었습니다. (take an online lecture)

When I was a university student, ______________________________

그런데 중국어를 혼자 공부하는 것은 쉽지 않았습니다. (not easy)

But ______________________________

무엇보다도, 중국어 문법을 이해하기 어려웠습니다. (understand, grammar)

Above all, ______________________________

그래서 저는 유명한 어학원에서 공부하기로 결심했습니다. (힌트 없음)

So, ______________________________

2 제가 어렸을 때, 저는 여행을 준비하기 위해 가이드북을 읽었습니다. (travel guide book, prepare for)

When I was young, ______________________________

그런데 요즘에, 저는 여행 정보를 얻기 위해 스마트폰을 사용합니다. (get)

But nowadays, ______________________________

그래서 여행 정보를 검색하는 것이 매우 편리합니다. (convenient, search for)

So, ______________________________

또한, 항공권과 호텔을 예매하는 것이 쉽습니다. (book)

Also, ______________________________

정답 및 해설 p.45

3 약 2년 전에, 저는 운동을 하기 위해 피트니스 센터에 등록했습니다. (register for)

About 2 years ago, ______________________________

그런데 피트니스 센터에서 운동하는 것은 지루했습니다. (boring)

But ______________________________

또한, 규칙적으로 운동을 하기가 어려웠습니다. (difficult, regularly)

Also, ______________________________

그래서, 저는 체중을 줄이는데 실패했습니다. (fail, lose weight)

So, ______________________________

4 약 5년 전에, 저는 작은 마을에 있는 공장에 취업했습니다.
About 5 years ago, I got a job at a factory in a small town.

그런데 저는 질문을 할 상사가 없었습니다. (have, supervisor)

But ______________________________

또한, 사무실에 고양이가 많아서 일에 집중하기가 어려웠습니다. (concentrate, because)

Also, ______________________________

그래서 저는 두 달 만에 일을 그만 두기로 결심했습니다. (decide, quit, in 2 months)

So, ______________________________

정답 및 해설 p.45

❷ 우리말 문장과 일치하도록 동명사를 사용해서 문장을 완성하세요.

MP3 2_20

1 저는 제 방 청소를 끝냈습니다.

I finished cleaning my room. ______ (finish -ing)

2 저는 건강을 위해 술을 끊었습니다.

______ (stop -ing)

3 저는 그 프레젠테이션을 준비하느라 바빴습니다.

______ (busy -ing)

4 저는 유튜브 영상을 보는데 많은 시간을 보냈습니다.

______ (spend [시간] -ing)

5 저는 밤에 운전을 하는데 어려움을 겪었습니다.

______ (have difficulty in -ing)

6 저는 친구들과 수영을 하러 갔습니다.

______ (go -ing)

7 저는 주말에 자전거 타는 것을 즐깁니다.

______ (enjoy -ing, on weekends)

8 저는 일찍 일어나는 것에 익숙하지 않습니다.

______ (be used to -ing, wake up)

9 저는 유럽 여행을 기대하고 있습니다.

______ (look forward to -ing)

10 저는 운전을 잘 못합니다.

______ (be good at -ing)

정답 및 해설 p.46

7 수동태

동사의 태는 주어가 동작을 행하는지, 또는 당하는지에 대한 정보를 제공합니다.
주어가 어떤 동작을 행할 때는 능동태를 사용하고, 동작을 하는 이보다 받는 대상이 더 중요한 관심사일 때 수동태를 사용합니다.
수동태의 형태는 be동사 + 과거분사로 동사의 과거분사형에 유의해서 문장을 만들어주세요.
토익스피킹에서는 3-4번 문제에서 사물을 설명하거나 8-10번 문제에서 일정의 변경사항을 설명할 때 수동태를 사용합니다.

❶ 우리말 문장과 일치하도록 수동태의 과거형을 이용해서 문장을 완성하세요.

MP3 2_21

1 에어컨이 고장 났습니다.

The air conditioner was broken down. ______ (break down)

2 제 스마트폰 화면에 금이 갔습니다.

______ (screen, crack)

3 그 프로젝트는 성공적으로 끝났습니다.

______ (finish, successfully)

4 그 가방은 이미 판매되었습니다.

______ (sell, already)

5 제 고등학교는 시골에 위치해 있었습니다.

______ (in the countryside)

6 그녀는 캠핑에 관심이 없었습니다.

______ (not interested)

7 그는 작년에 승진했습니다.

______ (get promoted)

8 그는 제때에 월급을 받지 못했습니다.

______ (get paid, on time)

TIP 자신에게 어떤 행위가 일어나는 경우에는 be동사 대신 get을 사용해서 수동태를 만듭니다.

정답 및 해설 p.47

❷ 아래 일정표와 우리말 문장을 참고한 후, 수동태를 이용해서 문장을 완성하세요.

MP3 2_22

A

Midtown Industry Conference

June 2nd, ❶ Grand Hall

10:00 – 10:30 A.M.	❷ ~~Opening Ceremony~~ → Canceled
10:30 – 11:00 A.M.	Welcome Speech (Maria Hills)
11:00 – 12:00 P.M	❸ Special Lecture
12:00 – 1:00 P.M.	Lunch
1:00 – 2:00 P.M.	❹ Presentation on New Products (Jay Mason)
2:00 – 3:00 P.M.	❺ ~~Tour of the Research Labs~~ → Postponed to 3rd

1 컨퍼런스는 그랜드 홀에서 열릴 것입니다.

The conference will be held in Grand Hall. (will be held)

2 개회식은 취소되었습니다.

The ______________________________ (수동태 현재완료)

3 특별 강연이 오전 11시에 예정되어 있습니다.

A ______________________________ (is scheduled)

TIP be동사 + scheduled는 현재시제로 미래의 의미를 나타냅니다.

4 신제품에 대한 프레젠테이션이 제이 메이슨으로부터 진행될 것입니다.

A ______________________________ (will be conducted)

5 연구실 견학은 3일로 연기되었습니다.

The ______________________________ (수동태 현재완료)

TIP 토익스피킹 8-10번 표 문제의 답변으로 자주 사용되는 문장 연습입니다. 문제 유형에 따라 문장 앞의 관사가 달라지므로 이번 연습에서는 수동태를 정확히 사용하는 것에 초점을 두고 영작해보세요.

B

Riverside community concert
❶ September 24th, Eastern Hall

❷ Registration fee: $55 (Including Lunch)

10:30 - 11:30 A.M.	Registration & ❸ ~~Signing Event~~ Canceled	
11:30 - 12:30 P.M.	*Performer* Cleveland orchestra	*Title* Spring symphony
12:30 - 1:30 P.M.	Lunch	
1:30 - 3:00 P.M. Concert	*Performer* ❹ Alex Brown Angelo orchestra	*Title* Blue River Moonlight Sonata
3:00 - 3:30 P.M.	❺ Q&A Session with Performers	

1 콘서트는 9월 24일에 동관에서 열릴 것입니다.

The ______________________________ (힌트 없음)

2 점심식사는 등록 비용에 포함되어 있습니다.

Lunch ______________________________ (include, in)

3 사인회는 취소되었습니다.

The ______________________________ (수동태 현재 완료)

4 'Blue River'는 알렉스 브라운에 의해 연주될 것입니다.

Blue River ______________________________ (perform)

5 연주자와의 질의응답 시간이 오후 3시에 예정되어 있습니다.

A ______________________________ (힌트 없음)

정답 및 해설 p.48, 49

❸ 사진을 보고 아래의 동사와 수동태를 이용해서 문장을 완성하세요.

MP3 2_23

arrange display dock park stack crowd gather

1 Many cars are parked.
많은 차들이 주차되어 있습니다.

2 Some ______________________
보트 몇 대가 정박되어 있습니다.

3 Many ______________________
많은 책들이 책장에 꽂혀 있습니다. (in the bookshelves)

4 The ______________________
쇼핑몰은 사람들로 붐빕니다. (with)

5 Many ______________________
많은 상자들이 쌓여 있습니다.

6 Many kinds of ______________________
많은 종류의 과일과 채소가 진열되어 있습니다.

7 Many ______________________
많은 사람들이 모여 있습니다.

정답 및 해설 p.50

8 접속사와 전치사

접속사는 문장에서 두 요소를 대등한 관계로 연결하거나 하나의 절을 다른 절의 일부로 포함시킬 수 있습니다.

전치사는 명사의 앞에서 장소, 시간 등의 의미를 나타냅니다. 전치사는 뒤에 오는 명사에 따라 의미가 달라질 수 있으므로 전치사와 명사를 하나로 묶어서 학습하는 것이 좋습니다.

접속사와 전치사는 토익스피킹에서 영작이 필요한 모든 문항의 답변에 쓰이며, 이를 활용해서 문장의 길이를 쉽게 늘릴 수 있습니다.

❶ 우리말 문장과 일치하도록 알맞은 접속사를 한번씩 사용해서 문장을 완성하세요.

MP3 2_24

but and when if because or after before until while so

1 만약 우리가 매일 운동을 한다면, 우리는 더 건강해 질 것입니다.

If we exercise every day, we will be healthier. (healthy)

2 저는 학교에서 밤 11시까지 공부했습니다.

I ______ (at school)

3 저는 일하는 동안 다양한 업무 스킬을 배웠습니다.

I ______ (work skills)

4 저는 과일과 빵을 샀습니다.

I ______ (some)

5 저는 돈이 부족해서 그 차를 살 수 없었습니다.

I ______ (couldn't, enough money)

6 그녀는 자주 야근을 했습니다. 하지만 그녀의 월급은 적었습니다.

She ______ (work overtime, salary)

7 그는 한국에 돌아온 후에 창업을 했습니다.

He ______ (start a company, come back)

8 저는 항상 밖에서 운동을 합니다. 그래서 가끔 감기에 걸립니다.

I ______________________________ (outside, catch a cold)

9 저는 심심할 때 책을 읽습니다.

I ______________________________ (bored)

10 저는 은행이나 IT 회사에 입사하고 싶었습니다.

I ______________________________ (want, enter)

11 저는 졸업하기 전에 많은 자격증을 취득했습니다.

I ______________________________ (certificates, graduate)

정답 및 해설 p.51

❷ 우리말 문장과 일치하도록 접속사 that을 이용해서 문장을 완성하세요.

MP3 2_25

1 저는 회의가 취소되었다고 들었습니다.

I ______ ______ the meeting ______ ______ ______ (hear, cancel)

2 그들은 배송이 지연될 것이라고 말했습니다.

They ______ ______ ______ will ______ ______ (say, the delivery, delay)

3 저는 파워포인트를 배우는 것이 쉽다고 생각했습니다.

I thought ______ it was ______ ______ ______ ______ (힌트 없음)

4 저는 그가 해고되었다는 것을 몰랐습니다.

I didn't ______ ______ ______ ______ ______ (be fired)

5 우리는 판매량이 증가할 것이라고 믿었습니다.

We ______ ______ the sales ______ ______ (believe, increase)

6 그는 나에게 카메라가 새 것이라고 말했습니다.

He ______ ______ ______ the camera ______ ______ (tell, new)

정답 및 해설 p.52

❸ 우리말 문장과 일치하도록 알맞은 **전치사**를 이용해서 문장을 완성하세요. MP3 2_26

시간 전치사

1 저는 주로 **밤에** 공부를 합니다.

I usually study at night. (usually)

2 저는 **여름방학 동안에** 인턴 근무를 했습니다.

I ______________________________ (do an internship)

3 저는 **두 달 동안** 미국을 여행했습니다.

I ______________________________ (힌트 없음)

4 저는 **주말에** 일을 합니다.

I ______________________________ (힌트 없음)

5 저는 **아침에** 조깅을 합니다.

I ______________________________ (go jogging)

6 당신은 **저녁 7시에** 그들과 회의를 할 예정입니다.

You ______________________________ (have a meeting)

7 당신은 **다음주 금요일까지** 그 세미나에 등록해야 합니다.

You ______________________________ (register for)

장소 전치사

8 그 세미나는 리버사이드 호텔에서 열릴 것입니다.

The ____________________ (be held)

9 테이블 위에 꽃병이 하나 있습니다.

There ____________________ (a flower vase)

10 재즈 축제가 서울에서 열릴 것입니다.

A ____________________ (festival)

11 그 건물의 앞에 높은 나무가 한 그루 있습니다.

There ____________________ (tall)

12 한 여자가 의자에 앉아 있습니다.

A ____________________ (힌트 없음)

13 한 남자가 파라솔 아래에 앉아 있습니다.

A ____________________ (parasol)

그 외의 전치사

14 저는 버스로 출근합니다.

I ____________________ (go to work)

15 그 컨퍼런스는 5월 3일부터 열릴 것입니다.

The ____________________ (third)

16 그들은 해변을 따라 걷고 있습니다.

They ____________________ (walk, beach)

정답 및 해설 p.52, 53

❹ 사진을 보고 알맞은 위치 표현과 현재 진행형 시제를 이용해서 인물의 동작을 설명하세요.  MP3 2_27

on the right side of the picture, 사진의 오른쪽에,	In the middle of the picture, 사진의 가운데에,
on the left side of the picture, 사진의 왼쪽에,	In the foreground of the picture, 사진의 앞쪽에,
In the background of the picture, 사진의 배경에,	

① On the left side of the picture,
a woman is sitting on a bench.

② ______________________________

③ ______________________________

④ ______________________________

⑤ ______________________________

⑥ ______________________________

⑦ ______________________________

⑧ ______________________________

⑨ ______________________________

정답 및 해설 p.53, 54

9 분사

분사는 동사에 -ing 또는 -ed를 붙인 형태로, 수식하는 명사와의 관계에 따라 두 가지로 나뉩니다.

- 현재분사(~하는): 동사원형 + ing의 형태로, 능동적 의미일 경우 명사를 꾸며주는 형용사처럼 쓰입니다.
- 과거분사(~된): 동사원형 + ed의 형태로, 현재분사와 달리 수동적 의미일 경우에 형용사처럼 쓰입니다.

분사를 꼭 써야만 토익스피킹에서 고득점을 받는 것은 아닙니다. 공부를 막 시작한 초보자라면 아래 연습문제를 통해 분사가 문장에서 어떤 역할을 하는지 이해하는 정도면 충분합니다.

① 우리말 문장과 일치하도록 현재분사를 이용해서 문장을 완성하세요.

MP3 2_28

1 사진의 왼쪽에, 쇼핑 카트를 밀고 있는 한 남자가 있습니다.

On the left side of the picture,

there is a man pushing a shopping cart. (push)

2 사진의 오른쪽에, 모니터를 가리키는 한 여자가 있습니다.

____

______________________________ (point at)

3 사진의 가운데에, 음식을 서빙하는 웨이터가 있습니다.

____

______________________________ (serve food)

4 사진의 배경에, 해변가를 따라 걷는 많은 사람들이 있습니다.

____

______________________________ (walk along)

5 사진의 앞쪽에, 수업을 듣고 있는 학생들이 몇 명 있습니다.

____

______________________________ (some, take a class)

6 사진의 왼쪽에, 줄을 서서 기다리는 많은 사람들이 있습니다.

____

______________________________ (wait in line)

TIP 아래의 두 문장은 형태는 다르지만 의미는 같습니다.

정답 및 해설 p.55

There is a man pushing a shopping cart. 쇼핑 카트를 밀고 있는 남자가 있습니다.

A man is pushing a shopping cart. 한 남자가 쇼핑 카트를 밀고 있습니다.

❷ 사진을 보고 현재분사를 이용해서 인물의 동작과 인상착의를 함께 묘사하세요.

MP3 2_29

1 A man wearing a black suit is reading a newspaper

검정 정장을 입은 남자가 신문을 읽고 있습니다.

2 ______________________________ (ride)

흰 셔츠를 입은 남자가 스쿠터를 타고 있습니다.

3 ______________________________ (checkered, hang)

체크무늬 셔츠를 입은 여자가 액자를 걸고 있습니다.

4 ______________________________ (mop the floor)

빨간 가디건을 입은 여자가 대걸레로 바닥을 닦고 있습니다.

5 ______________________________ (apron, grill)

파란 앞치마를 두른 남자가 고기를 굽고 있습니다.

6 ______________________________ (document)

안경을 낀 남자가 서류를 읽고 있습니다.

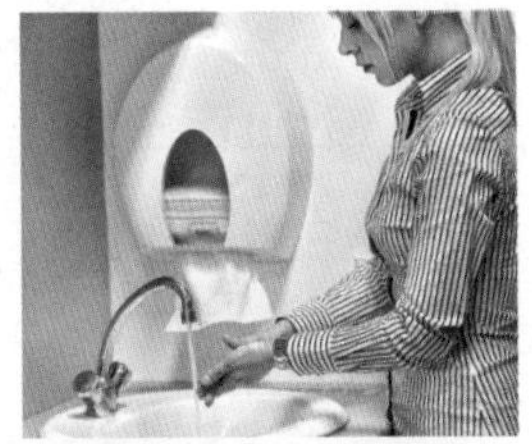

7 ______________________________ (striped, wash)

줄무늬 셔츠를 입은 여자가 손을 씻고 있습니다.

8 ______________________________ (hijab)

히잡을 두르고 있는 여자가 책을 읽고 있습니다.

9 ______________________________ (on the paper)

파란 셔츠를 입은 남자가 종이에 뭔가를 쓰고 있습니다.

정답 및 해설 p.55, 56

❸ 표의 일부를 보고 우리말 문장과 일치하도록 주어진 표현을 배열하세요.

MP3 2_30

1

10:00 A.M.	~~Guest Lecture~~ Canceled

오전 10시에 예정되어 있던 초청 강연은 취소되었습니다.
(at 10 A.M. / scheduled / the guest lecture / canceled / has been)

The guest lecture scheduled at 10 A.M. has been canceled.

2

2:00 P.M.	~~Product Demonstration~~ Postponed to 4 P.M.

오후 2시에 예정되어 있던 제품 시연은 오후 4시로 연기되었습니다.
(scheduled / postponed to 4 P.M. / has been / the product demonstration / at 2 P.M.)

3

9:00 A.M.	Keynote Speech	Nick White

오전 9시에 예정된 기조 연설은 닉 화이트가 진행할 것입니다.
(will be conducted by / the keynote speech / Nick White / at 9 A.M. / scheduled)

4

Yoga Class	~~Fridays~~ Canceled

금요일에 예정되었던 요가 수업이 취소되었습니다.
(has been / scheduled / the yoga class / for Fridays / canceled)

정답 및 해설 p.56

10 관계사

관계대명사와 관계부사도 앞서 배운 접속사와 유사하게 두 개의 절을 연결하는 기능을 합니다. 그런데 관계사가 포함된 문장은 구조가 복잡하기 때문에 왜 관계사가 문장에서 사용되었으며, 이를 어떻게 해석하는지를 익히는 것이 중요합니다.

관계대명사와 관계부사를 함께 학습하는 것이 부담스럽다면 둘 중에 토익스피킹에서 더 자주 사용되는 관계대명사를 먼저 학습하는 것을 추천드립니다.

❶ 우리말 문장과 일치하도록 주격 관계대명사 who, which(=that) 중 하나를 골라 문장을 완성하세요.

MP3 2_31

1 저는 넓은 정원이 있는 카페에 갔습니다.

I went to a cafe which has a large garden. (a large garden)

2 그는 한국에서 유명한 가수입니다.

He is a singer ______________________________ (famous)

3 그녀는 전기 자동차를 만드는 회사에 들어갔습니다.

She entered a company ______________________________ (electric)

4 저는 다양한 샐러드를 판매하는 레스토랑에 갔습니다.

I went to a store ______________________________ (sell, salad)

5 저는 포토샵을 잘하는 친구가 있습니다.

I have a friend ______________________________ (be good at)

정답 및 해설 p.57

❷ 우리말 문장과 일치하도록 목적격 관계대명사 who, which(=that) 중 하나를 골라 문장을 완성하세요.

MP3 2_32

1 저는 제 친구가 추천한 영화를 봤습니다.

I watched a movie which my friend recommended. (recommend)

2 그녀는 그녀가 3년간 준비한 시험에 합격했습니다.

She passed the test ______________________________ (prepare)

3 그는 모든 사람들이 좋아하는 가수가 되었습니다.

He became the singer ______________________________ (everyone)

4 저는 제가 온라인 서점에서 구매한 책을 한권 읽었습니다.

I read a book ______________________________ (online bookstore)

정답 및 해설 p.57

❸ 우리말 문장과 일치하도록 관계사 what, that 중 하나를 골라 문장을 완성하세요.

MP3 2_33

1 그녀는 제가 작성한 것을 맘에 들어 했습니다.

She liked what I wrote. (write)

그녀는 제가 작성한 이메일을 맘에 들어 했습니다.

She liked ______________________________

2 이것은 제가 평소에 사용하는 것이 아니었습니다.

It was not ______________________________ (usually)

이것은 제가 평소에 사용하는 프로그램이 아니었습니다.

It was not ______________________________

3 그들이 저에게 보내준 것을 이해하기가 어려웠습니다.

It was hard to understand ______________________________ (send me)

그들이 저에게 보내준 이메일을 이해하기가 어려웠습니다.

It was hard to understand ______________________________

정답 및 해설 p.58

❹ 우리말 문장과 일치하도록 아래의 관계부사를 이용해서 문장을 완성하세요.

MP3 2_34

where　when　why　how

1 저는 제가 10년동안 살았던 도시를 떠났습니다.

I left the city where I lived for 10 years. (live)

2 저는 그 식당이 왜 인기가 있는지 몰랐습니다.

I didn't know ______________________ (popular)

3 스마트폰은 우리가 소통하는 방식을 바꿔왔습니다.

Smartphones have changed ______________________ (communicate)

4 여기가 직원들이 휴식을 취하는 공간인 것 같습니다.

I think this is the space ______________________ (rest)

5 저는 제가 언제 이사를 갈 지 모릅니다.

I don't know ______________________ (move out)

6 저는 왜 늦었는지 설명했습니다.

I explained ______________________ (late)

7 그것은 우리가 전에 일했던 방식이 아니었습니다.

That was not ______________________ (before)

정답 및 해설 p.58

3

토익스피킹 문항별 답변에 적용하기

Questions 1-2

Read a text aloud 지문 읽기

살펴보기

문제 구성

문제 번호	Questions 1-2 (2문제)
문제 유형	Read a text aloud 지문 읽기
준비 시간	각 45초
답변 시간	각 45초
평가 요소	발음, 억양과 강세

시험 진행 순서

TOEIC Speaking

Questions 1-2 : Read a text aloud

Directions: In this part of the test, you will read aloud the text on the screen. You will have 45 seconds to prepare. Then you will have 45 seconds to read the text aloud.

① 시험 안내문

시험 진행 방식을 설명하는 안내문을 화면에 보여준 뒤 이를 음성으로 들려줍니다.

TOEIC Speaking **Question 1 of 11**

Thank you for joining us at Perkins Business Workshop. In today's workshop, we will learn how to manage your own business. Each session will give you a chance to improve your ideas for producing, designing and marketing your products. Also, we will have a competition for the Perkins business prize which selects the most valuable ideas presented during the workshop.

PREPARATION TIME
00:00:45

② 1번 문제 준비 시간

화면에 첫 번째 지문이 등장하며 45초의 준비 시간이 주어집니다.

TIP 준비 시간동안 지문을 소리내서 읽어주세요.

TOEIC Speaking	Question 1 of 11

Thank you for joining us at Perkins Business Workshop. In today's workshop, we will learn how to manage your own business. Each session will give you a chance to improve your ideas for producing, designing and marketing your products. Also, we will have a competition for the Perkins business prize which selects the most valuable ideas presented during the workshop.

RESPONSE TIME
00:00:45

③ 1번 문제 답변 시간

준비 시간이 끝나면 45초의 답변 시간이 주어집니다.
큰 소리로 자신 있게 지문을 읽어주세요.

TOEIC Speaking	Question 2 of 11

Welcome to the Boston International Airport. Your checkin process will take twenty-five minutes. In order to speed up the boarding process, please have your flight ticket and passport ready as you approach the counter. Also, please make sure your luggage is properly labeled with your name, address and telephone number. We hope you enjoy your flight.

PREPARATION TIME
00:00:45

④ 2번 문제 준비 시간

화면에 두 번째 지문이 등장하며 45초의 준비 시간이 주어집니다.

TOEIC Speaking	Question 2 of 11

Welcome to the Boston International Airport. Your checkin process will take twenty-five minutes. In order to speed up the boarding process, please have your flight ticket and passport ready as you approach the counter. Also, please make sure your luggage is properly labeled with your name, address and telephone number. We hope you enjoy your flight.

RESPONSE TIME
00:00:45

⑤ 2번 문제 답변 시간

준비 시간이 끝나면 45초의 답변 시간이 주어집니다.
큰 소리로 자신 있게 지문을 읽어주세요.

학습전략

1 준비 시간 활용하기

지문을 소리 내어 읽어본 뒤, 발음이 어려웠던 단어를 다시 읽어보거나 자연스럽게 답변을 시작할 수 있게 처음 한두 문장을 다시 읽어 두세요.

2 자신감 있게 말하기

자신감 있는 목소리로 말하는 것만으로도 발음이 좋아질 뿐 아니라 상대방이 내 말을 더 잘 이해할 수 있게 됩니다.

3 현장감을 살려 말하기

현장감을 살려 지문의 종류에 어울리는 느낌으로 읽어주는 것이 중요합니다. 자주 출제되는 지문의 유형은 다음과 같습니다. 자신의 답변을 녹음해서 들어보며 실제 현장에서 이렇게 말해도 괜찮을까를 생각해 보세요.

대표 유형	상황
광고문	TV광고나 홈쇼핑을 통해 제품을 홍보하는 상황
공지 사항 및 안내문	공항, 컨퍼런스 센터 등 여러 사람이 모인 장소에서 안내 방송을 하거나 프로그램에 참여한 사람들에게 중요한 공지 사항을 전달하는 상황
뉴스	방송 진행자나 아나운서가 되어 뉴스를 진행하는 상황
자동응답 메시지	매장이나 시설의 자동응답 메시지로 사용할 음성을 녹음하는 상황

4 강세에 유의해서 말하기

영어는 중요도가 높은 단어를 다른 단어에 비해 강하게 읽어주는 것이 중요합니다. 강세를 둘 단어를 쉽게 찾기 위해서는 지문의 내용을 이해하며 읽는 것이 중요합니다.

On our website, you can make a reservation or get discount information.

저희 웹사이트에서, 당신은 예약을 하거나 할인 정보를 얻을 수 있습니다.

If you purchase any two books, you'll receive a third one free.

책 두 권을 구입하시면, 세 번째 책을 무료로 받을 수 있습니다.

TIP 우리나라 사람들의 말투가 지역에 따라 다른 것처럼 영어가 모국어인 나라마다 강세의 위치가 조금씩 다릅니다. 강세에 대해 너무 계산적으로 접근하지 말고, 상대방이 잘 알아들어야 할 단어에 자신 있게 강세를 두어 읽어주세요.

5 억양에 유의해서 말하기

단어의 마지막 음을 상황에 맞게 올려서 읽는 것이 중요합니다.

- 단어의 뒤에 쉼표나 물음표가 있으면 마지막 음을 올려 읽어주세요.

  Please leave a message including your name(⤴), address(⤴), and contact information.

  이름, 주소, 연락처를 포함한 메시지를 남겨주세요.

  Do you usually cook at home?(⤴)

  당신은 보통 집에서 요리를 하나요?

6 끊어 읽기에 유의해서 말하기

적절한 지점에서 문장을 끊어 읽어주면 문장이 더 자연스럽게 들릴 뿐 아니라 발음을 하기도 훨씬 쉬워집니다.

- 쉼표와 마침표 뒤에서 끊어 읽어주세요.

  As always, / when you buy any kitchen items, / you'll receive a 10% discount coupon. //

  늘 그랬듯이, 주방 용품을 구매하시면 10% 할인 쿠폰을 드립니다.

- 접속사 and, or, but 앞에서 끊어 읽어주세요.

  You can return the brochure / or take it home.

  당신은 안내 책자를 반납하거나 집에 가져갈 수 있습니다.

실전 연습

준비 시간과 답변 시간을 지켜 지문을 읽어보세요

1 광고문 MP3 3_1

준비 시간: 45초 / 답변 시간: 45초

TOEIC Speaking **Question 1 of 11**

If you want a superior dining experience, why don't you try Harrods' Kitchen on Oxford Street? Our restaurant combines an excellent service, elegant atmosphere and world-class French cuisine. Share the unforgettable experience with your family and friends. After all, you deserve the very best.

2 공지 사항 및 안내문 MP3 3_2

준비 시간: 45초 / 답변 시간: 45초

TOEIC Speaking **Question 2 of 11**

Welcome to Galaxy Theater. The show will begin in just a few minutes, so please take your seats. Before the show begins, we request that you turn off your mobile phones. In addition, please remember that talking, taking pictures, or recording videos are not permitted during the show. Again, the performance will be starting soon.

정답 및 해설 p.60

3 자동응답 메시지 MP3 3_3

준비 시간: 45초 / 답변 시간: 45초

TOEIC Speaking **Question 1 of 11**

You have reached the office of Dr. Michael Harris, a neck, shoulder and back specialist. Unfortunately, we are currently closed in honor of the national holiday. If you'd like to leave a message, please press one. Otherwise, you can call us again at eight o'clock tomorrow morning.

4 뉴스 MP3 3_4

준비 시간: 45초 / 답변 시간: 45초

TOEIC Speaking **Question 2 of 11**

Good evening and welcome to Channel Eight News. Tonight, we'll be covering the opening of a new shopping center, upcoming festivals, and yesterday's soccer games. We'll also give you this weekend's weather forecast. But first, we have some news about on-going construction projects. Stay tuned and we'll be right back.

정답 및 해설 p.61

Questions
3-4

Describe a picture
사진 묘사하기

살펴보기

문제 구성

문제 번호	Questions 3-4 (2문제)
문제 유형	Describe a picture 사진 묘사하기
준비 시간	각 45초
답변 시간	각 30초
평가 요소	발음, 억양과 강세, 문법, 어휘, 일관성

시험 진행 순서

TOEIC Speaking

Questions 3-4 : Describe a picture

Directions: In this part of the test, you will describe the picture on your screen in as much detail as you can. You will have 45 seconds to prepare your response. Then you will have 30 seconds to speak about the picture.

① 시험 안내문

3-4번 문제의 진행 방식을 설명하는 안내문을 화면에 보여준 뒤 이를 음성으로 들려줍니다.

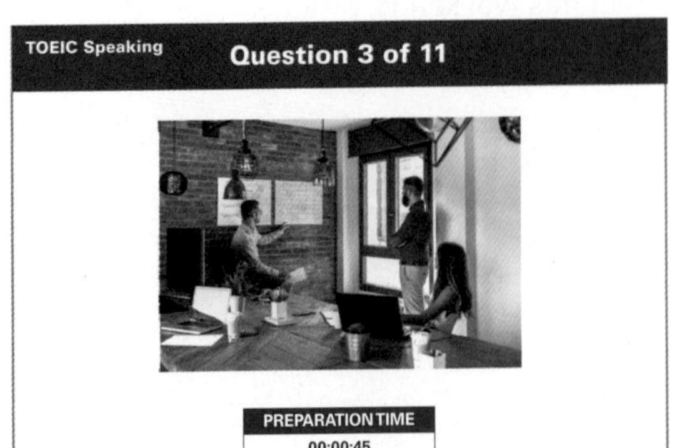

② 3번 문제 준비 시간

화면에 첫번째 사진이 등장하며 45초의 준비 시간이 주어집니다.

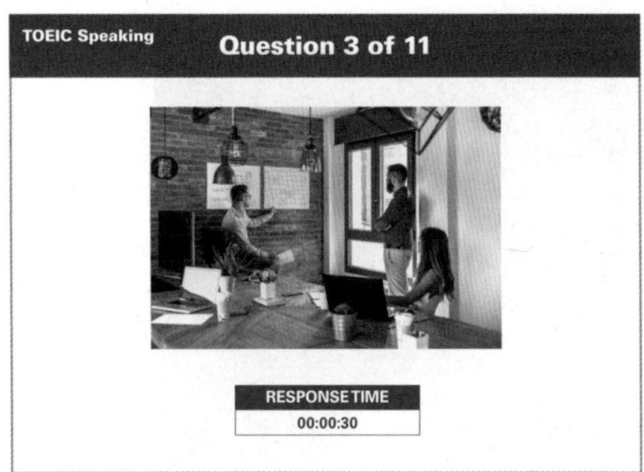

③ 3번 문제 답변 시간

준비 시간이 끝나면 30초의 답변 시간이 주어집니다.

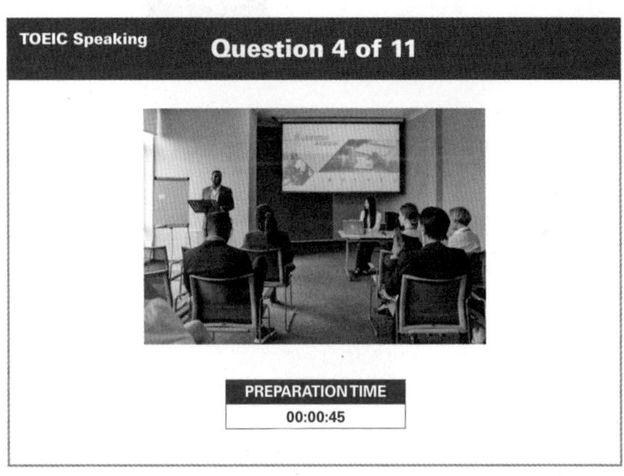

④ 4번 문제 준비 시간

화면에 두번째 사진이 등장하며 45초의 준비 시간이 주어집니다.

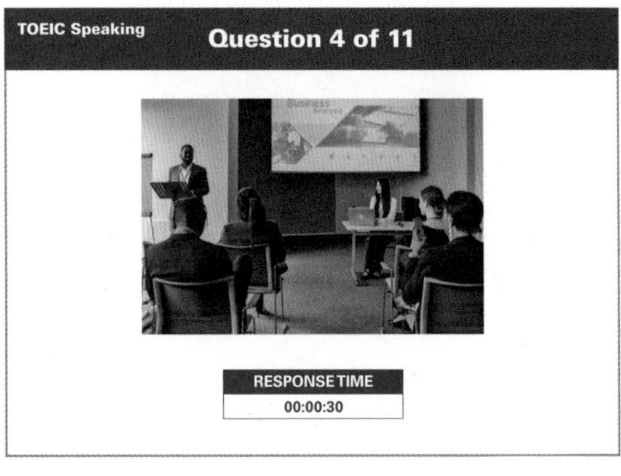

⑤ 4번 문제 답변 시간

이후 30초의 답변 시간이 주어집니다.

학습전략

1 준비 시간 활용하기

먼저 아래의 우선 순위에 따라 묘사할 대상의 순서를 정하세요. 그 후, 선정한 대상의 주요 특징(인물의 동작, 사물의 이름)을 생각해 두세요.

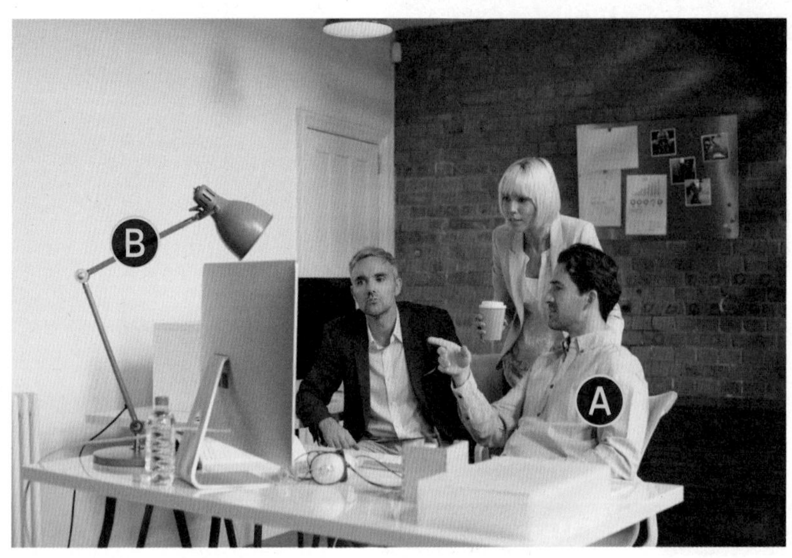

- 인물 중심으로 묘사를 진행하세요. 사진 속 세 사람을 사물 B보다 먼저 묘사하세요.
- 동작이 눈에 띄거나 사진 내 비중이 큰 인물을 먼저 묘사하세요. 화면을 가리키는 인물 A를 나머지 두 사람보다 먼저 묘사하세요.
- 인물의 동작이 인상착의(옷, 머리 스타일 등)보다 묘사 중요도가 높습니다.

2 인물의 동작 표현 학습하기

고득점을 위해서는 사진 속 인물의 동작을 정확하게 묘사하는 것이 중요합니다. 교재에서 다루는 다양한 동작 표현을 먼저 학습하고 추가 학습을 통해 새로 익힌 표현은 꼭 암기해두세요.

3 정확한 문장 만들기

문장을 많이 말하는 것보다 정확하게 말하는 것이 더 중요합니다. 올바른 문법과 어휘를 사용해서 일정한 리듬으로 말하면 적은 문장으로도 고득점이 가능합니다. 답변 시간이 부족하면 서두르지 말고 묘사하려는 대상의 수를 줄여주세요.

답변 만들기

답변 한 눈에 보기 (MP3) 3_5

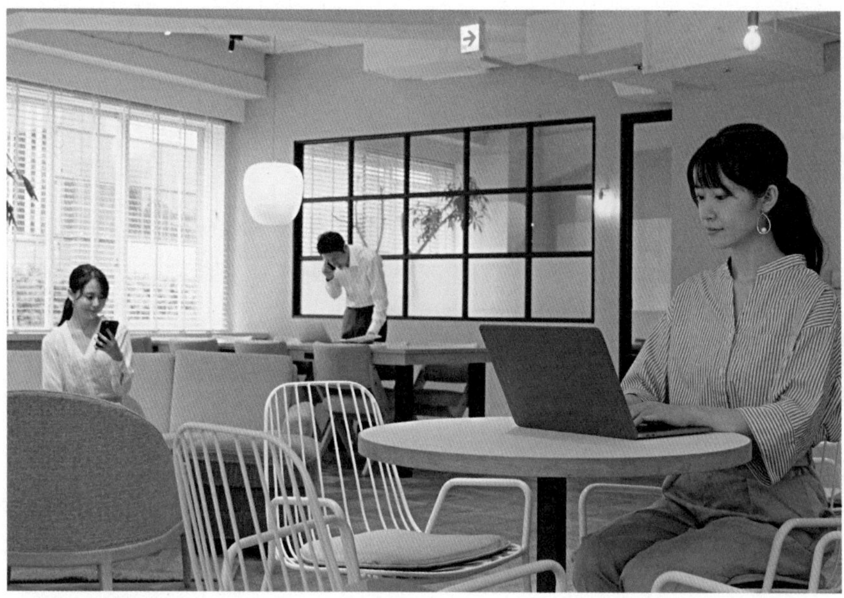

장소	**사진이 찍힌 장소를 설명합니다.** I think this picture was taken **in a lounge.** 이 사진은 휴게실에서 찍힌 것 같습니다.
주요 대상	**사진 내 비중이 큰 인물과 사물을 설명합니다. 문장 앞에 위치 표현을 사용하세요.** On the right side of the picture, **a woman is typing on a laptop computer.** 사진의 오른쪽에, 한 여자가 노트북 컴퓨터에 타이핑을 하고 있습니다. On the left side of the picture, **another woman is looking at a mobile phone.** 사진의 왼쪽에, 다른 여자가 휴대폰을 보고 있습니다. In the middle of the picture, **a man is talking on the phone.** 사진의 가운데에, 한 남자가 전화 통화를 하고 있습니다. Behind him, **there is a large window.** 남자의 뒤에, 큰 창문이 있습니다.

* IH 140점 이상 가능한 답변입니다.

장소 말하기

사진이 찍힌 장소를 설명합니다.

I think this picture was taken + 전치사 + 장소

I think this picture was taken in a lounge.
이 사진은 **휴게실에서** 찍힌 것 같습니다.

문법 포인트

- 두 문장이 접속사 that으로 연결된 구조입니다. 접속사 that은 생략되었습니다.
  I think + that + this picture was taken in a lounge.
- 사진이 사람에 의해 찍혔으므로 수동태(be동사 + 과거분사)를 과거형으로 사용했습니다.
  I think this picture was taken in a lounge.
- 전치사와 장소 명사를 한 덩어리로 학습하세요.

연습 문제 MP3 3_6 정답 및 해설 p.62

사진이 찍힌 장소를 적어보세요.

1 I think this picture was taken ________________.

2 I think this picture was taken ________________.

주요 대상 말하기

사진 내 비중이 큰 인물과 사물을 설명합니다. 문장의 앞에 위치 표현을 사용하세요.

1 인물의 동작 설명

대상의 위치 + 인물의 동작 (현재 진행형)

On the right side of the picture,
a woman is typing on a laptop computer.
사진의 오른쪽에, 한 여자가 노트북 컴퓨터에 타이핑을 하고 있습니다.

문법 포인트

- 인물의 동작 묘사에는 현재 진행형 시제를 사용합니다.
  A woman is typing on a laptop computer.
- 처음 언급하는 인물에는 대명사를 쓰지 않습니다.
  On the right side of the picture, she is typing on a laptop computer. (X)

2 인물의 인상착의 설명

주어 + is wearing + 복장
주어 + has + 머리 스타일

She is wearing a striped shirt.
그녀는 줄무늬 셔츠를 입고 있습니다.

She has black hair.
그녀는 검정 머리입니다.

TIP 인상착의 묘사는 중요도가 낮습니다. 평소 답변시간이 부족하면 인상착의를 생략하고 인물의 동작 위주로 묘사하세요.

3 사물 설명

대상의 위치 + there is + 명사

Behind him, there is a large window.
그의 뒤에, 큰 창문이 있습니다.

문법 포인트

- 사물 명사에 색이나 크기와 같은 형용사를 더해서 사물을 더 자세히 묘사할 수 있습니다.
  크기를 나타내는 대표적인 형용사로는 large(큰), tall(높은), small(작은)이 있습니다.
- be동사와 명사의 수 일치에 유의하세요.

  Behind him, there are a large window. (X) (are → is)
  In the background of the picture, there is two windows. (X) (is → are)

TIP 대상의 위치를 설명하는 표현  3_7

① In the middle of the picture, 사진의 가운데에,
② On the right side of the picture, 사진의 오른쪽에,
③ On the left side of the picture, 사진의 왼쪽에,
④ At the top of the picture, 사진의 상단에,
⑤ At the bottom of the picture, 사진의 하단에,

① In the foreground of the picture, 사진의 앞쪽에,
② In the background of the picture, 사진의 배경(뒤쪽)에,

① In front of A, A의 앞에,
② Behind A, A의 뒤에,
③ Next to A, A의 옆에,

연습 문제

MP3 3_8

정답 및 해설 p.63

알맞은 위치 표현과 제시된 단어를 사용해서 동그라미 친 대상을 묘사하세요.

point at　　look at　　give　　ride

a scooter　　a blackboard　　a projector screen　　a desk lamp

1

사람 On the left side of the picture,

a man is ______________________

사물 In the background of the picture,

there is ______________________

2

사람 ______________________

____

사물 ______________________

____

3

사람 ______________________

____

사물 ______________________

____

4

사람 ______________________

____

사물 ______________________

____

점수별 답변 분석

시간을 지켜 아래 사진을 묘사하세요. 스마트폰을 이용해서 자신의 답변을 녹음한 뒤 학생들의 실제 답변과 비교해보세요.

IM1 110점 답변 살펴보기

학생의 실제 답변을 살펴보고 문장에 잘못된 부분이 있으면 바르게 고치세요.

I think this picture was taken in a school.

On the, On the left, left side of the picture, two people are look at the phone and they are sitting on the stair.

On the right side the picture, a man is typing, typing on the note.

Another man, another woman is drink water.

제이크쌤 답변 피드백

🔊 실제 답변 & 제이크쌤 총평 들어보기

I think this picture was taken in a school.
이 사진은 학교에서 찍힌 것 같습니다.

ⓧ 사진의 장소로 at a university 혹은 on a university campus가 적합합니다.

On the, On the left, left side of the picture, two people are look at the phone and they are sitting on the stair.
사진의 왼쪽에, 두 사람이 휴대폰을 보고 있으며 그들은 계단에 앉아있습니다.

ⓞ 접속사 and를 써서 두 문장을 이어주었습니다.
ⓧ 한 문장에 동사가 두 개입니다. (are, look)
ⓧ 계단이 여러 개 이므로 stairs가 맞습니다.

On the right side the picture, a man is typing, typing on the note.
사진의 오른쪽에, 한 남자가 노트북에 타이핑을 하고 있습니다.

ⓧ 발음이 명확하지 않고 뭉개지는 부분이 있습니다.
On the right side of the picture에서 of가 들리지 않았고 notebook의 발음이 부정확합니다.
ⓧ 여성을 man이라 했습니다.

Another man, another woman is drink water.
다른 여자가 물을 마시고 있습니다.

ⓞ 여성을 man이라 했지만 실수를 알아차리고 수정했습니다.
ⓞ 같은 단어(a woman)의 중복을 피하기 위해 대명사 another를 사용했습니다.
ⓧ 한 문장에 동사가 두 개입니다. (is, drink)

제이크쌤 총평

- 동사를 두 번 사용한 문장이 있습니다. 고득점을 위해서는 피해야 할 실수입니다.
- 여성을 man이라 했으며, 이는 영어를 소리 내어 말해본 경험이 부족할 때 발생하는 실수입니다.
- 세번째 문장에서 발음이 뭉개지는 부분이 있습니다. 시간이 모자라다고 느껴 답변을 서두를 때 많이 발생하는 실수입니다.

IM3 130점 답변 살펴보기

학생의 실제 답변을 살펴보고 문장에 잘못된 부분이 있으면 바르게 고치세요.

I think this picture was taken at outside.

On the right side of the picture, a woman is drinking the water. And she is holding the red backpack.

Next to her, another woman is typing a gray laptop computer.

In the middle of the picture, two people are looking at the smartphone.
In the background of the picture, there is a -

제이크쌤 답변 피드백

실제 답변 & 제이크쌤 총평 들어보기

I think this picture was taken at outside.
이 사진은 야외에서 찍힌 것 같습니다.

ⓧ 장소를 더 구체적으로 설명해야 합니다.

On the right side of the picture, a woman is drinking the water. And she is holding the red backpack.
사진의 오른쪽에, 한 여자가 물을 마시고 있습니다. 그녀는 빨간 배낭을 들고 있습니다.

ⓧ 처음 언급하는 가산 명사 앞에는 부정관사 a가 필요합니다. 불가산 명사 water 앞에는 관사를 생략합니다.
ⓧ hold는 쥐거나 들고 있는 대상에 어울리는 동사입니다.

Next to her, another woman is typing a gray laptop computer.
그녀의 옆에, 다른 여자가 회색 노트북에 타이핑을 하고 있습니다.

ⓧ typing 뒤에 전치사 on이 필요합니다.

In the middle of the picture, two people are looking at the smartphone.
In the background of the picture, there is a –
사진의 가운데에, 두 사람이 스마트폰을 쳐다보고 있습니다. 사진의 배경에,

ⓧ smartphone 앞에 부정관사 a가 필요합니다.
ⓧ 시간이 초과되어 답변이 끊겼습니다.

제이크쌤 총평

- 답변이 도중에 끊겼습니다. 다섯 문장만 말해도 고득점이 가능하니 중요한 대상 위주로 묘사해주세요.
- 인물에 어울리지 않는 동사가 쓰였고 전치사와 관사 실수가 있지만 전체적으로 잘 만든 답변입니다.

IH 150점 답변 살펴보기

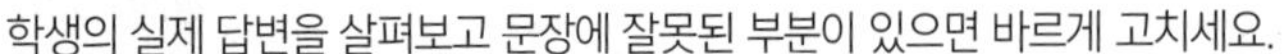
학생의 실제 답변을 살펴보고 문장에 잘못된 부분이 있으면 바르게 고치세요.

I think this picture was taken in front of the stairs.

On the left side of the picture, two woman are sitting on the stairs. They are looking something together.

One woman wearing white shirt is holding a mobile phone on her hand and another woman on the right is wearing blue shirt.

On the right side of the picture, two more woman, two more women are sitting together.

제이크쌤 답변 피드백

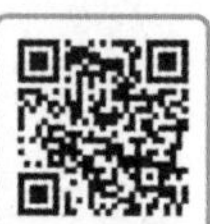

🔈 실제 답변 & 제이크쌤 총평 들어보기

I think this picture was taken in front of the stairs.
이 사진은 계단 앞에서 찍힌 것 같습니다.

- Ⓞ 장소를 구체적으로 설명했습니다.

On the left side of the picture, two woman are sitting on the stairs. They are looking something together.
사진의 왼쪽에, 두 여자가 계단에 앉아 있습니다. 그들은 함께 뭔가를 보고 있습니다.

- Ⓧ 여자의 복수형은 women입니다.
- Ⓧ 뭔가를 쳐다볼 때는 looking 뒤에 전치사 at이 필요합니다.

One woman wearing white shirt is holding a mobile phone on her hand and another woman on the right is wearing blue shirt.
흰색 셔츠를 입은 한 여자는 손에 휴대폰을 들고 있고 오른쪽의 다른 여자는 파란 셔츠를 입고 있습니다.

- Ⓞ 현재분사 wearing과 형용사구 on the right를 사용해서 명사 woman을 꾸며주었습니다.
- Ⓧ white shirt와 blue shirt 앞에 부정관사 a가 필요합니다.
- Ⓧ 손으로 뭔가를 잡거나 쥐고 있을 때는 전치사 in을 사용합니다.

On the right side of the picture, two more woman, two more women are sitting together.
사진의 오른쪽에, 또다른 두 명의 여자가 함께 앉아 있습니다.

- Ⓞ 두번째 문장에서 언급한 two women의 반복을 피하기 위해 형용사 more를 사용했습니다.

제이크쌤 총평

- 높은 수준의 답변이지만 왼쪽에 있는 두 여자의 묘사에 너무 많은 시간을 썼습니다. 그로 인해 오른쪽에 있는 두 여자의 묘사가 부족합니다.

실전 연습

준비 시간과 답변 시간을 지켜 사진을 묘사해보세요.

1 MP3 3_9 준비 시간: 45초 / 답변 시간: 30초

TOEIC Speaking **Question 3 of 11**

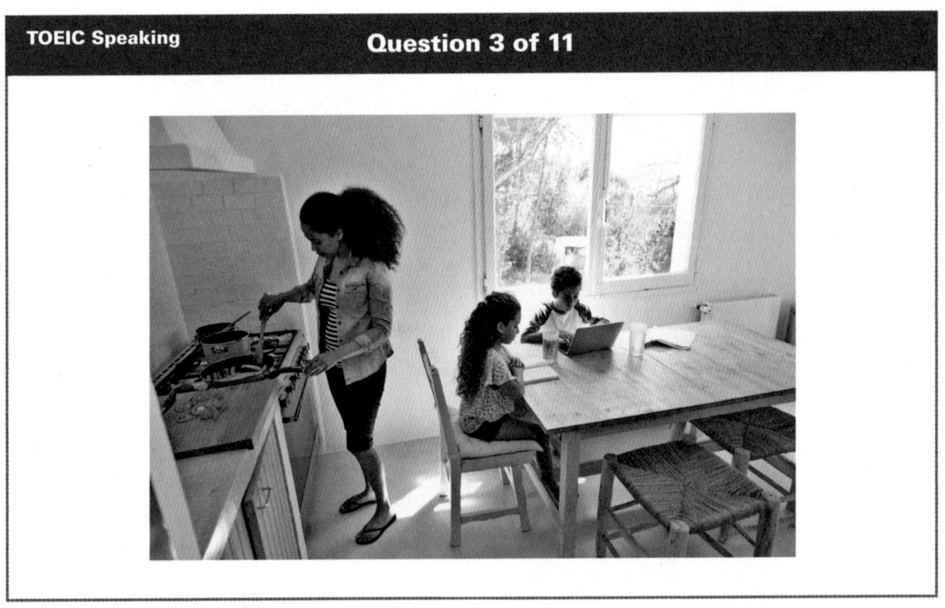

장소	I think this picture was taken ___부엌에서___.
주요 대상	___사진의 왼쪽에___, a woman is ___뭔가를 요리하다___.
	___사진의 가운데에___, a girl is ___책을 읽다___.
	___그녀의 옆에___, a boy is ___노트북에 타이핑을 하다___.
	___그의 뒤에___, there is ___커다란 창문___.

정답 및 해설 p.64

2 MP3 3_10 준비 시간: 45초 / 답변 시간: 30초

TOEIC Speaking	Question 4 of 11

장소	I think this picture was taken ______________.
주요 대상	사진의 가운데에, a woman and a girl are ______________.
	그들의 옆에, a man is ______________.
	사진의 왼쪽에, there are ______________.
	사진의 위쪽에, there are ______________.

정답 및 해설 p.65

3 MP3 3_11

준비 시간: 45초 / 답변 시간: 30초

TOEIC Speaking	Question 3 of 11

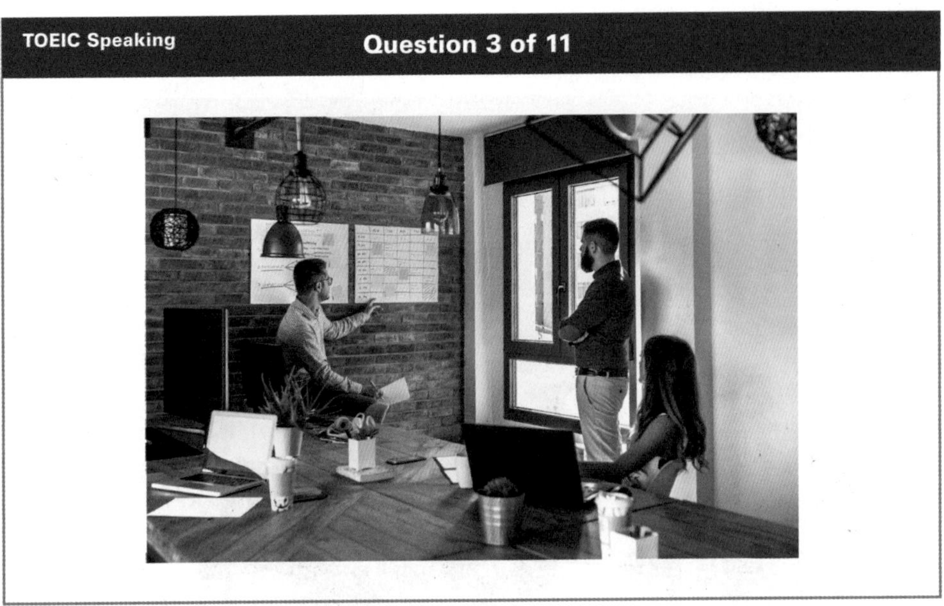

장소	
주요 대상	

정답 및 해설 p.66

Questions 3-4
자주 출제되는 동작 TOP 30

실내 (사무실, 매장 등)

발표를 하다	giving a presentation
타자를 치다	typing on a keyboard
서로 이야기를 하다	talking to each other
계단을 올라가다(내려가다)	going up(down) the stairs
종이에 뭔가를 작성하다	writing something on the paper
뭔가를 읽다	reading something
통화를 하다	talking on the phone
회의를 하다	having a meeting
화면을 가리키다	pointing at a screen
테이블에 앉아있다	sitting at a table
상자를 나르다	carrying a box
뭔가를 마시다	drinking something
주문을 하다	placing an order
머그잔을 들고있다	holding a mug
뭔가를 건네다	handing over something
매장을 둘러보다	looking around the store
줄을 서서 기다리다	waiting in line
수업을 진행하다	teaching a class
화이트보드를 쳐다보다	looking at a whiteboard

실외 (거리, 공원 등)

사진을 찍다	taking a picture
녹색 신호를 기다리다	waiting for a green light
악기를 연주하다	playing musical istruments
길을 건너다	crossing a road
인도를 걸어가다	walking on the sidewalk
자전거를 타다	riding a bicycle
조깅을 하다	jogging
길을 따라 걷다	walking along the road
벤치에 앉아 있다	sitting on a bench
소풍을 즐기다	having a picnic
거리에서 공연을 하다	performing on the street

Questions 5-7 Respond to questions 듣고 질문에 답하기

살펴보기

문제 구성

문제 번호	Questions 5-7 (3문제)
문제 유형	Respond to questions 듣고 질문에 답하기
준비 시간	문항별 3초
답변 시간	5번: 15초 6번: 15초 7번: 30초
평가 요소	발음, 억양과 강세, 문법, 어휘, 일관성, 내용의 관련성, 내용의 완성도

시험 진행 순서

TOEIC Speaking

Questions 5-7 : Respond to questions

Directions: In this part of the test, you will answer three questions. You will have three seconds to prepare after you hear each question. You will have 15 seconds to respond to Questions 5 and 6 and 30 seconds to respond to Question 7.

① 시험 안내문

5-7번 문제의 진행 방식을 설명하는 안내문을 화면에 보여준 뒤 이를 음성으로 들려줍니다.

TOEIC Speaking

Imagine that an Australian marketing firm is doing research in your country. You have agreed to participate in a telephone interview about your hometown.

② 상황 설명

안내문이 사라지면 화면 상단에 현재의 상황을 설명하는 내용이 등장합니다.

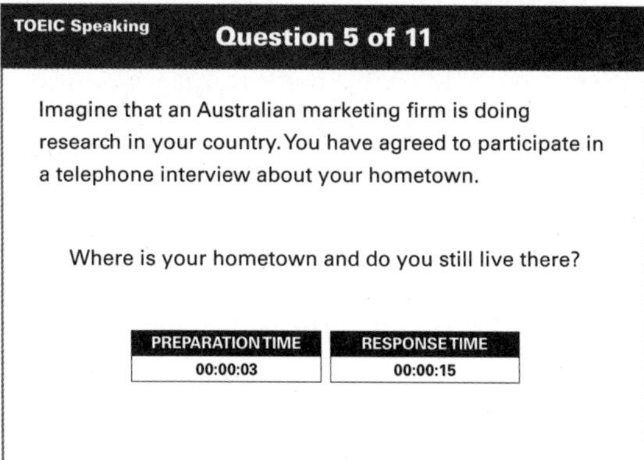

③ 5번 문제

상황 설명문 아래에 5번 문제가 등장하며 이를 음성으로 들려줍니다. 이후 3초의 준비 시간과 15초의 답변 시간이 주어집니다.

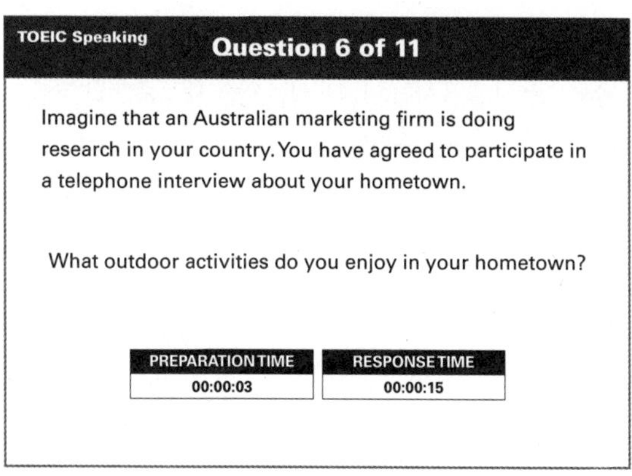

④ 6번 문제

뒤이어 6번 문제가 등장하며 이를 음성으로 들려줍니다. 이후 3초의 준비 시간과 15초의 답변 시간이 주어집니다.

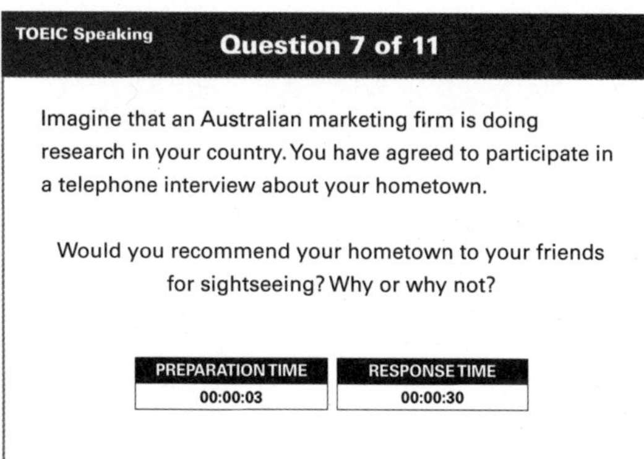

⑤ 7번 문제

뒤이어 7번 문제가 등장하며 이를 음성으로 들려줍니다. 이후 3초의 준비 시간과 30초의 답변 시간이 주어집니다.

학습전략

1 준비 시간 활용하기

준비 시간이 짧기 때문에 답변 아이디어를 미리 생각해 두기엔 시간이 부족합니다. 준비 시간 동안 문제를 다시 읽어 두면 질문과 상관없는 대답을 하거나 문법 실수를 할 가능성을 낮출 수 있습니다.

2 다양한 문제 연습하기

5-7번에서는 평소에 생각해보기 힘든 생소한 주제가 등장하기도 합니다. 따라서 다양한 문제를 연습해 보면서 시험에 대한 적응력을 높이는 것이 중요합니다. 어려운 문제는 여러 번 반복해서 연습해주세요.

3 답변의 완성도에 유의하기

5-7번 문제에서부터 내용의 완성도가 평가 요소에 포함됩니다. 어려운 문법이나 단어를 사용하기보다 쉽고 간결한 표현을 이용해서 문법적으로 정확한 문장을 만드는 것이 중요합니다.

4 나만의 표현 모음집 만들기

스스로 만든 문장은 다른 문제에도 쉽게 적용할 수 있습니다. 내가 만든 아이디어를 기반으로 직접 제작한 문장은 따로 정리해서 학습해두세요. 빠르게 영작 실력을 키우는데 많은 도움이 됩니다.

5 답변 녹음해서 들어보기

토익스피킹을 혼자 공부하는 분들은 자신이 답변 중에 어떤 실수를 했는지 알기 어렵습니다. 실전 연습 시 녹음한 답변을 들어보며 부족한 부분을 보완하는 연습을 해주세요. 실수를 줄이는데 많은 도움이 됩니다.

답변 만들기

답변 한 눈에 보기 (MP3) 3_12

Imagine that an English newspaper company is doing research for an article it plans to publish. You have agreed to participate in an interview about buying food or groceries.
영국의 한 신문사가 발간 계획이 있는 기사를 위해 조사를 하는 중이라고 가정해 보세요.
당신은 음식이나 식료품 구매에 대한 인터뷰에 참여하기로 동의했습니다.

Q5	When was the last time you bought groceries, and what did you buy? 마지막으로 식료품을 산 게 언제고, 무엇을 샀나요?
A5	The last time I bought groceries was last weekend and I bought some fruits. 제가 마지막으로 식료품을 산 것은 지난 주말이었고 저는 과일을 좀 샀습니다.
Q6	Where is a good place to buy groceries in your area? Why? 당신이 사는 지역에서 식료품을 사기에 좋은 장소는 어디인가요? 그 이유는 무엇인가요?
A6	emart is a good place to buy groceries in my area. It's because there are many kinds of groceries. 제가 사는 지역에서 식료품을 사기에 좋은 곳은 이마트입니다. 왜냐하면 거기엔 많은 종류의 식료품이 있기 때문입니다.
Q7	Do you buy groceries over the internet? Why or why not? 당신은 인터넷으로 식료품을 사나요? 그 이유는 무엇인가요?
A7	I buy groceries over the internet. 저는 인터넷으로 식료품을 삽니다. Because I can shop groceries regardless of time. 왜냐하면 저는 시간에 상관없이 식료품을 구매할 수 있기 때문입니다. Also, it is convenient to compare prices. 또한, 가격을 비교하기 편리합니다. Therefore, I buy groceries over the internet. 그래서 저는 인터넷으로 식료품을 삽니다.

* IH 140점 이상 가능한 답변입니다.

질문 주제 확인하기

5-7번 문제는 문제가 표시되기 전 주제를 미리 확인할 수 있는 안내문이 등장합니다. 안내문 후반부의 about + 주제 부분을 확인해주세요.

유형 1 마케팅 회사 등 특정 기관과의 전화 인터뷰

> Imagine that an Australian marketing firm is doing research in your country. You have agreed to participate in a telephone interview about convenience stores in your city.
>
> 호주의 마케팅 회사가 당신의 나라에서 시장 조사를 하고 있다고 가정해보세요. 당신은 살고 있는 도시 내 편의점에 대한 전화 인터뷰에 참여하기로 했습니다.

특정 주제에 대해 마케팅 회사, 언론사 등 한 매체와의 전화 인터뷰 상황을 가정합니다.

유형 2 지인과의 전화 통화

> Imagine that you are talking on the telephone with a friend. You are talking about your hobbies.
>
> 당신이 친구와 전화 통화를 하고 있다고 가정해보세요. 당신은 취미에 대해서 이야기하고 있습니다.

가까운 친구 혹은 직장 동료와의 대화 상황을 가정합니다. 그러므로 격식을 갖춰 질문을 하는 첫번째 유형과는 달리 친근한 구어체 표현이 질문에 사용되며, 답변에도 자연스러운 대화체 표현을 사용할 수 있습니다.

답변에 사용 가능한 대화체 표현의 예

- Well, 음,
- Sure. 물론이지.
- Of course. 당연하지.

TIP 두 유형은 질문자와 답변자의 관계 차이로 인해 질문에 사용된 말투가 다를 뿐 답변의 내용에는 큰 차이가 없습니다.

5, 6번 답변하기

15초의 답변 시간이 주어지는 5,6번 문제는 크게 두 가지 유형으로 나뉩니다.

유형 1 두 가지를 묻는 유형

다음에 유의해서 두 질문에 답변해주세요.

① 의문사 확인하기 ② 시제 확인하기 ③ 답변의 시작부(문장의 주어) 찾기

④ 의문사의 답변부 크게 말하기 ⑤ 사람과 대화하듯 일정한 리듬으로 자연스럽게 말하기

Q When(①) was(②) the last time you bought groceries(③), and what(①) did(②) you buy(③)?

마지막으로 식료품을 산 게 언제이고, 무엇을 샀나요?

A The last time I bought groceries was(②) last weekend(④) and I bought(②) some fruits(④).

제가 마지막으로 식료품을 산 것은 지난 주말이었고 저는 과일을 좀 샀습니다.

문법 포인트

- 대부분의 5-6번 문제에서는 질문의 you를 I로 바꾸어 답변을 시작합니다. 그런데 위와 같이 마지막 경험을 묻는 문제에서는 the last time을 답변의 주어로 사용해서 더 정확한 의미의 문장을 만들 수 있습니다.

  The last time(주어(선행사)) (that) I bought groceries(목적격 관계대명사절) was(동사) last weekend.

- 목적격 관계대명사 that은 생략되었으며, 문장의 동사는 bought이 아니라 was입니다.

답변으로 자주 쓰이는 표현

주요 의문사의 답변으로 자주 쓰이는 표현을 학습해 두세요. 이 외에도 내가 선호하는 표현이 있다면 함께 정리해두세요.

대표 의문사	자주 사용되는 표현	
When 시점	in the morning 아침에 at 7 P.M. 저녁 7시에 on weekends 주말에	after work / school 퇴근 후 / 하교 후 last week 지난 주에 about two weeks ago 약 2주 전에
How often 빈도	almost every day 거의 매일 twice a day 하루에 두 번	once a week 일주일에 한 번 once a month 한달에 한 번
How long 기간	about 2 hours 두시간 정도	for 30 minutes 30분 동안
Where 장소	at home 집에서 at a department store 백화점에서	on the internet 인터넷에서 on the street 거리에서
Who 사람	with my friends 친구와 함께	alone 혼자서

유형 2 이유를 추가로 묻는 유형

하나의 질문 이후에 그 이유를 추가로 묻는 유형입니다. 질문에 사용된 표현을 이용해서 답변한 뒤, 그 이유를 설명하세요.

Q Where is a good place to buy groceries in your area? Why?
당신이 사는 지역에서 식료품을 사기에 좋은 장소는 어디인가요? 그 이유는 무엇인가요?

A emart is a good place to buy groceries in my area. 시작 문장
It's because there are many kinds of groceries. 이유 문장
제가 사는 지역에서 식료품을 사기에 좋은 곳은 이마트입니다. 왜냐하면 거기엔 많은 종류의 식료품이 있기 때문입니다.

문법 포인트

- 답변의 to buy는 ~하기에라는 의미의 to부정사로 형용사 good을 꾸며주는 부사 역할을 합니다. to부정사의 다양한 역할 중 부사 역할을 하는 to부정사를 잘 학습해두세요.

  emart is a good place to buy groceries in my area. 저희 지역에서 식료품을 사기에 좋은 곳은 이마트입니다.
  (good: 형용사, to buy: to부정사)

- 이유를 설명하는 접속사 because는 문장과 문장, 단어와 단어를 연결하는 역할을 합니다. 새로운 문장으로 이유를 설명할 때는 because 앞에 it's를 붙일 수 있습니다. 아래 두 문장의 의미는 같습니다.

  He is busy. It's because he started a business. 그는 바쁩니다. 왜냐하면 그가 사업을 시작했기 때문입니다.
  He is busy because he started a business. 그는 사업을 시작했기 때문에 바쁩니다.

이유 문장에 자주 쓰이는 구문

이유 문장을 만드는 데 자주 쓰이는 대표 구문을 학습해주세요. 다양한 표현을 이용하기보다 소수의 표현을 반복해서 연습하는 것이 영작 실력을 키우는데 도움이 됩니다.

구문	문장
can + 동사	We can concentrate on our work. 우리는 일에 집중할 수 있습니다.
It is + 형용사 + to 동사	It is easy to learn yoga. 요가를 배우는 것은 쉽습니다.
There is / are + 명사	There is a bank in my university. 제가 다니는 대학교에는 은행이 있습니다.
should / need to + 동사	I need to eat more vegetables. 저는 야채를 더 많이 먹어야 합니다.
don't have to + 동사	I don't have to transfer. 저는 환승을 하지 않아도 됩니다.

연습 문제 MP3 3_13

정답 및 해설 p.67

A. 질문을 잘 읽고 답변을 완성해보세요.

1 Q How often do you eat at a restaurant? And who do you usually eat with?

A I eat at a restaurant __________ and I usually eat with __________.

2 Q Where is your favorite beach, and when was the last time you went there?

A My favorite beach is __________ and the last time I went there was __________.

3 Q When was the last time you visited a bookstore and how long did you stay there?

A The last time I visited a bookstore was __________ and I stayed there __________.

4 Q What kind of TV programs do you like the most and why?

A I like __________ the most. It's because __________.

5 Q Do you shop at a department store often? Why or why not?

A I __________. It's because __________.

6 Q If you were going on a trip, would you go alone or with your friends? Why?

A I would go __________. It's because __________.

7번 답변하기

30초의 답변 시간이 주어지는 7번 문제에서는 질문에 대한 자신의 의견을 설명하게 됩니다.

> **Q** Do you buy groceries over the internet? Why or why not?
> 당신은 인터넷으로 식료품을 사나요? 그 이유는 무엇인가요?

답변 구성

❶ 입장 결정

질문의 표현을 이용해서 자신의 입장을 설명합니다.

> **Q** Do you buy groceries over the internet? Why or why not?
> 당신은 인터넷으로 식료품을 사나요? 그 이유는 무엇인가요?
>
> **A** I buy groceries over the internet.
> 저는 인터넷으로 식료품을 삽니다.

❷ 이유 설명

다음의 두 가지 방식 중 하나를 골라 답변하세요.

답변 방식 1

입장에 대한 두가지 이유를 설명합니다. 전 페이지에서 학습한 다섯가지 구문을 이용해서 더 쉽게 답변할 수 있습니다.

이유 1	Because I can shop for groceries regardless of time. 왜냐하면 저는 시간에 상관없이 식료품을 구매할 수 있기 때문입니다.
이유 2	Also, it is convenient to compare prices. 또한, 가격을 비교하기 편리합니다.

답변 방식 2

입장에 대한 이유를 한가지 말한 뒤, 이유 문장과 이어지는 추가 문장을 말합니다. 추가 문장으로는 이유에 대한 결과 혹은 구체적 설명이 자주 쓰입니다.

이유	Because I can shop for groceries on my smartphone. 왜냐하면 저는 스마트폰으로 식료품을 살 수 있기 때문입니다.
추가 문장	So, I can save time. 그래서 저는 시간을 아낄 수 있습니다.

이유	Because I can shop for groceries on my smartphone. 왜냐하면 저는 스마트폰으로 식료품을 살 수 있기 때문입니다.
추가 문장 (결과)	So, I can shop for groceries anywhere. 그래서 저는 어디서든 식료품을 살 수 있습니다.
추가 문장 (구체적 설명)	Nowadays, there are many smartphone applications for grocery shopping. 요즘에는 식료품 쇼핑을 위한 스마트폰 어플리케이션이 많습니다.

❸ 마무리

입장 문장을 다시 한 번 말하며 답변을 마무리합니다. 답변 앞에 Therefore을 사용해주세요.

Therefore, I buy groceries over the internet.

따라서, 저는 인터넷으로 식료품을 삽니다.

TIP 답변 시간이 모자라면 마무리 문장을 생략해주세요.

연습 문제 MP3 3_14

정답 및 해설 p.68

질문을 잘 읽고 답변을 완성해보세요.

1 If you drive a long distance, do you prefer to drive on a highway or on small roads? Why?
만약 당신이 장거리 운전을 한다면, 고속도로와 작은 도로 중 어디서 운전하는 것을 선호하나요? 그 이유는 무엇인가요?

입장	I prefer driving on a highway. 저는 고속도로에서 운전하는 것을 선호합니다.
이유 1	Because it is ______________________. (easier) 왜냐하면 고속도로에서 운전하는 것이 더 쉽기 때문입니다.
이유 2	Also, there are ______________________. (rest area) 또한, 고속도로에는 휴게소가 많습니다.
마무리	Therefore, I prefer driving on a highway. 따라서, 저는 고속도로에서 운전하는 것을 선호합니다.

2 If a new historical museum opened in your area, would you visit it? Why or why not?
만약 살고 있는 지역에 새로운 역사 박물관이 문을 연다면 그곳을 방문할 건가요? 그 이유는 무엇인가요?

입장	If a new historical museum opened in my area, I would not visit it. 만약 저희 지역에 새로운 역사 박물관이 문을 연다면, 저는 그곳에 방문하지 않을 것입니다.
이유 1	Because I ______________________. (be interested in) 왜냐하면 저는 역사에 관심이 없기 때문입니다.
추가문장	So, I ______________________. (will, bored) 그래서 저는 매우 지루해 할 것입니다.
마무리	Therefore, I would not visit it. 따라서, 저는 그곳에 방문하지 않을 것입니다.

3 For grocery shopping, would you recommend the supermarkets in your area to others? Why?

입장	
이유 1	
이유 2 or 추가문장	
마무리	

4 If you need to contact a customer service representative, which of the following is the best way to contact them and why?

- Sending an email
- Making a phone call

입장	
이유 1	
이유 2 or 추가문장	
마무리	

점수별 답변 분석

답변 시간에 맞춰 아래 질문에 답변하세요. 스마트폰을 이용해서 자신의 답변을 녹음한 뒤 학생들의 실제 답변과 비교해보세요.

Imagine that a British advertising agency is doing research in your area. You have agreed to participate in a telephone interview about visiting amusement parks which have attractions like roller coaster rides.

Q5	When do people in your area usually visit amusement parks? And why?
Q6	If a new amusement park opened in your area, would you visit it? Why or why not?
Q7	Would you rather go to an amusement park with your family or with your friends? Why?

영국의 한 광고 대행사가 당신의 지역에서 조사를 하는 중이라고 가정해 보세요. 당신은 롤러코스터 같은 놀이기구가 있는 놀이공원 방문에 대한 전화 인터뷰에 참여하기로 동의했습니다.

IM1 110점 답변 살펴보기

학생의 실제 답변을 살펴보고 문장에 잘못된 부분이 있으면 바르게 고치세요.

Q5	When do people in your area usually visit amusement parks? And why?
A5	People in my area usually visit amusement parks on weekend and... yes.
Q6	If a new amusement park opened in your area, would you visit it? Why or why not?
A6	If a new amusement park opened in my area, I visit it. Because it is very exciting.
Q7	Would you rather go to an amusement park with your family or with your friends? Why?
A7	I would rather go to an amusement park with my friends. Because my family couldn't enjoy... amusement thing because they can't enjoy...

제이크쌤 답변 피드백

실제 답변 & 제이크쌤 총평 들어보기

Q5	When do people in your area usually visit amusement parks? And why? 당신이 사는 지역의 사람들은 보통 언제 놀이공원에 방문하나요? 그 이유는 무엇인가요?
A5	People in my area usually visit amusement parks on weekend and... yes. 제가 살고있는 지역의 사람들은 주로 주말에 놀이공원을 방문합니다. ⓧ 전치사구를 잘못 사용했습니다. (on weekend → on weekends) ⓧ 이유 문장을 만들지 못했습니다.
Q6	If a new amusement park opened in your area, would you visit it? Why or why not? 만약 살고 있는 지역에 새로운 놀이공원이 문을 연다면 그곳을 방문할 건가요? 그 이유는 무엇인가요?
A6	If a new amusement park opened in my area, I visit it. Because it is very exciting. 만약 제가 살고있는 지역에 새로운 놀이공원이 문을 연다면, 저는 그곳에 방문합니다. 왜냐하면 이것은 매우 신납니다. ⓧ visit 앞에 조동사 would를 빠뜨렸습니다. ⓧ 이유 문장의 시제가 어색하지만 내용을 이해하기에 어려움은 없습니다. (it is → it will be)
Q7	Would you rather go to an amusement park with your family or with your friends? Why? 당신은 가족이나 친구들 중 누구와 함께 놀이공원에 가고 싶나요? 그 이유는 무엇인가요?
A7	I would rather go to an amusement park with my friends. Because my family couldn't enjoy... amusement thing because they can't enjoy... 저는 친구들과 함께 놀이공원에 갈 것입니다. 왜냐하면 저희 가족들은 놀이하는 것을 즐길 수 없기 때문입니다... 왜냐하면 그들은 즐길 수가 없습니다... ⓞ 질문의 조동사 would를 답변에 빠뜨리지 않고 사용했습니다. ⓧ 의미를 이해하기 힘든 명사가 있습니다. (amusement thing) ⓧ 문장이 완성되지 않아서 말하고자 하는 바를 이해하기 어렵습니다.

제이크쌤 총평

- 영작이 필요한 구간에서 문장의 완성도가 떨어집니다. 특히 답변에 대한 이유의 설명이 부실합니다.
- 어휘의 사용이 자연스럽지 않아서 답변 내용을 이해하기에 어려움이 있습니다.

IM3 130점 답변 살펴보기

학생의 실제 답변을 살펴보고 문장에 잘못된 부분이 있으면 바르게 고치세요.

Q5	When do people in your area usually visit amusement parks? And why?
A5	People in my area usually visit amusement parks... during spring. Because the weather is very good during spring.
Q6	If a new amusement park opened in your area, would you visit it? Why or why not?
A6	I would not visit a new amusement park in my area. Because I really don't like riding roller coasters.
Q7	Would you rather go to an amusement park with your family or with your friends? Why?
A7	I would rather go to an amusement park with my family. First, my family don't like roller coaster rides like me. Second, my parents really love to have picnic... on amusement park.

제이크쌤 답변 피드백

🔈 실제 답변 &
제이크쌤 총평 들어보기

Q5	When do people in your area usually visit amusement parks? And why? 당신이 사는 지역의 사람들은 보통 언제 놀이공원에 방문하나요? 그 이유는 무엇인가요?
A5	People in my area usually visit amusement parks... during spring. Because the weather is very good during spring. 제가 살고있는 지역의 사람들은 보통 봄 동안 놀이공원을 방문합니다. 왜냐하면 봄에는 날씨가 매우 좋기 때문입니다. Ⓧ 전치사구를 잘못 사용했지만 답변 내용을 이해하기에 어려움은 없습니다. (during spring 봄 동안 → in Spring 봄에)
Q6	If a new amusement park opened in your area, would you visit it? Why or why not? 만약 살고 있는 지역에 새로운 놀이공원이 문을 연다면 그곳을 방문할 건가요? 그 이유는 무엇인가요?
A6	I would not visit a new amusement park in my area. Because I really don't like riding roller coasters. 저는 새로운 놀이공원에 방문할 것 같지 않습니다. 왜냐하면 저는 롤러코스터를 타는 것을 정말 좋아하지 않기 때문입니다. Ⓞ 올바른 문법을 사용했으며 어휘의 선택이 적절해서 답변 내용을 이해하기 쉽습니다.
Q7	Would you rather go to an amusement park with your family or with your friends? Why? 당신은 가족이나 친구들 중 누구와 함께 놀이공원에 가고 싶나요? 그 이유는 무엇인가요?
A7	I would rather go to an amusement park with my family. First, my family don't like roller coaster rides like me. Second, my parents really love to have picnic... on amusement park. 저는 가족과 함께 놀이공원에 갈 것입니다. 첫째로, 저희 가족은 저처럼 롤러코스터를 타는 것을 좋아하지 않습니다. 둘째로, 저희 부모님은 놀이공원으로 소풍을 가는 것을 정말 좋아하십니다. Ⓞ 이유를 두 가지 설명했습니다. Ⓧ 첫번째 이유에서 주어와 동사의 수일치가 잘못되었습니다. (don't → doesn't) Ⓧ 전치사구를 잘못 사용했습니다. (on amusement park → at an amusement park) Ⓧ 첫 번째 이유의 내용이 가족과 함께 놀이공원에 가겠다는 입장문과 어울리지 않습니다. family를 friends로 바꿔야 답변 내용에 어울리는 문장이 됩니다.

제이크쌤 총평

- 질문의 답변으로 어울리는 어휘를 사용했습니다.
- 문법 실수가 곳곳에 있지만 답변 내용을 이해하는데 큰 영향을 주지는 않습니다.
- 7번 답변에서 논리적 일관성이 부족한 부분이 있습니다.

IH 150점 답변 살펴보기

학생의 실제 답변을 살펴보고 문장에 잘못된 부분이 있으면 바르게 고치세요.

Q5	When do people in your area usually visit amusement parks? And why?
A5	People in my area usually visit amusement parks when their children has his birthday. It is because children like amusement parks.
Q6	If a new amusement park opened in your area, would you visit it? Why or why not?
A6	If a new amusement park opened in my area, I would visit there. It is because there is nothing to enjoy in my area. So, I'm very boring.
Q7	Would you rather go to an amusement park with your family or with your friends? Why?
A7	I would go to an amusement park with my family. Because my parents have never been to amusement park. Also, the parades are beautiful. So, I want to go to Disneyland with my parents.

제이크쌤 답변 피드백

실제 답변 & 제이크쌤 총평 들어보기

Q5	When do people in your area usually visit amusement parks? And why? 당신이 사는 지역의 사람들은 보통 언제 놀이공원에 방문하나요? 그 이유는 무엇인가요?
A5	People in my area usually visit amusement parks when their children has his birthday. It is because children like amusement parks. 제가 사는 지역의 사람들은 보통 아이들의 생일에 놀이공원을 방문합니다. 왜냐하면 아이들이 놀이공원을 좋아하기 때문입니다. ⓧ 복수형 명사 children에 이어지는 동사와 대명사의 사용이 올바르지 않습니다. (has his → have their)
Q6	If a new amusement park opened in your area, would you visit it? Why or why not? 만약 살고 있는 지역에 새로운 놀이공원이 문을 연다면 그곳을 방문할 건가요? 그 이유는 무엇인가요?
A6	If a new amusement park opened in my area, I would visit there. It is because there is nothing to enjoy in my area. So, I'm very boring. 만약 제가 사는 지역에 새로운 놀이공원이 개장한다면, 저는 그곳에 방문할 것 같습니다. 왜냐하면 제가 사는 지역은 즐길 것이 없기 때문입니다. 그래서 저는 매우 지루합니다. ⓞ 대명사 nothing과 to부정사를 이용해서 이유를 자연스럽게 설명했습니다. ⓧ 마지막 문장에서 수동적인 의미를 갖는 과거분사 bored를 사용해야 합니다.
Q7	Would you rather go to an amusement park with your family or with your friends? Why? 당신은 가족이나 친구들 중 누구와 함께 놀이공원에 가고 싶나요? 그 이유는 무엇인가요?
A7	I would go to an amusement park with my family. Because my parents have never been to amusement park. Also, the parades are beautiful. So, I want to go to Disneyland with my parents. 저는 가족과 함께 놀이공원에 갈 것입니다. 왜냐하면 저희 부모님은 놀이공원에 가본 적이 없기 때문입니다. 또한 퍼레이드가 아름답습니다. 그래서 저는 부모님과 함께 디즈니랜드에 가고 싶습니다. ⓞ 이유를 두 가지 설명하고, 두 번째 이유에 대한 추가 문장을 만들었습니다. ⓞ 문법과 어휘의 사용이 자연스럽고 문장이 간결해서 답변 내용을 이해하기 쉽습니다. ⓧ 첫번째 이유의 명사 amusement park 앞에 부정관사 an이 필요합니다.

제이크쌤 총평

- 논리적으로 일관성 있게 답변했으며 답변 내용을 이해하기 쉽습니다.
- 실수가 곳곳에 있지만 전체적으로 문장의 문법적인 완성도가 높습니다.

실전 연습

준비 시간과 답변 시간을 지켜 다음의 질문에 답변해보세요.

1 MP3 3_15

TOEIC Speaking

Imagine that a U.S marketing firm is doing research in your country. You have agreed to participate in the telephone interview about hotel.

Question 5 준비시간: 3초 / 답변시간: 15초

When was the last time you stayed at a hotel and where was it?

The last time I stayed at a hotel was [과거 시점] and and it was in [전치사 + 장소 명사]

Question 6 준비시간: 3초 / 답변시간: 15초

Do you prefer to stay in a big hotel or a small hotel? Why?

I prefer to stay in a big hotel because [큰 호텔들은 더 나은 편의시설을 가지고 있다].

Question 7 준비시간: 3초 / 답변시간: 30초

If the hotel you are staying had a restaurant, would you eat there or not? Why?

If the hotel I am staying had a restaurant, I would eat there.

Because I can [식사를 하다] [고급스러운 분위기에서].

Also, [레스토랑 직원] is [매우 친절하다].

Therefore, [저는 거기서 식사를 할 것입니다].

TIP 호텔에서 먹지 않겠다는 입장으로도 답변해보세요.

정답 및 해설 p.70

2 (MP3) 3_16

TOEIC Speaking

Imagine that a British marketing firm is doing research in your country. You have agreed to participate in a telephone interview about electronic products such as computers and mobile phones.

Question 5 준비시간: 3초 / 답변시간: 15초

What was the last electronic product you bought and when did you buy it?

The last electronic product I bought was ________ and I bought it ________

____

Question 6 준비시간: 3초 / 답변시간: 15초

Do you prefer to buy electronics made by famous brands? Why or why not?

I prefer to buy electronics made by famous brands. It's because ________

____

Question 7 준비시간: 3초 / 답변시간: 30초

Besides the Internet, where is the best place to buy electronic products in your area, why?

The best place to buy electronic products in my area is ________

____

____

____

TIP 두가지 이유를 드는 대신 한가지 이유와 이에 이어지는 추가 문장을 말해보세요.
예 다양한 전자제품을 사용해 볼 수 있다 → 전자제품을 선택하는데 도움이 된다

정답 및 해설 p.71

3 MP3 3_17

TOEIC Speaking

Imagine that a Canadian car company is doing research in your area. You have agreed to participate in a telephone interview about driving cars.

Question 5 준비시간: 3초 / 답변시간: 15초

Do you have a plan to buy a car soon? Why or why not?

Question 6 준비시간: 3초 / 답변시간: 15초

Do you think your city is a good place to drive? Why or why not?

Question 7 준비시간: 3초 / 답변시간: 30초

If you travel a long distance, do you prefer to take public transportation or to drive a car? Why?

정답 및 해설 p.72

여러 의미를 가지는 단어

형태는 같지만 다른 의미로 사용되는 단어를 학습해두세요.

book	명 책	I bought a book. 저는 책을 샀습니다.
	동 예약하다	I booked a flight ticket. 저는 비행기 표를 예약했습니다.
break	명 휴식	They are taking a break. 그들은 휴식을 취하고 있습니다.
	동 고장내다	My watch is broken. 제 시계는 고장 났습니다.
fire	명 불	She is afraid of fire. 그녀는 불을 무서워합니다.
	동 해고하다	He was fired. 그는 해고 되었습니다.
free	형 한가한	I'm free today. 저는 오늘 한가합니다.
	형 무료의	The concert is free. 그 콘서트는 무료입니다.
light	명 전등	Turn off the light please. 불 좀 꺼주세요.
	형 가벼운	This jacket is very light. 이 자켓은 매우 가볍습니다.
move	동 움직이다	The car is not moving. 차가 움직이지 않아요.
	동 이사하다	She is moving to America. 그녀는 미국으로 이사를 갑니다.
park	명 공원	There is a park near my house. 저희 집 근처에 공원이 있습니다.
	동 주차하다	I parked my car outside. 저는 밖에다 주차했습니다.
run	동 달리다	I can't run fast. 저는 빨리 달리지 못합니다.
	동 운영하다	He runs a café. 그는 카페를 운영합니다.
water	명 물	She is drinking water. 그녀는 물을 마시고 있습니다.
	동 물을 주다	He is watering the flowers. 그는 꽃에 물을 주고 있습니다.

Questions 8-10 Respond to questions using information provided 제공된 정보를 사용하여 질문에 답하기

살펴보기

문제 구성

문제 번호	Questions 8-10 (3문제)
문제 유형	Respond to questions using information provided 제공된 정보를 사용하여 질문에 답하기
준비 시간	문항별 3초
답변 시간	8번: 15초 9번: 15초 10번: 30초
평가 요소	발음, 억양과 강세, 문법, 어휘, 일관성, 내용의 관련성, 내용의 완성도

시험 진행 순서

TOEIC Speaking

Questions 8-10 : Respond to questions using information provided

Directions: In this part of the test, you will answer three questions based on the information provided. You will have 45 seconds to read the information before the questions begin. You will have three seconds to prepare and 15 seconds to respond to Questions 8 and 9. You will hear Question 10 two times. You will have three seconds to prepare and 30 seconds to respond to Question 10.

① 시험 안내문

8-10번 문제의 진행 방식을 설명하는 안내문을 화면에 보여준 뒤 이를 음성으로 들려줍니다.

TOEIC Speaking

UTAH Global Marketing Conference
June 3rd, 9 A.M. - 5 P.M. LDS Conference Center

9:00 – 9:30	Welcome Speech (The Future of Marketing) – Dr. Susan
9:30 – 11:00	The Power of SNS – Dr. James Lynch
11:00 – 12:30	The Importance of Online Marketing – Joe Easton
12:30 – 2:00	Lunch
2:00 – 3:30	Group Discussion
3:30 – 4:30	~~Team Building Activities~~ canceled
4:30 – 5:00	Q & A Session

PREPARATION TIME
00:00:45

② 표 읽기

안내문이 사라지면 화면에 표가 등장하며, 내용을 먼저 읽어볼 시간이 45초 주어집니다.

TIP 문제가 진행되는 동안 표는 화면에 계속 나옵니다.

③ 내레이션 & 8번 문제

대화의 상황을 설명해 주는 2-3문장 길이의 내레이션 이후 질문을 한 번 들려줍니다. 그 후 3초의 준비 시간과 15초의 답변 시간이 주어집니다.

TIP 문제는 화면에 나오지 않습니다.

④ 9번 문제

질문을 한 번 들려준 뒤 3초의 준비 시간과 15초의 답변 시간이 주어집니다.

⑤ 10번 문제

질문을 두 번 들려준 뒤 3초의 준비 시간과 30초의 답변 시간이 주어집니다.

TIP 10번 문제는 두 번 들려줍니다.

학습전략

1 준비시간 활용하기

준비시간 동안 아래에 유의해서 표를 읽어주세요.

❶ 표의 유형 파악하기

8-10번에서는 다양한 표가 출제됩니다. 먼저 어떤 유형이 출제되었는지 확인하세요.

❷ 내용을 해석하며 읽기

표의 내용을 꼼꼼하게 읽되, 내용을 이해하며 읽어야 문제의 답변을 신속하게 찾을 수 있습니다.

❸ 키워드 연결어 생각해두기

프로그램과 하위 정보를 어떻게 연결할지 생각해두세요. 연결어로는 주로 전치사를 사용합니다.

Lecture : The Future of Online Magazines (William Adams)	3 P.M.

프로그램 주제 진행자 시간

William Adams will give a lecture on the future of online magazines at 3 P.M.

윌리엄 아담스가 오후 3시에 온라인 잡지의 미래라는 주제로 강의를 합니다.

❹ 특이사항 확인하기

눈에 띄는 유의사항이나 특이사항, 변경점(취소, 연기 등)이 있는지 확인하세요.

❺ 반복해서 등장하는 단어 확인하기

반복해서 등장하는 단어는 10번 문제에서 중요한 키워드로 사용되는 경우가 많습니다.

2 답변의 완성도에 유의하기

8-10번 문제는 출제되는 문제의 유형이 많지 않아 조금만 공부하면 초보자도 어렵지 않게 답변할 수 있습니다. 하지만 고득점을 위해서는 정확한 문법과 어휘를 사용해야 합니다. 특히 동사와 전치사의 사용에 유의하세요.

3 현장감 살려 말하기

8-10번에서는 고객이나 직장 동료와 전화통화를 하는 상황을 가정합니다. 답변을 할 때 고객이나 직장 동료에 응대하는 것처럼 현장감을 살려 말해주세요.

답변 만들기

답변 한 눈에 보기 (MP3) 3_18

Sydney Annual Magazine Conference August 17th, Norman Park Hotel	
9:30 – 10:00	Welcome Speech (Rich Mills)
10:00 – 11:00	Lecture: The Future of Online Magazines (William Adams)
11:00 – Noon	Magazine Marketing Strategies (Eli Chen)
Noon – 1:30	Lunch
1:30 – 2:30	Discussion: Selecting Fonts for Magazines
2:30 – 3:30	Lecture: Online Magazines and Subscription Services (Linda Grant)
3:30 – 3:45	~~Closing Speech (Rich Mills)~~ Canceled
	Registration Fee: $80 (buffet lunch included)

내레이션	Hi, my name is Andy Wilson and I'm planning to participate in the magazine conference. Before registering for the conference, I would like to check some information. Could you answer some questions please? 안녕하세요, 저는 앤디 윌슨이고 이번 잡지 컨퍼런스에 참여할 계획입니다. 등록을 하기 전에 몇 가지를 확인하고 싶습니다. 제 질문에 답변해 주시겠어요?

Q8	What date will the conference be held and where is the location? 컨퍼런스가 며칠에 열리며 장소는 어디인가요?
A8	The conference will be held on August 17th at the Norman Park Hotel. 컨퍼런스는 8월 17일 노먼 파크 호텔에서 열립니다.
Q9	I heard that all participants need to prepare their own lunch. Right? 모든 참가자가 각자 점심을 준비해야 한다고 들었습니다. 맞나요?
A9	I'm sorry, but you have the wrong information. A buffet lunch is included in the registration fee. 죄송하지만 잘못 알고 계십니다. 뷔페식 점심 식사가 등록 비용에 포함되어 있습니다.
Q10	I'm especially interested in online magazines. Can you give me all the details about any programs related to online magazines? 저는 특히 온라인 잡지에 관심이 많습니다. 온라인 잡지와 관련된 프로그램에 대해 자세히 알려주실 수 있나요?
A10	There are two scheduled programs. First, William Adams will give a lecture on 'The Future of Online Magazines' at 10. Second, another lecture on 'Online Magazines and Subscription Services' will be conducted by Linda Grant at 2:30. 두 가지 예정된 프로그램이 있습니다. 먼저, 윌리엄 아담스는 10시에 온라인 잡지의 미래에 대해 강의할 것입니다. 둘째로, 온라인 잡지와 구독 서비스에 대한 또다른 강의가 린다 그랜트로부터 2시 30분에 진행될 것입니다.

* AL 160점 이상 가능한 답변입니다.

8번 답변하기 (15초)

8번에서는 행사의 시간과 장소에 관해 묻는 문제가 주로 출제됩니다.

프로그램 + will be held + 시간 및 장소
(프로그램)이 ~에서 열릴 것입니다

Sydney Annual Magazine Conference
August 17th, Norman Park Hotel

Q What date will the conference be held and where is the location?
컨퍼런스가 며칠에 열리며 장소는 어디인가요?

A The conference will be held on August 17th at the Norman Park Hotel.
컨퍼런스는 8월 17일 노먼 파크 호텔에서 열릴 것입니다.

TIP 답변의 주어로 대명사 it을 사용할 수 있습니다.

문법 포인트

- 행사가 미래에 열리므로 미래 조동사 will과 수동태 be held를 함께 사용했습니다.
- 전치사는 표의 여러 항목을 연결하는 역할을 합니다. 자주 쓰이는 전치사를 암기해두세요.

시간 관련 전치사

in + 월	in December
on + 날짜, 요일	on the 13th on April 24th on Friday
at + 시간	at 4 P.M.

장소 관련 전치사

in + 실내 장소	in hall A in room 507
in + 도시	in Chicago
at + 건물명	at the Vista Hotel at the Dell Conference Center
on + 거리	on Elizabeth Street

연습 문제

MP3 3_19

정답 및 해설 p.73

표의 일부를 보고 질문에 답변하세요.

Pixon Camera New Product Training
for Sales Representatives
January 18th, 9 A.M. – 4 P.M. Conference room A

Q Where will the training be held and what time does it begin?

A The training ______________________________.

TIP 꼭 질문 순서대로 답변하지 않아도 됩니다.

9번 답변하기 (15초)

9번에서는 질문자가 잘못 알고 있는 사실을 정정해 주는 유형이 주로 출제됩니다.

I'm sorry, but you have the wrong information. + **올바른 정보 문장**
죄송하지만 잘못 알고 계십니다.

Registration Fee: $80 (buffet lunch included)

Q I heard that all participants need to prepare their own lunch. Right?
모든 참가자가 각자 점심을 준비해야 한다고 들었습니다. 맞나요?

A I'm sorry, but you have the wrong information. A buffet lunch is included in the registration fee.
죄송하지만 잘못 알고 계십니다. 뷔페식 점심 식사가 등록 비용에 포함되어 있습니다.

문법 포인트

- 점심이 등록비용에 포함되었으므로 수동태 문장을 만들기 위해 분사 included 앞에 be동사가 필요합니다.
- 표는 내용을 간결하게 전달해야 하므로 문법적으로 불완전한 문장이 자주 등장합니다. 답변을 할 때는 문법에 맞게 수정해서 완전한 문장으로 말해주세요.
- 올바른 정보 문장을 만들 때 수동태가 자주 사용됩니다. 특히 정보의 변경을 설명하는 canceled(취소된), postponed(연기된), rescheduled(일정이 변경된)은 과거에 변경된 점이 현재까지 변함이 없으므로 문장에 수동태 현재완료 시제(have been + p.p)를 사용합니다.

  The closing speech has been canceled. 폐회사는 취소되었습니다.

연습 문제 MP3 3_20 정답 및 해설 p.73

표의 일부를 보고 질문에 답변하세요.

11:00 - 11:30	~~Interview: Miranda Ann~~ *Canceled*

Q I remember there is an interview at 11 o'clock. Right?

A ______________________________.

10번 답변하기 (30초)

10번 문제에서는 주로 두가지 항목을 설명하며, 항목 내 사람 이름의 포함 여부에 따라 사용하는 표현이 달라집니다. 답변에 같은 표현을 반복하는 것은 피하는 것이 좋습니다.

사람 이름이 포함된 항목

사람 will give a 프로그램 on 주제 (사람)이 (주제)에 대한 (프로그램)을 진행할 것입니다

프로그램 will be conducted by 사람 (프로그램)이 (사람)으로부터 진행될 것입니다

사람 이름이 포함되지 않은 항목

프로그램 is scheduled (프로그램)이 예정되어 있습니다

There will be 프로그램 (프로그램)이 있을 것입니다

TIP 위의 표현을 이용해서 문장을 완성한 후, 마지막에 항목의 시작 시간을 더해주세요.

10:00 – 11:00	Lecture: The Future of Online Magazines (William Adams)
2:30 – 3:30	Lecture: Online Magazines and Subscription Services (Linda Grant)

Q I'm especially interested in online magazines. Can you give me all the details about any programs related to online magazines?

저는 특히 온라인 잡지에 관심이 많습니다. 온라인 잡지와 관련된 프로그램에 대해 자세히 알려주실 수 있나요?

A There are two scheduled programs. First, William Adams will give a lecture on 'The Future of Online Magazines' at 10. Second, another lecture on 'Online Magazines and Subscription Services' will be conducted by Linda Grant at 2:30.

두 가지 예정된 프로그램이 있습니다. 먼저, 윌리엄 아담스는 10시에 온라인 잡지의 미래에 대해 강의할 것입니다. 둘째로, 온라인 잡지와 구독 서비스에 대한 또다른 강의가 린다 그랜트로부터 2시 30분에 진행될 것입니다.

문법 포인트

- 답변 첫 문장에서 형용사 역할을 하는 scheduled는 동사 schedule의 과거분사로 '예정된'이라는 의미입니다.
- 프로그램이 가산 명사인 경우 앞에 부정관사 a를 붙여주세요. 자주 등장하는 가산 명사로는 presentation, speech, lecture가 있습니다.
- 전치사를 사용해서 프로그램과 하위정보를 연결할 수 있습니다. 자주 쓰이는 전치사는 다음과 같습니다.
  with: 함께하는 사람 by: 진행하는 사람 on: 주제
- 사람 이름이 포함된 항목을 설명할 때 give 외에도 여러 동사가 사용됩니다. 명사에 어울리는 동사를 사용하세요.

give	a speech 연설	a lecture 강연	a presentation 프레젠테이션
have	lunch 점심 식사	a meeting 회의	a conference call 전화 회의
attend	a seminar 세미나	a conference 컨퍼런스	a tour 견학, 시찰
lead	a workshop 워크샵	a discussion 토론	a Q&A session 질의 응답

연습 문제 MP3 3_21

정답 및 해설 p.73, 74

표의 일부를 보고 제시된 표현을 이용해서 문장을 완성하세요.

1

9:00 – 9:30 A.M.	Opening Ceremony
9:30 – 11:00 A.M.	Seminar: Effective Children's Medical Care

There are two scheduled sessions.

First, there will be ____________________.

Second, a seminar ____________________.

TIP 첫 문장의 sessions는 programs으로 변경 가능합니다.

2

1:00 – 2:00 P.M.	Presentation: New Markets (Dan Washington)
2:00 – 3:00 P.M.	Question and Answer Session for the Marketing Plans (Sarah Thomson)

There ____________________.

First, Dan Washington ____________________.

Second, a question and answer session ____________________.

점수별 답변 분석

45초간 표를 읽고 시간을 지켜 아래 질문에 답변하세요. 스마트폰을 이용해서 자신의 답변을 녹음한 뒤 학생들의 실제 답변과 비교해보세요.

Moonlight Bookstore – New Employee Training Wednesday, March 16, Conference room A	
9:30 ~ 10:00 A.M.	Welcome Speech (Tony Hooper, CEO)
10:00 ~ 10:30 A.M.	Overview: Payroll and Benefits (Carol Brown, HR manager)
10:30 ~ 12:00 P.M.	Training with Senior Staff Members
12:00 ~ 12:30 P.M.	~~Photo shoot for ID card~~ Moved to Tuesday
12:30 ~ 1:30 P.M.	Lunch
1:30 ~ 2:00 P.M.	Lecture: Bookstores in 10 years (Tony Hooper, CEO)
2:00 ~ 3:30 P.M.	Tour (office building, logistics center)

내레이션	Hi, this is Carol Brown, the human resources manager. I heard you are in charge of the new employee training, and I have some questions regarding the training schedule.
Q8	Where will the training be held and what time does it start?
Q9	I heard that our new employees will tour the company's facilities in the morning. Right?
Q10	As far as I know, the CEO is participating in the training. What is he going to do?

문라이트 서점 – 신입사원 교육 수요일, 3월 16일, 컨퍼런스 룸 A	
9:30 ~ 10:00 A.M.	환영사 (토니 후퍼, CEO)
10:00 ~ 10:30 A.M.	개요: 급여 및 혜택 (캐롤 브라운, 인사 담당자)
10:30 ~ 12:00 P.M.	고위 직원들과 함께하는 교육
12:00 ~ 12:30 P.M.	~~사원증용 사진 촬영~~ 화요일로 연기됨
12:30 ~ 1:30 P.M.	점심 식사
1:30 ~ 2:00 P.M.	강의: 앞으로 10년 후의 서점 (토니 후퍼, CEO)
2:00 ~ 3:30 P.M.	견학 (사무실 건물, 물류 센터)

내레이션	안녕하세요, 저는 인사 담당자인 캐롤 브라운입니다. 당신이 신입사원 교육을 담당하고 있다고 들었는데, 교육 일정과 관련해서 몇 가지 질문이 있습니다.

Q8	교육은 어디서 열리며 몇 시에 시작하나요?
Q9	신입사원들이 오전에 회사 시설을 견학한다고 들었습니다. 맞나요?
Q10	CEO도 교육에 참여하는 것으로 알고 있습니다. 그는 무엇을 하나요?

IM1 110점 답변 살펴보기

학생의 실제 답변을 살펴보고 문장에 잘못된 부분이 있으면 바르게 고치세요.

Q8	Where will the training be held and what time does it start?
A8	The training will be held in conference room A on Wednesday, March 16th.
Q9	I heard that our new employees will tour the company's facilities in the morning. Right?
A9	I'm sorry, but you have the wrong information. Well... photo shoot for ID card have been moved to Tuesday.
Q10	As far as I know, the CEO is participating in the training. What is he going to do?
A10	There are two scheduled programs. First, Tony Hooper, CEO will give welcome speech at 9:30. Second, Tony Hooper, CEO will give lecture on 'Bookstores in 10 years' at 1:30.

제이크쌤 답변 피드백

실제 답변 & 제이크쌤 총평 들어보기

Q8	Where will the training be held and what time does it start? 교육은 어디서 열리며 몇 시에 시작하나요?
A8	The training will be held in conference room A on Wednesday, March 16th. 교육은 3월 16일 수요일 A회의실에서 진행될 것입니다. ⓧ 시간을 물어보는 두 번째 질문에 답변하지 않았습니다.
Q9	I heard that our new employees will tour the company's facilities in the morning. Right? 신입사원들이 오전에 회사 시설을 견학한다고 들었습니다. 맞나요?
A9	I'm sorry, but you have the wrong information. Well... photo shoot for ID card have been moved to Tuesday. 죄송하지만, 잘못 알고 계십니다. 사원증용 사진 촬영이 화요일로 연기되었습니다. ⓧ 듣기 내용을 제대로 이해하지 못해 질문과 상관 없는 내용을 말했습니다.
Q10	As far as I know, the CEO is participating in the training. What is he going to do? CEO도 교육에 참여하는 것으로 알고 있습니다. 그는 무엇을 하나요?
A10	There are two scheduled programs. First, Tony Hooper, CEO will give welcome speech at 9:30. Second, Tony Hooper, CEO will give lecture on 'Bookstores in 10 years' at 1:30. 두 가지 예정된 프로그램이 있습니다. 먼저 CEO인 토니 후퍼가 9시 30분에 환영사를 할 것입니다. 두 번째로 CEO인 토니 후퍼가 1시 30분에 '앞으로 10년 후의 서점'이란 주제로 강의를 할 것입니다. ⓞ 질문을 제대로 이해하고 답변에 필요한 두가지 프로그램을 설명했습니다. ⓧ 직위(CEO) 앞에 정관사 the가 필요합니다 ⓧ 프로그램 welcome speech와 lecture 앞에 부정관사 a가 필요합니다. ⓧ 같은 이름을 두 번 말하는 대신 대명사(he, him)를 사용해야 합니다.

제이크쌤 총평

- 8번과 9번에서 큰 실수가 하나씩 있었습니다.
- 10번에서 두가지 항목을 설명할 때 각 프로그램에 다른 표현을 사용하는 것이 고득점에 유리합니다.

IM3 130점 답변 살펴보기

학생의 실제 답변을 살펴보고 문장에 잘못된 부분이 있으면 바르게 고치세요.

Q8	Where will the training be held and what time does it start?
A8	The training will be held in conference room A at 9:30 on Wednesday, March 16th.
Q9	I heard that our new employees will tour the company's facilities in the morning. Right?
A9	I'm sorry, you have the wrong information. There will be a tour... on office building and logistic center at 2.
Q10	As far as I know, the CEO is participating in the training. What is he going to do?
A10	Sure. First, Tony Hooper, the CEO will give welcome speech at 9:30 A.M. Second, lecture on 'Bookstores in 10 years' will be conducted by Tony Hooper at 1:30 P.M.

제이크쌤 답변 피드백

🔈 실제 답변 & 제이크쌤 총평 들어보기

Q8	Where will the training be held and what time does it start? 교육은 어디서 열리며 몇 시에 시작하나요?
A8	The training will be held in conference room A at 9:30 on Wednesday, March 16th. 교육은 3월 16일 수요일 9시 30분에 A회의실에서 진행될 것입니다. ⓞ 올바른 문법을 사용해서 두 질문에 모두 답변했습니다. 질문과 상관없는 날짜도 말했지만 그것이 평가에 부정적인 영향을 주지는 않습니다.
Q9	I heard that our new employees will tour the company's facilities in the morning. Right? 신입사원들이 오전에 회사 시설을 견학한다고 들었습니다. 맞나요?
A9	I'm sorry, you have the wrong information. There will be a tour... on office building and logistic center at 2. 죄송하지만, 잘못 알고 계십니다. 사무실 건물과 물류 센터 견학이 2시에 있을 것입니다. ⓧ 잘못된 사실을 지적하는 첫 문장에서 접속사 but을 빠뜨렸습니다. ⓧ 견학을 가는 대상의 앞에 전치사 of를 사용합니다. (on → of) ⓧ 어떤 사무실 건물을 가리키는지 분명하므로 명사 office building 앞에 정관사 the가 필요합니다.
Q10	As far as I know, the CEO is participating in the training. What is he going to do? CEO도 교육에 참여하는 것으로 알고 있습니다. 그는 무엇을 하나요?
A10	Sure. First, Tony Hooper, the CEO will give welcome speech at 9:30 A.M. Second, lecture on 'Bookstores in 10 years' will be conducted by Tony Hooper at 1:30 P.M. 물론이죠. 먼저, CEO인 토니 후퍼가 오전 9시 30분에 환영사를 할 것입니다. 두 번째로, '앞으로 10년 후의 서점'이라는 주제의 강의가 오후 1시 30분에 토니 후퍼로부터 진행될 것입니다. ⓞ 답변에 중요한 문법 실수가 없고 두 항목의 설명에 각각 다른 표현을 이용했습니다. ⓧ 프로그램 welcome speech와 lecture 앞에 부정관사 a가 필요합니다. ⓧ 같은 이름을 두 번 말하는 대신 대명사(he, him)를 사용해야 합니다.

제이크쌤 총평

- 세 문제 모두 질문의 의도를 정확히 이해하고 답변했습니다.
- 관사와 전치사 실수가 곳곳에 있습니다. 중요한 문법 실수는 아니지만 고득점을 위해서는 더 유의해서 답변해야 합니다.

IH 150점 답변 살펴보기

학생의 실제 답변을 살펴보고 문장에 잘못된 부분이 있으면 바르게 고치세요.

Q8	Where will the training be held and what time does it start?
A8	The training will be held in conference room A and it will start at 9:30.
Q9	I heard that our new employees will tour the company's facilities in the morning. Right?
A9	I'm sorry, but you have the wrong information. The tour of office building and logistics center will be scheduled in the afternoon.
Q10	As far as I know, the CEO is participating in the training. What is he going to do?
A10	There are two scheduled sessions. First, Tony Hooper who is CEO will give a welcome speech at 9:30 A.M. Second, a lecture on 'Bookstores in 10 years' will be conducted by him at 1:30 P.M.

제이크쌤 답변 피드백

실제 답변 & 제이크쌤 총평 들어보기

Q8	Where will the training be held and what time does it start? 교육은 어디서 열리며 몇 시에 시작하나요?
A8	The training will be held in conference room A and it will start at 9:30. 교육은 A회의실에서 진행되고 9시 30분에 시작할 것입니다. ⓞ 올바른 문법을 사용해서 두 질문에 모두 답변해 주었습니다.
Q9	I heard that our new employees will tour the company's facilities in the morning. Right? 신입사원들이 오전에 회사 시설을 견학한다고 들었습니다. 맞나요?
A9	I'm sorry, but you have the wrong information. The tour of office building and logistics center will be scheduled in the afternoon. 죄송하지만, 잘못 알고 계십니다. 사무실 건물과 물류 센터의 견학이 오후에 예정되어 있습니다. ⓧ 명사 office building 앞에 정관사 the가 필요합니다. ⓧ 예정을 설명하는 be동사 + scheduled는 현재시제로 미래의 의미를 가집니다. (will be scheduled → is scheduled) ⓧ 오후라는 표현보다 정확한 시작 시간을 말하는 것이 더 좋습니다.
Q10	As far as I know, the CEO is participating in the training. What is he going to do? CEO도 교육에 참여하는 것으로 알고 있습니다. 그는 무엇을 하나요?
A10	There are two scheduled sessions. First, Tony Hooper who is CEO will give a welcome speech at 9:30 A.M. Second, a lecture on 'Bookstores in 10 years' will be conducted by him at 1:30 P.M. 두가지 예정된 일정이 있습니다. 먼저, CEO인 토니 후퍼가 오전 9시 30분에 환영사를 할 것입니다. 두 번째로, '앞으로 10년 후의 서점'이라는 주제의 강의가 오후 1시 30분에 그로부터 진행될 것입니다. ⓞ 답변에 중요한 문법 실수가 없고 두 항목의 설명에 각각 다른 표현을 이용했습니다. ⓞ 관계사 who를 사용해서 주어에 보강 설명을 해주었지만 이것이 고득점을 위해 필수는 아닙니다. ⓧ 직위(CEO) 앞에 정관사 the가 필요합니다.

제이크쌤 총평

- 질문의 의도를 정확하게 이해했으며 내용과 어울리는 자연스러운 표현을 사용해서 답변했습니다.
- 문법 실수가 있었지만 그것이 답변 내용을 이해하는데 큰 영향을 주지는 않습니다.

실전 연습

표를 읽고 준비 시간과 답변 시간을 지켜 질문에 답변해보세요. 10번 문제는 두 번 들려줍니다.

1 MP3 3_22

TOEIC Speaking **Questions 8-10 of 11**

9th National Automobile Association Conference

April 12, White Hills Hotel

fee: $40 (members) / $60 (non-members)

9:30 – 10:00	Morning Tea
10:00 – 11:00	Presentation: Current Automobile Markets
11:00 – 12:00	Presentation: International Sales of Electric Cars
12:00 – 1:00	Lunch
1:00 – 2:00	Discussion: Automobiles for the Environment
2:00 – 3:00	Presentation: New Car Designs in Asia and Europe
3:00 – 3:30	Question & Answer Session

Question 8 준비시간: 3초 / 답변시간: 15초

Question 9 준비시간: 3초 / 답변시간: 15초

Question 10 준비시간: 3초 / 답변시간: 30초

정답 및 해설 p.75

2  3_23

TOEIC Speaking	Questions 8-10 of 11

Career Leadership Conference

July 9th, Nelson Convention Center

9:30 ~ 10:00 A.M.	Registration
10:00 ~ 11:00 A.M.	Panel Discussion 1 – Leadership Qualities (Rachel Ben)
11:00 ~ Noon	Demonstration – Public Speaking Techniques (Nadia Bennett)
Noon ~ 1:30 P.M.	Lunch
1:30 ~ 2:30 P.M.	Workshop (Sarah Jonson)
2:30 ~ 3:30 P.M.	Lecture – Global Business Trends (Nadia Bennett)
3:30 ~ 4:30 P.M.	Panel Discussion 2 – The Merits of Internship (Cameron Orth)
4:30 ~ 5:00 P.M.	Closing Speech : Dan Olive (Delta Marketing Firm, CEO)

Question 8 준비시간: 3초 / 답변시간: 15초

____

____

Question 9 준비시간: 3초 / 답변시간: 15초

____

____

Question 10 준비시간: 3초 / 답변시간: 30초

____

____

정답 및 해설 p.76

3 MP3 3_24

TOEIC Speaking	Questions 8-10 of 11

Boston Urban Planning Conference

Saturday, September 12th, Boston University

9:00 ~ 10:00 A.M.	**Lecture:** Water Consumption in Cities (Allison Hale)
10:00 ~ Noon	**Workshop:** Highway Improvement (Kevin Duncan)
Noon ~ 1:00 P.M.	Lunch (Vegetarian menus available)
1:00 ~ 2:00 P.M.	**Discussion:** Renovating Elizabeth Street (Nate Osborne)
2:00 ~ 3:00 P.M.	**Lecture:** Bridge Construction (Daniel Griffin)
3:00 ~ 4:00 P.M.	**Workshop:** Energy Efficient Buildings (Jordan Anderson)

Question 8 준비시간: 3초 / 답변시간: 15초

____

____

Question 9 준비시간: 3초 / 답변시간: 15초

____

____

Question 10 준비시간: 3초 / 답변시간: 30초

____

____

정답 및 해설 p.77

현장감 살려 말하기

상대방과 통화중인 상황을 가정하는 8-10번 문제에서는 실제로 통화하듯 말하는 것이 중요합니다. 아래의 상황 설명문과 문제를 읽어본 뒤, 현장감을 살려 제시된 답변을 읽어보세요. 내 답변을 녹음해서 들어보면 좀 더 객관적인 평가를 할 수 있습니다.

디테일한 발음에 집중하기보다 내 말투와 목소리 크기가 통화중인 상황에 잘 어울렸을 지 혹은 상대가 불편함을 느끼지 않았을 지 생각해보세요.

상황	구분	내용
상황 1 우리가 제공하는 컨퍼런스에 참여 예정인 고객의 문의	문제	I was told that the presentations are scheduled in the morning. Right? 프레젠테이션이 아침에 예정되어 있다고 들었습니다. 맞나요?
	답변	I'm sorry, but you have the wrong information. The presentations are scheduled in the afternoon. 죄송합니다만 잘못 알고 계십니다. 프레젠테이션은 오후에 예정되어 있습니다.

상황	구분	내용
상황 2 외국으로 출장을 가는 회사 임원과의 통화	문제	What time do I leave New York and which flight should I take? 제가 몇 시에 뉴욕을 떠나며 어떤 비행기를 타야 하나요?
	답변	You are going to leave New York at 10:30 A.M. on East Wings Airlines, flight number 512. 당신은 오전 10시 30분에 이스트 윙스 항공사 512편을 통해 뉴욕을 떠날 예정입니다.

상황	구분	내용
상황 3 우리가 제공하는 수업을 수강할 지 고민중인 고객	문제	How much does each course cost and when is the deadline for the registration? 각 과정의 수강료는 얼마이고 등록 마감일은 언제인가요?
	답변	It is 80 dollars per course and you need to register by February 13th. 수강료는 각 과정당 80달러이고 2월 13일까지 등록해야 합니다.

Question 11 Express an opinion 의견 제시하기

살펴보기

문제 구성

문제 번호	Question 11 (1문제)
문제 유형	Express an opinion 의견 제시하기
준비 시간	45초
답변 시간	60초
평가 요소	발음, 억양과 강세, 문법, 어휘, 일관성, 내용의 관련성, 내용의 완성도

시험 진행 순서

TOEIC Speaking

Question 11 : Express an opinion

Directions: In this part of the test, you will give your opinion about a specific topic. Be sure to say as much as you can in the time allowed. You will have 45 seconds to prepare. Then you will have 60 seconds to speak.

① 시험 안내문

11번 문제의 진행 방식을 설명하는 안내문을 화면에 보여준 뒤 이를 음성으로 들려줍니다.

TOEIC Speaking **Question 11 of 11**

For business leaders, which of the following qualities is the most important for their success?

- Time management skills
- Communication skills
- Financial planning skills

Use specific ideas and examples to support your opinion.

② 질문 제시

안내문이 종료되면 화면에 질문이 등장하며 이를 음성으로 읽어줍니다.

TOEIC Speaking **Question 11 of 11**

For business leaders, which of the following quality is the most important for their success?

- Time management skills
- Communication skills
- Financial planning skills

Use specific ideas and examples to support your opinion.

PREPARATION TIME
00:00:45

③ 준비 시간

그 후 답변 준비 시간이 45초 주어집니다.

TOEIC Speaking **Question 11 of 11**

For business leaders, which of the following quality is the most important for their success?

- Time management skills
- Communication skills
- Financial planning skills

Use specific ideas and examples to support your opinion.

RESPONSE TIME
00:01:00

④ 답변 시간

그 후 답변 시간이 60초 주어집니다.

학습전략

1 아이디어 연습의 중요성

자신의 의견을 설명하는 11번 문제에서는 다양한 주제에 대한 답변 아이디어를 만드는 연습이 중요합니다. 실제로, 높은 영어실력을 가지고 있지만 아이디어가 떠오르지 않아 답변을 망치는 분들이 많습니다.
쉽고 간결한 표현을 이용해서 아이디어를 만드는 연습을 꾸준히 하고, 스스로 만든 답변을 여러 번 반복해서 말해보는 것이 가장 효과적인 학습 방식입니다.

2 필기노트 활용하기

시험이 시작되면 OMR카드 뒷면에 컴퓨터용 사인펜으로 필기가 가능합니다. 모니터를 보며 준비를 해야 하는 다른 문제들과 달리 11번에서는 준비 시간 동안 필기를 할 여유가 있습니다. 다양한 방식으로 필기 연습을 해보며 나만의 필기 노하우를 만드세요. 초보자는 우리말로 필기하는 방식을 추천합니다.

3 욕심 부리지 않기

11번 문제는 토익 만점을 보유한 학습자들도 어려워하는 문제입니다. 시간 안에 답변을 마쳐야 한다는 부담을 갖지 마시고, 답변이 끊겨도 어쩔 수 없다는 마음으로 차분하게 답변해주세요.

4 논리적으로 답변하기

많은 문장을 말해도 답변이 논리적이지 않으면 고득점이 어렵습니다. 문장이 짧고 단순해도 괜찮으니 주제에 맞는 답변을 만드는 것이 중요합니다. 영어의 기초가 부족한 분들은 답변을 통째로 암기하는 경우가 많은데, 그럴 경우 암기한 내용에만 의존하게 되어 질문과 관계없는 답변을 하게 될 가능성이 높습니다.

답변 만들기

답변 한 눈에 보기 (MP3) 3_25

Do you agree or disagree with the following statement?
Keeping a traditional way of studying in a classroom is more effective than studying online individually.
Give specific reasons or examples to support your opinion.
다음의 의견에 동의하나요, 반대하나요?
교실에서 공부하는 기존의 방법을 유지하는 것이 집에서 온라인으로 공부하는 것보다 더 효과적이다.
구체적인 이유와 예를 들어 당신의 의견을 뒷받침하세요.

Step 1 입장 결정	질문에 대한 자신의 입장 밝히기 I agree that keeping a traditional way of studying in a classroom is more effective than studying online at home. 저는 교실에서 공부하는 기존의 방법을 유지하는 것이 집에서 온라인으로 공부하는 것보다 더 효과적이라는 것에 동의합니다.
Step 2 이유 설명	선택한 입장에 대한 이유 설명하기 Most of all, students can concentrate on their studies easily. 무엇보다도, 학생들이 공부에 쉽게 집중할 수 있습니다.
Step 3 예시 설명	이유를 뒷받침하기 위한 구체적인 예시 설명 About 6 months ago, I studied English conversation at a language school. During the class, the teacher often asked questions to students. So, I had to focus on the lecture. 약 6개월 전, 저는 어학원에서 영어회화를 공부했습니다. 수업 중에 선생님은 학생들에게 종종 질문을 했습니다. 그래서 저는 강의에 집중해야만 했습니다.
Step 4 마무리	다시 한번 자신의 입장을 밝히며 답변 마무리 Therefore, I agree that keeping a traditional way of studying in a classroom is more effective. 따라서, 저는 교실에서 공부하는 기존의 방법을 유지하는 것이 더 효과적이라는 것에 동의합니다.

* IH 150점 이상 가능한 답변입니다.

Step 1. 입장 결정

질문의 표현을 활용하여 자신의 입장을 설명합니다.

Do you agree or disagree with the following statement?
Keeping a traditional way of studying in a classroom is more effective than studying online individually.

→ I agree that keeping a traditional way of studying in a classroom is more effective than studying online individually.

저는 교실에서 공부하는 기존의 방법을 유지하는 것이 집에서 온라인으로 공부하는 것보다 더 효과적이라는 것에 동의합니다.

Step 2. 이유 설명

입장에 대한 이유를 한 문장으로 설명하세요. 추가 문장을 더해 이유를 보강할 수 있습니다. Most of all(무엇보다도) 혹은 Because(왜냐하면)를 써서 문장을 시작하세요.

이유	Most of all, students can concentrate on their studies easily. 무엇보다도, 학생들이 공부에 쉽게 집중할 수 있습니다.
추가 문장 (생략 가능)	There are too many distractions at home. 집에는 집중을 방해하는 것들이 너무 많습니다.

문법 포인트

- 5-6번 문제에서 이유 설명 시 사용하는 다섯가지 구문을 11번에서도 사용합니다. 그 중 가장 많이 쓰이는 것은 can + 동사원형인데, can 대신 ~일 수도 있다는 의미의 could를 사용하면 덜 단정적이면서 보다 자연스러운 문장을 만들 수 있습니다.
- 부사 too는 문장에 부정적인 의미를 더합니다.
  This shirt is too big for me. 이 셔츠는 저에게 너무 커요.

연습 문제  MP3 3_26 정답 및 해설 p.78

질문을 잘 읽고 각 입장에 대한 이유 문장을 완성하세요.

People often want to learn a new skill that helps them in the workplace. What is the most helpful way to learn a new skill for a job?

- Studying at a library
- Learning from a video
- Working with an expert

영상으로 학습하기	Most of all, we can _________ 어려운 부분을 다시 보다 _________.
전문가와 함께 일하기	Most of all, we can _________ 전문가에게 질문을 하다 _________.

Step 3. 예시 설명

이유를 뒷받침하는 사례를 3-4개의 짧은 문장으로 설명하세요. 다음의 두 진행방식 중 하나를 이용해서 예시를 만들어주세요.

❶ 긍정적 사례

시간과 과정의 흐름에 따른 긍정적 사례를 설명합니다.

입장		I agree that keeping a traditional way of studying in a classroom is more effective than studying online individually. 저는 교실에서 공부하는 기존의 방법을 유지하는 것이 집에서 온라인으로 공부하는 것보다 더 효과적이라는 것에 동의합니다.
이유		Most of all, students can concentrate on their studies easily. 무엇보다도, 학생들이 쉽게 공부에 집중할 수 있습니다.
예시	배경	당시의 상황을 간단히 소개합니다. (처한 상황, 주변 환경) About 6 months ago, I studied English conversation at a language school. 약 6개월 전, 저는 어학원에서 영어회화를 공부했습니다.
	경과	시간이 경과함에 따라 발생한 점을 설명하세요. During the class, the teacher often asked questions to students. 수업 중에 선생님은 학생들에게 종종 질문을 했습니다.
	긍정적 결과	그로 인한 긍정적 결과를 설명하세요. So, I had to focus on the lecture. 그래서 저는 강의에 집중해야만 했습니다.

❷ 부정적 사례

시간과 과정의 흐름에 따른 부정적 사례를 설명합니다.

입장		I agree that keeping a traditional way of studying in a classroom is more effective than studying online individually. 저는 교실에서 공부하는 기존의 방법을 유지하는 것이 집에서 온라인으로 공부하는 것보다 더 효과적이라는 것에 동의합니다.
이유		Most of all, students can concentrate on their studies easily. 무엇보다도, 학생들이 공부에 쉽게 집중할 수 있습니다.
예시	배경	당시의 상황을 간단히 소개합니다. (처한 상황, 주변 환경) About 6 months ago, I took an online lecture to study TOEIC. 약 6개월 전, 저는 토익을 공부하기 위해 온라인 강의를 들었습니다.
	문제점	시간이 경과함에 따라 발생한 문제점을 설명하세요. However, I often checked text messages from my friends. Also, I fell asleep often because I studied in my bed. 그런데, 저는 친구들로부터 온 메시지를 자주 확인했습니다. 또한, 침대에서 공부했기 때문에 자주 잠이 들었습니다.
	부정적 결과	그로 인한 부정적 결과를 설명하세요. So, I got a low score on the TOEIC. 그래서, 저는 토익 시험에서 낮은 점수를 받았습니다.

문법 포인트

- 예시 문장의 시제에 유의하세요. 과거의 경험을 말할 때 실수로 현재시제를 사용하는 분들이 많습니다.
- 예시 문장 사이에 적절한 연결어구를 넣어 문장을 논리적으로 연결할 수 있습니다.

So, 그래서	Also, 또한,	While -ing ~하는 동안
However, 그러나	But nowadays, 그런데 요즘엔	As a result, 그 결과

연습 문제 MP3 3_27 정답 및 해설 p.78

반대 입장에 대한 이유와 예시 문장을 완성하세요.

입장		I disagree that keeping a traditional way of studying in a classroom is more effective than studying online individually.
이유		Most of all, we ___온라인에서 공부할 수 있다___ ___시간과 장소에 상관 없이___
예시	배경	About 6 months ago, I ___외국어 학원에 등록했다___ ___~을 배우기 위해___
	문제점	However, I missed many classes because ___(학원을 가지 못한 이유 설명)___
	부정적 결과	So, I ___돈을 낭비했다___

Step 4. 마무리

다시 한번 자신의 입장을 밝히며 답변을 마무리합니다. 문장 앞에 therefore를 붙여주세요.

마무리	Therefore, I agree that keeping a traditional way of studying in a classroom is more effective. 따라서, 저는 교실에서 공부하는 기존의 방법을 유지하는 것이 더 효과적이라는 것에 동의합니다.

TIP 답변 시간이 부족할 경우 마무리 문장은 생략해도 됩니다.

점수별 답변 분석

준비 시간과 답변 시간을 지켜 아래 질문에 답변하세요. 스마트폰을 이용해서 자신의 답변을 녹음한 뒤 학생들의 실제 답변과 비교해보세요.

> In your opinion, what factor contributes the most to the success of a new store?
> Choose one of the following options and give reasons or examples to support your opinion.
>
> • A good salesperson • Low price • Appearance of the store

당신이 생각하기에 새로운 매장의 성공에 가장 크게 기여하는 것은 무엇인가요? 아래 선택지 중 하나를 고른 뒤 구체적인 이유와 예를 들어 당신의 의견을 뒷받침하세요.

• 좋은 판매사원 • 저렴한 가격 • 매장의 외관

IM1 110점 답변 살펴보기

학생의 실제 답변을 살펴보고 문장에 잘못된 부분이 있으면 바르게 고치세요.

입장	I think a good salesperson contribu, contributes the most to the success of a new store.
이유	Most of all, it is helpful to buy a product.
예시	About six months ago, I went to, I went to... a new store. So, there was... good salesperson. As a result, I could... a good product from good, good salesperson. Therefore, ...

제이크쌤 답변 피드백

실제 답변 & 제이크쌤 총평 들어보기

입장	I think a good salesperson contribu, contributes the most to the success of a new store. 저는 좋은 판매사원이 새로운 매장의 성공에 가장 크게 기여한다고 생각합니다. Ⓞ 올바른 문법을 사용해서 입장 문장을 만들었습니다.
이유	Most of all, it is helpful to buy a product. 무엇보다도, 제품을 구매하는데 도움이 됩니다. Ⓞ 이유 문장이 선택한 입장과 논리적으로 잘 어울립니다.
예시	About six months ago, I went to... I went to a new store. So, there was... good salesperson. As a result, I could... a good product from good, good salesperson. Therefore, ... 약 6개월 전, 저는 새로운 매장에 갔습니다. 그래서 거기에는 좋은 판매사원이 있었습니다. 그 결과 저는 좋은 판매사원으로부터 제품을 구매할 수 있었습니다. 따라서 - Ⓧ 말하는 도중에 답변이 자주 중단되었습니다. Ⓧ 세번째 문장에서 조동사 could 뒤에 동사가 빠졌습니다. Ⓧ 마무리 문장을 말하는 도중에 답변이 끊겼지만 이것이 점수에 크게 영향을 주지는 않습니다. Ⓧ 예시의 내용이 '제품을 구매하는데 도움이 된다'는 이유 문장을 충분히 뒷받침하지 못했습니다.

제이크쌤 총평

- 답변의 길이가 짧은 편입니다.
- 답변이 도중에 자주 끊겼습니다.
- 예시의 내용이 빈약해서 입장과 이유를 충분히 뒷받침하지 못했습니다. 하지만 문법 실수가 많지 않았고, 답변의 구성에 대한 기본적인 이해가 있기 때문에 꾸준히 연습하면 빠르게 실력이 늘 것이라 예상됩니다.

IM3 130점 답변 살펴보기

학생의 실제 답변을 살펴보고 문장에 잘못된 부분이 있으면 바르게 고치세요.

입장	I think a good salesperson the most to the success of a new store.
이유	Most of all, we can buy a good items at a reasonable price.
예시	About two months ago, I went to a electric store called Hi-Mart to buy a laptop computer. But, there are too many products in the store. So, it is, So, it was difficult to choose one. So, I get a help, I got a help from a expert...

제이크쌤 답변 피드백

🔈 실제 답변 & 제이크쌤 총평 들어보기

입장	I think a good salesperson the most to the success of a new store. 저는 좋은 판매사원이 새로운 매장의 성공에 가장 크게 생각합니다. ⓧ 문장에 동사가 없습니다. I think 뒤에는 접속사 that이 생략되었으며, 주어 a good salesperson 뒤에 동사 contribute가 필요합니다.
이유	Most of all, we can buy a good items at a reasonable price. 무엇보다도, 우리는 합리적인 가격에 좋은 물건을 살 수 있습니다. ⓧ 복수명사 items 앞에 부정관사 a를 빼야 합니다. ⓧ 합리적인 가격에 물건을 사는 것과 좋은 판매사원 사이의 논리적 연관성이 약합니다.
예시	About two months ago, I went to a electric store called Hi-Mart to buy a laptop computer. But, there are too many products in the store. So, it is, So, it was difficult to choose one. So, I get a help, I got a help from a expert... 약 2개월 전, 저는 노트북 컴퓨터를 사기 위해 하이마트라는 전자 제품점에 갔습니다. 그런데 매장에는 제품이 너무 많습니다. 그래서 하나를 선택하는 것이 어려웠습니다. 그래서 저는 전문가로부터 도움을 받았습니다. ⓧ 명사를 잘못 사용했습니다. (electric store → electronics store) ⓧ 두 번째 문장에서 시제를 잘못 사용했습니다. (are → were) ⓧ 첫 번째와 마지막 문장에서 부정관사를 잘못 사용했습니다. (a → an) ⓞ called, too, one 등 다양한 문법 요소를 답변에 이용했습니다.

제이크쌤 총평

- 이유와 예시의 내용이 어울리지 않아 전체적으로 논리적 일관성이 낮은 답변이 되었습니다.
- 다양한 문법 요소를 답변에 이용한 것은 좋지만 거의 모든 문장에 문법 실수가 있습니다. 문법에 좀 더 유의해서 답변할 필요가 있습니다.

IH 150점 답변 살펴보기

학생의 실제 답변을 살펴보고 문장에 잘못된 부분이 있으면 바르게 고치세요.

입장	Well, I will choose a good salesperson. There is some reason for this.
이유	Most of all, I can ask everything. In other words, it makes convenient to shopping.
예시	For example, when I was a student, I wanted to buy tablet. And I wondered what is best tablet between many tablets. So, I can ask, I asked about them. That seller person talked, told me about detailed information. So, I bought good one.

제이크쌤 답변 피드백

🔊 실제 답변 &
제이크쌤 총평 들어보기

입장	Well, I will choose a good salesperson. There is some reason for this. 저는 좋은 판매사원을 고를 것입니다. 여기에는 몇 가지 이유가 있습니다. Ⓞ 입장 문장을 간결하게 만들었습니다. Ⓧ some은 가산 명사의 단수형(reason) 앞에 사용할 수 없습니다. (some → a)
이유	Most of all, I can ask everything. In other words, it makes convenient to shopping. 무엇보다도, 저는 모든 것을 물어볼 수 있습니다. 다시 말해, 이것은 쇼핑을 하기 편리하게 해줍니다. Ⓞ 추가 문장을 이용해서 이유 문장을 보강했습니다. Ⓧ 직원에게 '모든 것'이 아니라 '무엇이든' 물어보는 것이므로 대명사 everything을 anything으로 바꿔야 합니다. Ⓧ 두 번째 문장에 문법 실수가 있습니다. make + 명사 + 형용사 순으로 It makes shopping convenient 라고 해야 올바른 문장이 됩니다.
예시	For example, when I was a student, I wanted to buy tablet. And I wondered what is best tablet between many tablets. So, I can ask, I asked about them. That seller person talked, told me about detailed information. So, I bought good one. 예를 들면, 제가 학생이었을 때, 저는 태블릿을 사고 싶었습니다. 그리고 저는 많은 태블릿 중에 어느 것이 가장 좋은 지 궁금했습니다. 그래서 저는 그것들에 대해 물어봤습니다. 그 판매자는 저에게 상세한 정보를 말해주었습니다. 그래서, 저는 좋은 것을 샀습니다. Ⓧ 명사 tablet 앞에 부정관사 a가 필요합니다. Ⓧ 최상급 표현에는 정관사 the가 필요합니다. (best → the best) Ⓧ between은 두 개의 대상에 사용하는 전치사이므로 many와 함께 사용할 수 없습니다. (between → among) Ⓞ 답변 중 실수를 인지하고 올바르게 수정했습니다. Ⓞ 입장-이유-예시의 구성이 논리적이고 내용을 이해하기 쉽습니다.

제이크쌤 총평

- 거의 모든 문장에 문법 실수가 있지만 내용 이해에 어려움을 줄 만큼 큰 실수는 아닙니다.
- 아이디어의 흐름이 논리적이며 답변 내용이 주제에서 벗어나지 않았습니다.

실전 연습

준비 시간과 답변 시간을 지켜 질문에 답변해보세요. 하단의 스크래치 페이퍼를 자유롭게 활용하고, 아이디어를 만들기 어려우면 해설의 답변 가이드를 참조하세요.

1 MP3 3_28

TOEIC Speaking	Question 11 of 11

What are the advantages of listening to recorded music rather than going to a concert to listen to music?

Give specific reasons or examples to support your opinion.

준비시간: 45초 / 답변시간: 60초

Scratch Paper

정답 및 해설 p.79

2 MP3 3_29

TOEIC Speaking — Question 11 of 11

Do you agree or disagree with the following statement?

Universities are the best places for high school student field trips.

Give specific reasons or examples to support your opinion.

준비시간: 45초 / 답변시간: 60초

Scratch Paper

정답 및 해설 p.80

3 MP3 3_30

TOEIC Speaking **Question 11 of 11**

Do you agree or disagree with the following statement?

For employees beginning their career, it is better to work for a new company than for a well-known company.

Give specific reasons or examples to support your opinion.

준비시간: 45초 / 답변시간: 60초

Scratch Paper

정답 및 해설 p.81

아이디어 노트 만들기

자신의 의견을 말하는 11번 문제에서는 다양한 주제에 대한 답변 아이디어를 만드는 연습이 중요합니다. 아이디어 노트에 내가 만든 아이디어를 정리한 뒤 여러 번 반복해서 학습해 주세요. 직접 만든 아이디어는 시험 중에 쉽게 떠오를 뿐 아니라 다른 문제에 응용하기에도 좋습니다. 아이디어 노트는 별책에 있습니다.

아이디어 노트 작성 예시

NO. (12)
주제 : 교육 / 직장 생활 / 일상 생활 / 사회적 이슈
연습 횟수 : ①/②/③/④/⑤

문제 : (찬반) Nowadays, traveling is easier than it was in the past. 입장 : 찬성		
이유		Most of all, we can get travel information easily.
이유 보강 문장 (opt)		I can use my smartphone while traveling.
예시 ( )	1) 배경	About 6 months ago, I traveled to Japan.
	2) 경과	I searched for travel information on my smartphone. + 관광지, 날씨, 맛집
	3) H.E.	As a result, I could travel conveniently. + alone
	4)	
외워 둘 표현		tourist attractions, go backpacking
셀프 피드백		발음 (현장감, 리듬감) : 상 / 중 / 하 답변의 논리성 : 상 / 중 / 하 문법의 정확성 : 상 / 중 / 하 총평 : 아직 버벅임 심함, well 쓰는거 줄이기

4

토익스피킹
실전 모의고사
연습하기

실전 모의고사 1

정답 및 해설 p.83

MP3 AT1_Questions

TOEIC Speaking

Questions 1-2 : Read a text aloud

Directions: In this part of the test, you will read aloud the text on the screen. You will have 45 seconds to prepare. Then you will have 45 seconds to read the text aloud.

TOEIC Speaking — **Question 1 of 11**

So far this afternoon, traffic out of Tennyson City is moving very nicely. One exception is Route 17 where a truck has broken down and is blocking one of the three lanes. If you need to travel east, you can avoid this slowdown by taking Chermside Avenue, Bella Vista Road and Castlecrag Road.

PREPARATION TIME	RESPONSE TIME
00:00:45	00:00:45

TOEIC Speaking — **Question 2 of 11**

The free Southport Shuttle Bus runs every 30 minutes, seven days a week. This convenient and fast shuttle bus will connect the major train stations and transport interchanges in the city with local shopping malls, markets and our representative tourist attractions. Please remember that you don't need to buy a ticket.

PREPARATION TIME	RESPONSE TIME
00:00:45	00:00:45

TOEIC Speaking

Questions 3-4 : Describe a picture

Directions: In this part of the test, you will describe the picture on your screen in as much detail as you can. You will have 45 seconds to prepare your response. Then you will have 30 seconds to speak about the picture.

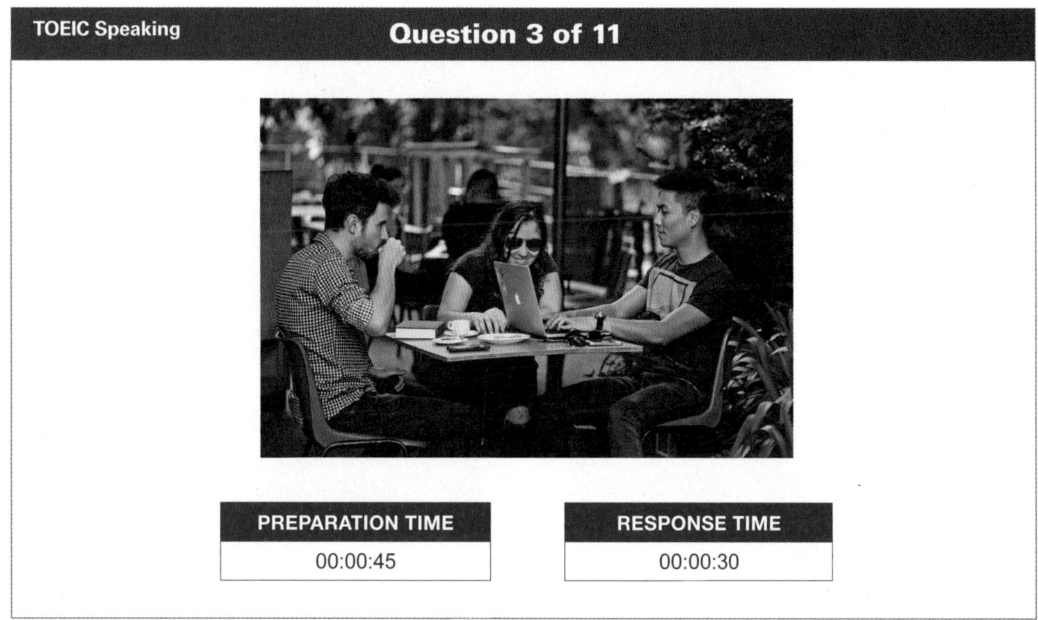

TOEIC Speaking **Question 4 of 11**

PREPARATION TIME	RESPONSE TIME
00:00:45	00:00:30

답변 가이드

Q3 장소: 카페

1. 사진의 오른쪽, 남자가 노트북에 타이핑을 하는 중 (type on a laptop computer)
2. 사진의 가운데, 여자가 화면을 쳐다보는 중 (look at)
3. (생략 가능) 여자가 선글라스를 착용하고 있음 (wear)
4. 사진의 왼쪽, 남자가 뭔가를 마시고 있음
5. (생략 가능) 남자가 커피를 마시는 것처럼 보임 (I think + S + V)

Q4 장소: 호텔 로비

1. 사진의 오른쪽, 두 여자가 통로를 따라 걷는 중 (walk along the aisle)
2. 사진의 가운데, 한 남자가 짐수레를 미는 중 (luggage cart)
3. 사진의 왼쪽, 세 사람이 문가에 서있음 (stand by the door)
4. (생략 가능) 그들이 건물을 떠나는 것처럼 보임 (leave)

TIP 실전처럼 시간을 지켜서 3번 정도 연습한 뒤, 답변 가이드를 이용해서 다시 답변해 보세요.

TOEIC Speaking

Questions 5-7 : Respond to questions

Directions: In this part of the test, you will answer three questions. You will have three seconds to prepare after you hear each question. You will have 15 seconds to respond to Questions 5 and 6 and 30 seconds to respond to Question 7.

TOEIC Speaking

Imagine that a tea magazine is doing research in your country. You have agreed to participate in a telephone interview about coffee shops.

TOEIC Speaking **Question 5 of 11**

Imagine that a tea magazine is doing research in your country. You have agreed to participate in a telephone interview about coffee shops.

When was the last time you went to a coffee shop and how long did you wait in line to order?

PREPARATION TIME	RESPONSE TIME
00:00:03	00:00:15

답변 가이드

- 어제, 5분 정도 기다림
- 이틀 전, 기다리지 않음 + 손님이 없었음
- 지난 주, 15분 정도 기다림 + 손님이 매우 많았음

TOEIC Speaking **Question 6 of 11**

Imagine that a tea magazine is doing research in your country. You have agreed to participate in a telephone interview about coffee shops.

Other than coffee, what do you want the coffee shops in your town to serve, and why?

PREPARATION TIME	RESPONSE TIME
00:00:03	00:00:15

답변 가이드

- 다양한 디저트 + 나는 커피를 디저트와 함께 먹는 것을 좋아함
- 다양한 차 + 나는 커피를 좋아하지 않음

TOEIC Speaking

Question 7 of 11

Imagine that a tea magazine is doing research in your country. You have agreed to participate in a telephone interview about coffee shops.

Please describe your favorite café.

PREPARATION TIME	RESPONSE TIME
00:00:03	00:00:30

답변 가이드

1. 카페의 이름 + in 지역
2. 좋아하는 이유 한가지 (메뉴, 분위기, 위치 등)
3. 이유에 대한 추가 설명 혹은 두 번째 이유

Questions 8-10: Respond to questions using information provided

Directions: In this part of the test, you will answer three questions based on the information provided. You will have 45 seconds to read the information before the questions begin. You will have three seconds to prepare and 15 seconds to respond to Questions 8 and 9. You will hear Question 10 two times. You will have three seconds to prepare and 30 seconds to respond to Question 10.

TOEIC Speaking

Questions 8-10 of 11

Trevor Pharmaceutical Company
Quarterly Manager's Meeting
Thursday, May 1st meeting room 3

9:30 a.m. – 10:00 a.m.	Opening Remarks by ~~Jeff Young, President~~ Erin Smith, Vice President
10:15 a.m. – 11:30 a.m.	Discussion: The Next Long-term Project
11:30 a.m. – Noon	~~Presentation: Current Construction Status~~ *(postponed)*
Noon – 1:00 p.m.	Lunch (Corporate dining hall)
1:00 p.m. – 3:30 p.m.	**Manager's Reports** Upcoming Projects (Fiona Johnson, General Manager) New Market Possibilities (Josh Paulson, Marketing Manager)
3:30 p.m. – 4:00 p.m.	Q & A Session with Vice President

PREPARATION TIME
00:00:45

Questions 8-10 of 11

Trevor Pharmaceutical Company Quarterly Manager's Meeting Thursday, May 1st meeting room 3	
9:30 a.m. – 10:00 a.m.	Opening Remarks by ~~Jeff Young, President~~ Erin Smith, Vice President
10:15 a.m. – 11:30 a.m.	Discussion: The Next Long-term Project
11:30 a.m. – Noon	~~Presentation: Current Construction Status~~ ***(postponed)***
Noon – 1:00 p.m.	Lunch (Corporate dining hall)
1:00 p.m. – 3:30 p.m.	**Manager's Reports** Upcoming Projects (Fiona Johnson, General Manager) New Market Possibilities (Josh Paulson, Marketing Manager)
3:30 p.m. – 4:00 p.m.	Q & A Session with Vice President

PREPARATION TIME	RESPONSE TIME
00:00:03	00:00:15
00:00:03	00:00:15
00:00:03	00:00:30

답변 가이드

Q8 회의 will be held + in 장소

첫 번째 세션 is scheduled + 시간

Q9 잘못된 정보 + 에린 스미스 부회장이 그것을 진행

Q10 사람 & 직책 will give a report on 주제 + 시간

another report on 주제 will be conducted by 사람 & 직책

TOEIC Speaking

Question 11 : Express an opinion

Directions: In this part of the test, you will give your opinion about a specific topic. Be sure to say as much as you can in the time allowed. You will have 45 seconds to prepare. Then you will have 60 seconds to speak.

TOEIC Speaking

Question 11 of 11

For business leaders, which of the following qualities is the most important for their success?
Choose one of the options below and provide specific reasons or examples to support your opinions.

- Making quick decisions
- Being passionate about work
- Being honest

PREPARATION TIME	RESPONSE TIME
00:00:45	00:01:00

답변 가이드

입장 - 빠른 결정 내리기

이유 - 일을 빨리 끝낼 수 있음

예시 - 결정을 빠르게 내리지 못했던 상사 소개

그로 인해 생긴 문제점 설명 (프로젝트의 잦은 지연)

그로 인해 발생한 부정적 결과 (자주 컴플레인을 받음, 자주 야근을 함 등)

SELF-CHECK LIST

실전 모의고사를 연습하는 동안 스마트폰으로 답변을 녹음해서 들어보세요. 아래의 점검 사항에서 NO에 해당하는 부분이 있었다면 다시 한번 연습해보세요.

문항	점검 사항	YES	NO
Q1-2	· 실제 현장에서 말하듯 현장감을 살려 읽었나요?	☐	☐
	· 목소리 크기가 너무 작거나 크지 않았나요?	☐	☐
	· 강세와 끊어 읽기에 유의해서 읽었나요?	☐	☐
Q3-4	· 네 문장 이상 말했나요?	☐	☐
	· 비중이 큰 인물의 동작을 정확히 묘사했나요?	☐	☐
	· 답변 속도가 갑자기 빨라지거나 느려지지 않았나요?	☐	☐
Q5-7	· 사람과 실제로 대화하듯 현장감을 살려 답변했나요?	☐	☐
	· 의문사에 맞게 대답했으며 시제의 실수는 없었나요?	☐	☐
	· 7번 답변에서 두 문장 이상 영작을 했나요? (첫 문장 제외)	☐	☐
Q8-10	· 실제로 전화통화를 하듯 자연스럽게 답변했나요?	☐	☐
	· 질문의 내용을 정확히 이해했나요?	☐	☐
	· 표의 여러 요소를 문법에 맞게 설명했나요?	☐	☐
Q11	· 질문의 내용을 정확히 이해했나요?	☐	☐
	· 준비시간동안 이유와 예시 아이디어를 떠올렸나요?	☐	☐
	· 답변의 전개가 논리적이었나요?	☐	☐

실전 모의고사 2

정답 및 해설 p.89

MP3 AT2_Questions

TOEIC Speaking

Questions 1-2 : Read a text aloud

Directions: In this part of the test, you will read aloud the text on the screen. You will have 45 seconds to prepare. Then you will have 45 seconds to read the text aloud.

TOEIC Speaking — **Question 1 of 11**

First, I want to say how grateful we are to welcome you to the dedication of the New South Wales Bridge. This bridge which connects Gosford and Hamlyn Terrace will definitely relieve the traffic congestion in the area. This new bridge will allow our local residents to save time, money and fuel on daily commutes.

PREPARATION TIME	RESPONSE TIME
00:00:45	00:00:45

TOEIC Speaking — **Question 2 of 11**

Thank you for calling Madison Cinema, Bristol's favorite movie theater. This week, we are offering special discounts on popcorn, sweets and other snacks. Please press one to hear the list of this week's movies, or press two to buy tickets in advance. If you have any other requests, press three to speak to our staff member.

PREPARATION TIME	RESPONSE TIME
00:00:45	00:00:45

TOEIC Speaking

Questions 3-4 : Describe a picture

Directions: In this part of the test, you will describe the picture on your screen in as much detail as you can. You will have 45 seconds to prepare your response. Then you will have 30 seconds to speak about the picture.

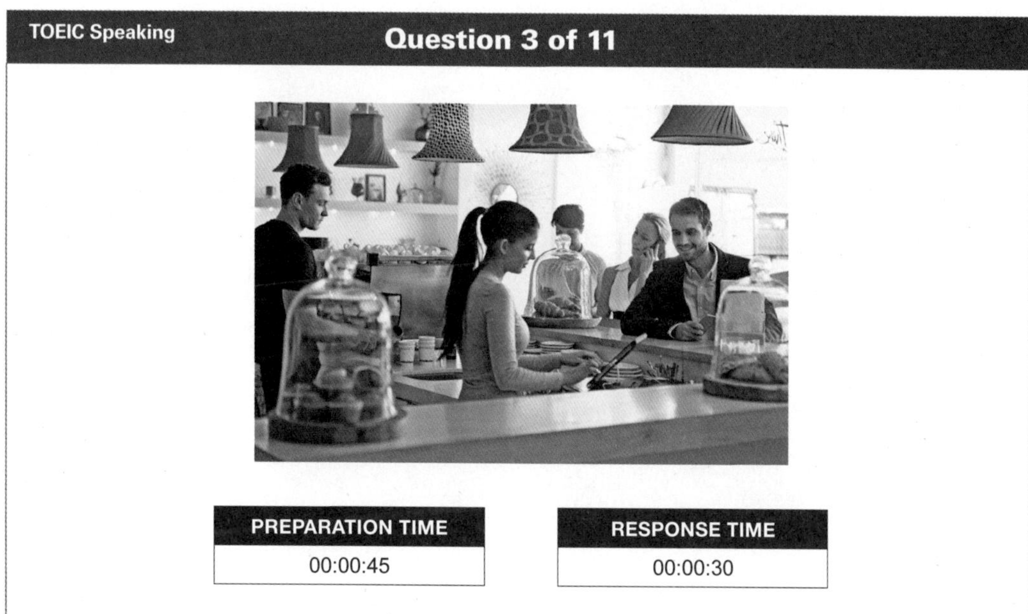

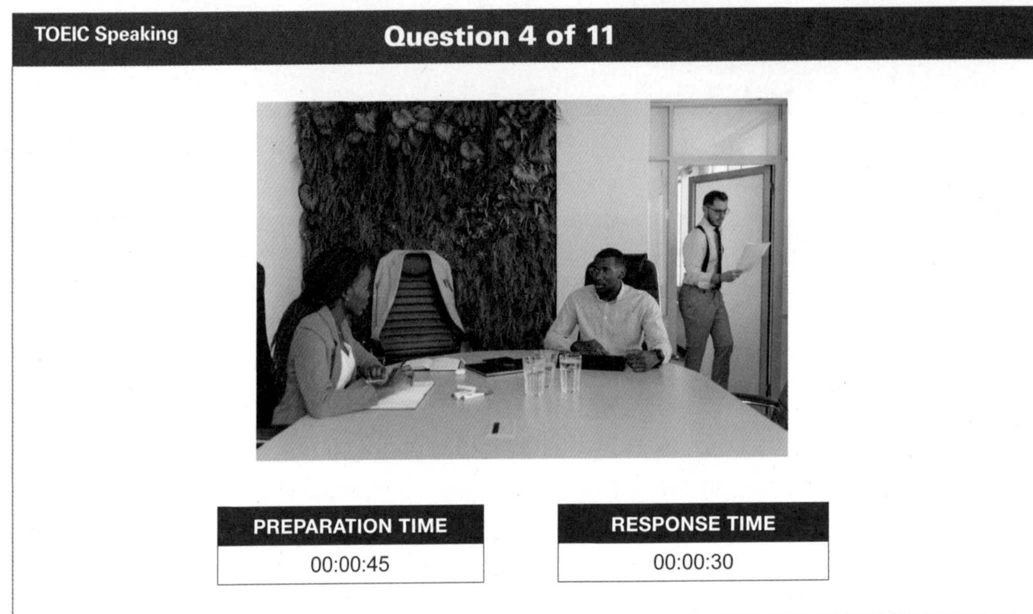
TOEIC Speaking
Question 4 of 11
PREPARATION TIME
00:00:45
RESPONSE TIME
00:00:30

TOEIC Speaking

Questions 5-7 : Respond to questions

Directions: In this part of the test, you will answer three questions. You will have three seconds to prepare after you hear each question. You will have 15 seconds to respond to Questions 5 and 6 and 30 seconds to respond to Question 7.

TOEIC Speaking

Imagine that a U.S. education company is doing research in your area. You have agreed to participate in a telephone interview about study habits.

TOEIC Speaking **Question 5 of 11**

Imagine that a U.S. education company is doing research in your area. You have agreed to participate in a telephone interview about study habits.

At what time of the day do you prefer to study and why?

PREPARATION TIME	RESPONSE TIME
00:00:03	00:00:15

TOEIC Speaking	Question 6 of 11

Imagine that a U.S. education company is doing research in your area. You have agreed to participate in a telephone interview about study habits.

What do you usually do when you take a break from studying?

PREPARATION TIME	RESPONSE TIME
00:00:03	00:00:15

TOEIC Speaking	Question 7 of 11

Imagine that a U.S. education company is doing research in your area. You have agreed to participate in a telephone interview about study habits.

Other than books, what do you usually bring when you go to a library to study? Why?

PREPARATION TIME	RESPONSE TIME
00:00:03	00:00:30

Questions 8-10 : Respond to questions using information provided

Directions: In this part of the test, you will answer three questions based on the information provided. You will have 45 seconds to read the information before the questions begin. You will have three seconds to prepare and 15 seconds to respond to Questions 8 and 9. You will hear Question 10 two times. You will have three seconds to prepare and 30 seconds to respond to Question 10.

TOEIC Speaking **Questions 8-10 of 11**

Asian Business Conference

April 13th, Lockwood Conference Center

Time	Presentation	Location
9:00 - 10:00	Business Relationship in China (Tao Zhu)	Conference Room C
10:30 - 11:30	Korea Fund Industry (Kate Kang)	Conference Room D
Noon - 1:00	Lunch *	Conference Room C
1:00 - 2:00	Economy Outlook of Japan (Jun Ito)	Conference Room A
2:00 - 3:00	Malaysia Banking System (Malita Tahu)	Conference Room B
3:00 - 4:00	Refreshments and Meetings	Conference Room D

* Catered by Amber's Indian Restaurant

PREPARATION TIME
00:00:45

PREPARATION TIME	RESPONSE TIME
00:00:03	00:00:15
00:00:03	00:00:15
00:00:03	00:00:30

TOEIC Speaking

Question 11 : Express an opinion

Directions: In this part of the test, you will give your opinion about a specific topic. Be sure to say as much as you can in the time allowed. You will have 45 seconds to prepare. Then you will have 60 seconds to speak.

TOEIC Speaking

Question 11 of 11

Do you agree or disagree with the following statement?
Nowadays, it is easier to be a school teacher than it was in the past.
Give specific reasons or examples to support your opinion.

PREPARATION TIME	RESPONSE TIME
00:00:45	00:01:00

SELF-CHECK LIST

실전 모의고사를 연습하는 동안 스마트폰으로 답변을 녹음해서 들어보세요. 아래의 점검 사항에서 NO에 해당하는 부분이 있었다면 다시 한번 연습해보세요.

문항	점검 사항	YES	NO
Q1-2	· 실제 현장에서 말하듯 현장감을 살려 읽었나요?	□	□
	· 목소리 크기가 너무 작거나 크지 않았나요?	□	□
	· 강세와 끊어 읽기에 유의해서 읽었나요?	□	□
Q3-4	· 네 문장 이상 말했나요?	□	□
	· 비중이 큰 인물의 동작을 정확히 묘사했나요?	□	□
	· 답변 속도가 갑자기 빨라지거나 느려지지 않았나요?	□	□
Q5-7	· 사람과 실제로 대화하듯 현장감을 살려 답변했나요?	□	□
	· 의문사에 맞게 대답했으며 시제의 실수는 없었나요?	□	□
	· 7번 답변에서 두 문장 이상 영작을 했나요? (첫 문장 제외)	□	□
Q8-10	· 실제로 전화통화를 하듯 자연스럽게 답변했나요?	□	□
	· 질문의 내용을 정확히 이해했나요?	□	□
	· 표의 여러 요소를 문법에 맞게 설명했나요?	□	□
Q11	· 질문의 내용을 정확히 이해했나요?	□	□
	· 준비시간동안 이유와 예시 아이디어를 떠올렸나요?	□	□
	· 답변의 전개가 논리적이었나요?	□	□

MEMO

시원스쿨 LAB

10가지 문법으로 시작하는

TOEIC Speaking

기초영문법

정답 및 해설

10가지 문법으로 시작하는 TOEIC Speaking 기초영문법

정답 및 해설

목차

1

10가지 문법으로 기초 다지기

1 동사

be동사

연습 문제

A. MP3 1_1

1 저는 회사원입니다.
I am an office worker.

2 그는 선생님입니다.
He is a teacher.

3 테이블 위에 접시가 몇 개 있습니다.
Some plates are on the table.

4 그녀는 집에 없었습니다. 그녀는 직장에 있었습니다.
She was not at home. She was at work.

B. MP3 1_2

1 그는 저의 가장 친한 친구입니다.
He is my best friend.

2 야채는 건강에 좋습니다.
Vegetables are good for health.

3 저는 수영을 잘합니다.
I am good at swimming.

4 지난 여름은 매우 더웠습니다.
Last summer was very hot.

5 그들은 몸이 아팠습니다.
They were sick.

C. MP3 1_3

1 There was many stars in the sky yesterday. 어제 하늘에 별이 많았습니다.

was → were

해설 be동사 뒤에 복수명사가 왔으므로 was를 쓸 수 없습니다.

2 There is a café in this building 2 years ago. 2년 전에는 이 건물에 카페가 있었습니다.

is → was

3 There are a lot of bread on the table. 테이블 위에 많은 빵이 있습니다.

are → is

해설 bread는 셀 수 없는 불가산 명사이므로 are을 쓸 수 없습니다.

4 There is many kinds of flower festivals in Taiwan. 대만에는 많은 종류의 꽃 축제가 있습니다.

is → are

5 There is no eggs in the supermarket today. 오늘 슈퍼마켓에는 계란이 없습니다.

is → are

해설 be동사 뒤에 복수명사가 왔으므로 is를 쓸 수 없습니다.

D. MP3 1_4

1 냉장고 안에 음식이 너무 많습니다.

There is too much food in the refrigerator.

해설 food는 셀 수 없는 불가산 명사이므로 are을 쓸 수 없습니다.

2 사무실에 많은 사람들이 있습니다.

There are a lot of people in the office.

3 그 서점에는 많은 종류의 책이 있습니다.

There are many kinds of books in the bookstore.

4 그 피트니스 센터에는 수영장이 없었습니다.

There was no swimming pool in the fitness center.

일반동사

연습 문제

A. MP3 1_5

1 My shoes very expensive. → My shoes are very expensive.
제 신발은 매우 비쌉니다.

2 They are like Korean music a lot. → They like Korean music a lot.
그들은 한국음악을 많이 좋아합니다.

3 I am having two sisters. → I have two sisters.
저는 누나(여동생, 언니)가 두 명 있습니다.
해설 일반적인 사실에는 일반동사의 기본형을 사용합니다.

4 We usually having dinner at home. → We usually have dinner at home.
우리는 주로 집에서 저녁을 먹습니다.

5 The programs are start at 9 A.M. → The programs start at 9 A.M.
그 프로그램은 9시에 시작합니다.

6 I am worry about my future often. → I worry about my future often.
저는 제 미래에 대해 자주 걱정합니다.

B. MP3 1_6

1 She know Jamie. know → knows
그녀는 제이미를 압니다.

2 Susan have a lot of homework today. have → has
수잔은 오늘 숙제가 많습니다.

3 This bus go to Seoul station. go → goes
이 버스는 서울역에 갑니다.
해설 하나의 사물은 3인칭 단수로 취급합니다.

4 This T-shirt look very dirty. look → looks
이 티셔츠는 매우 더러워 보입니다.

5 He sleep about 6 hours a day. sleep → sleeps
그는 하루에 약 여섯 시간을 잡니다.

6 They works at a restaurant. works → work
그들은 레스토랑에서 일합니다.

일반동사의 부정문과 의문문

연습 문제

A. MP3 1_7

1 그는 어제 파티에 오지 않았습니다. He didn't come to the party yesterday.

2 저는 주말에는 일을 하지 않습니다. I don't work on weekends.

3 그녀는 태블릿 PC가 없습니다. She doesn't have a tablet PC.

4 저는 커피를 좋아하지 않았습니다. I didn't like coffee.

5 저는 운전을 하지 않습니다. I don't drive.

B. MP3 1_8

1 Many people like not pigeons. → Many people don't like pigeons.
많은 사람들이 비둘기를 좋아하지 않습니다.

2 I have not many friends. → I don't have many friends.
저는 친구가 많지 않습니다.

3 Tracey doesn't work yesterday. → Tracey didn't work yesterday.
트레이시는 어제 일을 하지 않았습니다.

4 I had not breakfast today. → I didn't have breakfast today.
저는 오늘 아침을 먹지 않았습니다.

C. MP3 1_9

1 당신은 중국 음식을 좋아하나요? **Q** Do you like Chinese food?
저는 중국 음식을 좋아하지 않습니다. **A** I don't like Chinese food.

2 그녀가 학교에 갔나요? **Q** Did she go to school?
그녀는 오늘 학교에 가지 않았습니다. **A** She didn't go to school today.

3 그녀가 당신의 전화번호를 아나요? **Q** Does she know your phone number?
그녀는 제 전화번호를 알아요. **A** She knows my phone number.

4 당신은 자주 운동을 하나요? **Q** Do you exercise often?
저는 자주 운동을 하지 않습니다. **A** I don't exercise often.

2 동사의 활용

과거, 현재시제

연습 문제

A. MP3 1_10

1 한 여자가 통화 중입니다.
A woman is talking on the phone.

2 그녀는 필기를 하고 있습니다.
She is taking notes.

3 한 남자가 신문을 읽고 있습니다.
A man is reading a newspaper.

4 그는 커피를 마시고 있습니다.
He is drinking coffee.

B. MP3 1_11

1	go	went	2	speak	spoke	3	meet	met
4	make	made	5	drink	drank	6	read	read
7	keep	kept	8	eat	ate	9	run	ran
10	build	built	11	feel	felt	12	see	saw
13	buy	bought	14	take	took	15	catch	caught
16	tell	told	17	write	wrote	18	wear	wore
19	cut	cut	20	find	found	21	teach	taught
22	do	did	23	get	got	24	pay	paid
25	drive	drove	26	give	gave	27	spend	spent
28	sleep	slept	29	know	knew	30	put	put
31	leave	left	32	lose	lost	33	open	opened
34	close	closed	35	ask	asked	36	say	said
37	choose	chose	38	hold	held	39	come	came

현재완료 시제

연습 문제

A. MP3 1_12

1 She (send) me an email last night. 그녀는 어젯밤에 나에게 이메일을 보냈습니다. [sent]

2 I (study) English since elementary school. But I still hate it. [have studied]
저는 초등학교 때부터 영어를 공부했습니다. 하지만 여전히 영어가 싫습니다.

해설 since + 과거 시점 또는 for + 기간을 이용해서 현재완료의 계속적 의미를 강조할 수 있습니다.

3 I (use) this laptop computer for 7 years. It is very heavy. [have used]
저는 이 노트북 컴퓨터를 7년째 사용 중입니다. 이것은 매우 무겁습니다.

4 He (live) in Seoul for 20 years. But he moved to Pusan last year. [lived]
그는 20년간 서울에 살았습니다. 하지만 그는 작년에 부산으로 이사했습니다.

해설 그가 더 이상 서울에 없기 때문에 현재완료 시제를 사용할 수 없습니다.

5 I (buy) a tablet PC, but I sold it. 저는 태블릿 PC를 샀지만 그것을 팔았습니다. [bought]

6 I (play) the guitar since I entered university. [have played]
저는 대학에 입학한 이후로 기타를 연주해왔습니다.

7 I (lose) my watch yesterday. 저는 어제 시계를 잃어버렸습니다. [lost]

B. MP3 1_13

1 그들은 새벽 5시부터 일하고 있습니다.
They have been working since 5 A.M.

2 그는 아침부터 중요한 전화를 기다리고 있습니다.
He has been waiting for an important call since morning.

3 그녀는 두시간 째 운동 중입니다.
She has been exercising for 2 hours.

C. MP3 1_14

1	go	gone	2	speak	spoken	3	read	read
4	run	run	5	see	seen	6	come	come
7	take	taken	8	write	written	9	cut	cut
10	do	done	11	drive	driven	12	give	given
13	know	known	14	put	put	15	choose	chosen

3 조동사

연습 문제

A. MP3 1_15

1 He can playing the violin. → can play
그는 바이올린을 연주할 수 있습니다.

2 I could be help him. → could help
제가 그를 도울 수 있었습니다.

3 I was able to fixed the computer. → was able to fix
제가 컴퓨터를 고칠 수 있었습니다.

4 We were able to not finish the project. → were not able to finish
우리는 프로젝트를 끝낼 수 없었습니다.
해설 부정어 not은 be동사나 조동사 will의 다음에 위치합니다.

5 She will able to finishing the project soon. → will be able to finish
그녀는 곧 프로젝트를 끝낼 수 있을 것입니다.

B. MP3 1_16

1 I can play table tennis. 저는 탁구를 칠 수 있습니다.

2 I can speak chinese. 저는 중국어를 할 수 있습니다.

3 I can't drink coffee. 저는 커피를 못 마십니다.

4 I can't swim. 저는 수영을 못 합니다.

5 I was able to drink a lot. 저는 술을 많이 마실 수 있었습니다.
해설 동사 drink가 뒤따르는 명사 없이 단독으로 쓰이면 술을 마신다는 뜻이 됩니다.

6 I was able to ride a bicycle. 저는 자전거를 탈 줄 알았습니다.

C. MP3 1_17

1 그들은 회의에 참여하지 않을 것입니다. They will not attend the meeting.

2 제 생각엔 내일 비가 올 것 같습니다. I think it will rain tomorrow.

해설 rain, snow는 동사로도 쓰입니다.

3 우리는 캠핑을 갈 것입니다. We are going to go camping.

4 저는 차를 팔지 않을 것입니다. I am not going to sell my car.

Chapter 1

D. MP3 1_18

1 돈을 내지 않아도 됩니다. You don't have to pay.

2 지하철을 타는 것이 좋겠습니다. You should take the subway.

3 그에게 지금 전화하면 안 돼요. You should not call him now.

4 그들은 서두를 필요가 없었습니다. They didn't have to hurry.

해설 hurry는 서두르다 라는 의미의 동사입니다.

5 저는 그 시험에 꼭 합격해야 합니다. I have to pass the test.

6 저는 계획을 변경해야만 했습니다. I had to change the plan.

4 명사와 대명사

| 명사 관사 대명사 |

명사

연습 문제

A. MP3 1_19

셀 수 있는 명사

tomato, sandwich, airplane, umbrella, question, story, child, weekend, vegetable, island, drama

셀 수 없는 명사

bread, paper, water, health, time, news, traffic, music, money, jewelry, furniture, beef, rice, equipment, coffee, chocolate, weekend, vegetable, island, drama

관사

연습 문제

A. MP3 1_20

1 저는 드럼을 칠 수 있습니다. I can play (a / the / 없음) drums.

2 그들은 농구를 하고 있습니다. They are playing (a / the / 없음) basketball.

3 그는 차가 있습니다. 그 차는 흰색입니다. He has (a / the / 없음) car. (A / The / 없음) car is white.

4 잭슨은 버스를 타고 집에 갔습니다. Jackson went home by (a / the / 없음) bus.

5 저는 운전면허증이 없습니다. I don't have (a / the / 없음) driver's license.

6 테이블 위의 꽃들이 아름답습니다. (A / The / 없음) flowers on the table are beautiful.

해설 '테이블 위에 있는 꽃'처럼 어떤 대상을 가리키는지 분명한 경우엔 대상 앞에 the를 붙입니다.

7 우리는 보통 6시에 저녁을 먹습니다. We usually have (a / the / 없음) dinner at 6 P.M.

8 저는 고등학교에서 음악을 배웠습니다. I studied (a / the / 없음) music in high school.

9 저는 새로운 사무실이 필요합니다. I need (a / the / 없음) new office.

10 방에 있는 TV가 고장 났습니다. (A / The / 없음) TV in (a / the / 없음) room is broken.

대명사

연습 문제

A. MP3 1_21

1 Jack's father is a policeman. → He is a policeman.
잭의 아버지는 경찰입니다.

2 I can't find Susan and James. → I can't find them.
수잔과 제임스를 찾을 수가 없습니다.
해설 두 사람은 동사 find의 목적어이므로 목적격 인칭대명사 them이 필요합니다.

3 I met your sister on the street. → I met her on the street.
저는 길에서 당신의 여동생을 만났습니다.

4 Did Kate and John come to work yesterday? → Did they come to work yesterday?
케이트와 존이 어제 출근했나요?
해설 두 사람은 문장의 주어이므로 주격 인칭대명사 they가 필요합니다.

5 The T-shirt is very dirty. → It is very dirty.
그 티셔츠는 매우 더럽습니다.

6 Tomorrow is my father's birthday. → Tomorrow is his birthday.
내일은 저희 아버지 생신입니다.

7 Damian and I played soccer. → We played soccer.
데미안과 저는 축구를 했습니다.

8 He gave gifts to me and my brother. → He gave gifts to us.
그는 저와 제 남동생에게 선물을 주었습니다.

B. MP3 1_22

1 Luke likes Ann. He calls she every day. she → her
루크는 앤을 좋아합니다. 그는 매일 그녀에게 전화합니다.
해설 동사 call 뒤에는 목적어가 오므로 목적격 대명사가 필요합니다.

2 I like him. But I don't like his friends. 맞음
저는 그를 좋아합니다. 하지만 저는 그의 친구들을 좋아하지 않습니다.

3 Erika invited we to her birthday party. we → us
에리카는 생일 파티에 우리를 초대했습니다.
해설 동사 invite 뒤에는 목적어가 오므로 목적격 대명사가 필요합니다.

4 I bought new gloves, but I lost it yesterday. it → them

저는 새 장갑을 샀는데, 어제 잃어버렸습니다.

해설 복수명사 gloves와 대명사 it의 수가 일치하지 않습니다.

5 I watched a movie. I really enjoyed them. them → it

저는 영화를 봤습니다. 그 영화는 정말 재미있었습니다.

해설 단수명사 a movie와 복수명사를 대신하는 대명사 them의 수가 일치하지 않습니다.

6 They are very popular. Everybody knows their names. 맞음

그들은 인기가 많습니다. 모두가 그들의 이름을 압니다.

7 Look at the picture. Their color is beautiful. Their → Its

그 사진을 보세요. 색상이 아름답습니다.

해설 단수명사 the picture와 대명사 their(그것들의)의 수가 일치하지 않습니다.

C. MP3 1_23

1 What's the date today? 오늘이 며칠인가요?
It's May 16th. 오늘은 5월 16일 입니다.

2 What day is it today? 오늘이 무슨 요일인가요?
It's Wednesday. 오늘은 수요일입니다.

3 How's the weather today? 오늘 날씨가 어때요?
It is cold today. 오늘은 날씨가 춥습니다.

4 What time is it? 지금 몇 시예요?
It is 8:15. 지금은 8시 15분 입니다.

해설 eight fifteen이라고 읽습니다.

5 How far is it to your university?
당신의 대학교까지 얼마나 멉니까?
It is about 10 kilometers away.
약 10킬로미터 떨어져 있습니다.

6 How much is your laptop computer?
당신의 노트북 컴퓨터는 얼마입니까?
It is about 2 million won.
200만원 정도입니다.

D. MP3 1_24

1 이것은 내가 가장 좋아하는 책입니다. → This is my favorite book.

2 저것은 새로 생긴 카페입니다. → That is a new café.

3 저것들은 오스카의 그림입니다. → Those are Oscar's paintings.

4 이 꽃들은 아름답습니다. → These flowers are beautiful.

5 저 빵집은 매우 오래되었습니다. → That bakery is very old.

6 이 냉장고는 고장 났습니다. → This refrigerator is broken.

E. MP3 1_25

1 뭔가 좋은 아이디어가 있나요? Do you have any good ideas?

해설 긍정적인 대답이 예상될 때 의문문에 some을 사용합니다.
(레스토랑에서) Can I have some more water?

2 랄프는 새 집을 사려고 돈을 좀 모았습니다. Ralph saved some money for a new house.

3 저는 면접에서 모든 질문에 답변했습니다. I answered every question in the interview.

해설 question이 단수명사 이므로 all은 빈칸에 들어갈 수 없습니다.

4 모든 방에는 소화기가 있습니다. All rooms have a fire extinguisher.

5 각 방에는 두개의 침대가 있습니다. Each room has two beds.

6 저는 교실에 있는 대부분의 학생을 압니다. I know most students in the classroom.

7 저는 우유와 치즈가 좀 필요합니다. I need some milk and cheese.

8 모든 학생들이 시험을 통과했습니다. All of the students passed the exam.

9 모든 학생들은 교복을 입어야 합니다. Every student should wear school uniforms.

10 부엌에 음식이 하나도 없습니다. There isn't any food in the kitchen.

11 그들은 전부 방을 청소하고 있습니다. All of them are cleaning the room.

12 대부분의 히터가 고장 났습니다. Most of the heaters are broken.

F. MP3 1_26

1 이 시계는 너무 비싸요. 더 싼 것이 있나요? This watch is too expensive. Do you have a cheaper one?

2 우리는 서로를 신뢰합니다. We trust each other.

3 건물 내에 또 다른 회의실이 있나요? Is there another meeting room in the building?

4 우리 둘 다 직장에 늦었습니다. Both of us were late for work.

5 이 청바지는 너무 작아요. 더 큰 게 있나요? These jeans are too tight. Do you have bigger ones?

해설 청바지는 복수명사이므로 부정대명사 one의 복수형이 필요합니다.

6 그들은 테이블을 다른 방으로 옮겼습니다. They moved the table to another room.

7 저희 부모님은 두분 다 과학자입니다. Both of my parents are scientists.

8 그들은 서로를 돌봅니다. They take care of each other.

5 형용사와 부사

형용사

연습 문제

A. MP3 1_27

1	바쁜	busy	2	시끄러운	noisy
3	잘못된	wrong	4	조용한	quiet
5	중요한	important	6	건강한	healthy
7	지루한	boring	8	아픈	sick
9	위험한	dangerous	10	가벼운	light
11	무거운	heavy	12	어려운	difficult
13	쉬운	easy	14	도움이 되는	helpful
15	규칙적인	regular	16	유용한	useful
17	신나는	exciting	18	예의가 바른	polite
19	마음이 편안한	comfortable	20	편리한	convenient
21	유명한	famous	22	인기있는	popular
23	아름다운	beautiful	24	합리적인	reasonable
25	시간이 이른	early	26	시간이 늦은	late
27	재미있는, 흥미로운	interesting	28	규모가 큰	large
29	다양한	various	30	맛있는	delicious

B. MP3 1_28

1 He has (many, much) work to finish today. 그는 오늘 끝내야 할 일이 많습니다.

2 We need (many, much) tennis balls. 우리는 테니스공이 많이 필요합니다.

3 Did you make (many, much) foreign friends? 외국인 친구를 많이 만들었나요?

4 They had so (many, much) fun on the beach. 그들은 해변에서 아주 재밌게 놀았습니다.

5 There are (many, much) people on the street. 거리에 사람들이 많습니다.

부사

연습 문제

A. MP3 1_29

1 그는 신중한 사람입니다. He is a careful person.

2 우리는 도서관에서 조용히 말해야 합니다. We need to speak quietly in the library.

3 이 물은 마셔도 안전합니다. The water is safe to drink.

4 칸은 이 문제를 쉽게 해결했습니다. Khan solved this question easily.

5 애니는 매우 진지하게 말하고 있습니다. Annie is talking very seriously.

6 따뜻한 옷을 준비해주세요. Please prepare warm clothes.

7 왜 그렇게 빨리 운전을 하세요? Why are you driving so fast?
해설 형용사와 부사의 형태가 같은 단어에 유의하세요.

8 경기가 20분 늦게 시작했습니다. The game started 20 minutes late.

9 그들은 회의를 빨리 끝냈습니다. They finished the meeting quickly.

10 그는 높이 뛰어올랐습니다. He jumped high.

11 그들은 열심히 연습하는 중입니다. They are practicing hard.

B. MP3 1_30

1 It always snows in Canada.

2 I will never forget this moment.

3 Ellen usually goes to school by bus.

4 We can sometimes make mistakes. 해설 sometimes는 문장의 마지막에 올 수도 있습니다.

5 I argue with my coworkers often. 해설 often은 동사 argue의 앞에도 올 수 있습니다.

비교급과 최상급

연습 문제

A. MP3 1_31

	원형	비교급	최상급		원형	비교급	최상급
1	big	bigger	the biggest	2	tall	taller	the tallest
3	hard	harder	the hardest	4	busy	busier	the busiest
5	good	better	the best	6	easy	easier	the easiest
7	fast	faster	the fastest	8	bad	worse	the worst
9	small	smaller	the smallest	10	light	lighter	the lightest
11	heavy	heavier	the heaviest	12	little	less	the least
13	cold	colder	the coldest	14	large	larger	the largest
15	young	younger	the youngest	16	long	longer	the longest
17	cheap	cheaper	the cheapest	18	high	higher	the highest
19	rich	richer	the richest	20	famous	more famous	the most famous
21	difficult	more difficult	the most difficult	22	beautiful	more beautiful	the most beautiful
23	smart	smarter	the smartest	24	popular	more popular	the most popular
25	expensive	more expensive	the most expensive	26	dangerous	more dangerous	the most dangerous
27	important	more important	the most important	28	interesting	more interesting	the most interesting
29	crowded	more crowded	the most crowded	30	healthy	healthier	the healthiest

B. MP3 1_32

1 그의 노트북 컴퓨터가 제 것보다 더 좋습니다. His laptop computer is better than mine.

2 이게 호텔에서 제일 비싼 방입니다. This is the most expensive room in the hotel.

3 저게 세계에서 제일 빠른 차입니다. That is the fastest car in the world.

4 토플은 토익보다 훨씬 더 어려운 시험입니다. TOEFL is a much more difficult test than TOEIC.

6 부정사와 동명사

to부정사

연습 문제

A. MP3 1_33

1	싱가포르는 여행하기 안전합니다.	Singapore is safe to travel.
2	그는 취업을 하기 위해 열심히 공부했습니다.	He studied hard to get a job.
3	그녀는 운동을 하기 위해 체육관에 등록했습니다.	She registered for a gym to exercise.
4	이 박스는 혼자서 옮기기에 무거웠습니다.	This box was heavy to carry alone.
5	저는 정장을 한 벌 사기 위해 쇼핑몰에 갔습니다.	I went to a shopping mall to buy a suit.
6	이 책은 읽기 어렵습니다.	This book is difficult to read.
7	저는 보통 스트레스를 풀기 위해 클래식 음악을 듣습니다.	I usually listen to classical music to relieve stress.
8	저는 아침을 먹기 위해 일찍 일어납니다.	I wake up early to have breakfast.

B. MP3 1_34

1	맷은 해외에서 공부를 하기로 결심했습니다.	Matt decided to study abroad. 해설 abroad는 동사 study를 꾸미는 부사입니다.
2	저는 대학원에서 공부하고 싶었습니다.	I wanted to study at a graduate school.
3	그들은 새로운 프로젝트를 시작할 계획을 세웠습니다.	They planned to start a new project.
4	카레를 만드는 것은 어렵지 않습니다.	It is not difficult to make curry.
5	혼자 캠핑을 가는 것은 위험합니다.	It is dangerous to go camping alone.

C. MP3 1_35

1 유럽에는 방문할 나라가 많습니다. — There are many countries to visit in Europe.

2 저는 카페에서 일할 기회가 있었습니다. — I had a chance to work in a café.

3 저는 해야 할 일이 많습니다. — I have a lot of work to do.

4 그는 레스토랑을 차릴 충분한 돈이 없었습니다. — He didn't have enough money to open a restaurant.

동명사

연습 문제

A. MP3 1_36

1 책을 읽는 것은 지루합니다. — Reading a book is boring.

2 자전거를 타는 것은 건강한 취미입니다. — Riding a bicycle is a healthy hobby.

3 파스타를 만드는 것은 간단합니다. — Making pasta is very simple.

해설 파스타는 불가산 명사입니다. 앞에 a를 붙이지 않습니다.

4 유튜브 채널을 운영하는 것은 어렵습니다. — Running a YouTube channel is difficult.

B. MP3 1_37

1 그들은 축제를 준비하느라 바쁩니다. — They are busy preparing for the festival.

2 우리는 일요일에 산책하는 것을 즐깁니다. — We enjoy taking a walk on Sundays.

3 그녀는 그림을 그리는데 두 시간을 보냈습니다. — She spent 2 hours drawing a picture.

4 그는 계속해서 영어를 연습했습니다. — He kept practicing English.

5 당신은 같은 문장을 사용하는 것을 피해야 합니다. — You should avoid using the same sentence.

6 저는 일찍 일어나는 것에 익숙합니다. — I am used to waking up early.

해설 early는 동사 wake를 꾸미는 부사로 사용되었습니다.

7 수동태

연습 문제

A. MP3 1_38

1 This building is built five years ago.
This building was built five years ago. 이 건물은 5년 전에 지어졌습니다.

2 Sam was painted the wall.
Sam painted the wall. 샘은 벽을 칠했습니다.

3 The conference will be hold next week.
The conference will be held next week. 회의는 다음 주에 열릴 것입니다.

4 My sister is learned coding last month.
My sister learned coding last month. 내 여동생은 지난달에 코딩을 배웠습니다.

5 This wallet was make in Italy.
This wallet was made in Italy. 이 지갑은 이탈리아에서 만들어졌습니다.

6 Somebody was stolen my wallet.
Somebody stole my wallet. 누군가 내 지갑을 훔쳐갔습니다.

B. MP3 1_39

1 그 그림이 뉴욕 미술관에 팔렸습니다. The painting was sold to New York Art Gallery.

2 그 프로젝트는 그에 의해 마무리될 것입니다. The project will be finished by him.

3 저 빌딩은 멜리사 하워드에 의해 디자인되었습니다. That building was designed by Melissa Howard.

4 그 책은 다음 달에 출판될 것입니다. The book will be published next month.

C. MP3 1_40

1 개회식은 취소되었습니다.
The opening ceremony has been canceled.

2 세미나가 다음 달로 연기되었습니다.
The seminar has been postponed until next month.

3 모든 회의가 다음 주 월요일로 변경되었습니다.
All meetings have been rescheduled for next Monday.

해설 be scheduled for: ~로 예정되어 있다
be rescheduled for: ~로 일정이 변경되다

D. MP3 1_41

1 백화점이 쇼핑객들로 붐빕니다.
The department store is crowded with many shoppers.

2 그 박물관은 파리에 위치해 있습니다.
The museum is located in Paris.

3 그녀는 자신의 건강을 걱정합니다.
She is worried about her health.

4 저는 패스트푸드에 관심이 없습니다.
I am not interested in fast food.

8 접속사와 전치사

| 접속사 전치사 |

접속사

연습 문제

A. MP3 1_42

1 He wanted to buy a chocolate cake but he didn't have enough money.
그는 초콜릿 케이크를 사고 싶었지만 돈이 충분하지 않았습니다.

2 Which sports do you like better, soccer or basketball? 당신은 축구와 농구 중에 어떤 스포츠를 더 좋아하나요?

3 You need to go home and take a rest. 당신은 집에 가서 휴식을 취해야 합니다.

4 The class was interesting but too long. 수업은 재미있었지만 너무 길었습니다.
해설 상반되는 두 내용을 연결하기 위해 접속사 but을 사용합니다.

5 He invited Sally and her friends for lunch. 그는 샐리와 그녀의 친구들을 점심식사에 초대했습니다.

6 Please put your jacket on the sofa or in the closet. 자켓을 옷장 안이나 소파에 놓아주세요.

7 She speaks Chinese and Japanese. 그녀는 중국어와 일본어를 합니다.

8 I called him, but he didn't answer the phone. 저는 그에게 전화를 걸었지만 받지 않았습니다.

9 You can walk there or take a taxi. 당신은 그곳에 택시를 타거나 걸어갈 수 있습니다.

B. MP3 1_43

1 When I was an intern, I lived with my coworkers. 제가 인턴이었을 때, 저는 직장 동료들과 함께 살았습니다.

2 After she graduated, she became a nurse. 그녀는 졸업 후에 간호사가 되었습니다.

3 I listen to music while studying. 저는 공부를 하면서 음악을 듣습니다.

4 I will not go to work until the snow stops. 저는 눈이 그칠 때까지 출근하지 않을 것입니다.

5 I wrote down his message before I forgot it. 저는 잊어버리기 전에 그의 메시지를 적어 두었습니다.

6 I made many mistakes when I was a new employee. 제가 신입사원이었을 때, 저는 많은 실수를 했습니다.

C. MP3 1_44

1 Ellie missed the subway, so she was late for work. 엘리는 지하철을 놓쳐서 회사에 늦었습니다.

2 I heard that he worked very hard. 저는 그가 매우 열심히 일했다고 들었습니다.

3 Tell me if you are busy. 바쁘면 저에게 말해주세요.

4 I'm very tired because I woke up early. 저는 일찍 일어나서 매우 피곤합니다.

5 I'm sure that we can finish this project. 저는 우리가 이 프로젝트를 끝낼 수 있다고 확신합니다.

전치사

연습 문제

A. MP3 1_45

1 I take swimming lessons on Fridays at 9 P.M. 저는 금요일 밤 9시에 수영 강습을 받습니다.

2 He studied in Canada in 2020. 그는 2020년에 캐나다에서 공부했습니다.

3 He takes a nap for about 30 minutes in the afternoon. 그는 오후에 30분 정도 낮잠을 잡니다.

4 The seminar will start on May 7th. 세미나는 5월 7일에 시작할 것입니다.

5 I like to go camping in Spring. 저는 봄에 캠핑 가는 것을 좋아합니다.

B. MP3 1_46

1 I felt very tired after work. 저는 일을 마치고 매우 피곤했습니다.
I read a manual before using the oven. 저는 오븐을 사용하기 전에 설명서를 읽었습니다.

2 I waited for a taxi for 30 minutes. 저는 택시를 30분 동안 기다렸습니다.
I couldn't concentrate during class. 저는 수업 시간중에 집중할 수가 없었습니다.

3 The library is open until 10 P.M. 도서관은 밤 10시까지 열어요.
Please register for the gym by May 9th. 5월 9일까지 체육관에 등록해 주세요.

C. MP3 1_47

1 There is a desk in the room. 방에 책상이 하나 있습니다.

2 They will arrive at the hotel soon. 그들은 곧 호텔에 도착할 것입니다.

3 I dropped my smartphone on the floor. 저는 바닥에 스마트폰을 떨어뜨렸습니다.

4 She studied at Queensland University. 그녀는 퀸즈랜드 대학교에서 공부했습니다.

5 Leon lives in Taiwan. 리온은 대만에 살아요.

D. MP3 1_48

1 한 남자가 노란 파라솔 아래에 앉아 있습니다.
A man is sitting under a yellow parasol.

2 그의 앞에, 많은 중고 카메라가 진열되어 있습니다.
In front of him, many used cameras are displayed.

3 그의 뒤에, 많은 차들이 주차되어 있습니다.
Behind him, many cars are parked.

4 그의 맞은 편에, 한 여자가 카메라를 확인 중입니다.
Across from him, a woman is checking a camera.

E. MP3 1_49

1 많은 사람들이 해변을 따라 걷고 있습니다.
Many people are walking along the beach.

2 저는 서울에서 인천까지 자전거로 이동했습니다.
I traveled from Seoul to Incheon by bicycle.

3 달튼은 직장 동료들과 새로운 이슈에 대한 회의를 했습니다.
Dalton had a meeting on the new issue with his coworkers.

4 저는 그녀에게 이메일로 파일을 보냈습니다.
I sent the file to her by email.

9 분사

연습 문제

A. MP3 1_50

1 노래를 하는 사람들은 제 친구입니다.
The people singing are my friends.

2 검정색 정장을 입은 남자가 신문을 읽고 있습니다.
The man wearing a black suit is reading a newspaper.

3 커피를 마시는 여자가 제 상사입니다.
The woman drinking coffee is my supervisor.

B. MP3 1_51

1 이것은 프랑스에서 만들어진 가방입니다. This is a bag made in France.

2 그들은 1970년에 지어진 집에서 살고 있습니다. They are living in a house built in 1970.

3 그녀는 영어로 쓰여진 책을 읽고 있습니다. She is reading a book written in English.

C. MP3 1_52

1 저는 그 책이 매우 재미있다고 생각합니다. I think the book is very interesting.

2 그는 약간 실망한 것처럼 보입니다. He looks a little disappointed.

3 테스트 결과는 매우 만족스러웠습니다. The test result was very satisfying.

4 그 영화는 나를 우울하게 만들었습니다. The movie made me depressed.

5 그녀는 나에게 충격적인 이야기를 해주었습니다. She told me a shocking story.

6 그들은 매우 신이 났습니다. They were very excited.

7 그 뮤지컬은 놀라웠습니다. The musical was amazing.

10 관계사

관계대명사

연습 문제

A. MP3 1_53

1 He bought a car that/which was very expensive. 그는 매우 비싼 차를 샀습니다.

2 I met a man who is very good at swimming. 저는 수영을 아주 잘하는 남자를 만났습니다.

3 I have a monitor that/which has a large screen. 저는 화면이 큰 모니터가 있습니다.

4 Sam is a man who helps me a lot. 샘은 저를 많이 도와주는 사람입니다.

B. MP3 1_54

1 그는 방이 세 개인 집을 샀습니다. He bought a house that/which has three rooms.

2 저는 미국에 사는 친구가 한 명 있습니다. I have a friend who lives in America.

해설 관계대명사절의 동사 live를 선행사 a friend의 수에 맞춰야 합니다. 선행사가 단수이므로 동사의 기본형 뒤에 -s를 붙여주세요.

3 그녀는 매우 오래된 차를 운전합니다. She drives a car that/which is very old.

4 저는 엑셀을 잘 다루는 직장 동료가 한 명 있습니다. I have a coworker who is good at Excel.

C. MP3 1_55

1 그는 제가 사고 싶어 했던 차를 가지고 있습니다.
→ He has the car that I wanted to buy.

2 저는 주문한 피자를 아직도 받지 못했습니다.
→ I haven't received the pizza that I ordered.

3 그녀가 존이 소개해 준 직원입니다.
→ She is the employee who John introduced.

4 우리는 그가 잃어버린 가방을 찾고 있습니다.
→ We are looking for a bag that he lost.

D. MP3 1_56

1 이것이 제가 필요한 것입니다.
This is what I need.

2 이것이 제가 필요한 책입니다.
This is the book that I need.

3 저는 그들이 말하는 것을 믿지 않습니다.
I don't believe what they say.

4 저는 그들이 말하는 모든 것을 믿지는 않습니다.
I don't believe everything that they say.

관계부사

연습 문제

A. MP3 1_57

1 여기가 제가 그녀를 처음 만난 레스토랑입니다.
This is the restaurant where I first met her.

2 그것이 제가 그들을 좋아하는 이유입니다.
That is the reason why I like them.

3 저는 회사에 입사한 날짜를 기억하고 있습니다.
I remember the date when I entered the company.

4 이것이 그가 치과의사가 된 방법입니다.
That is how he became a dentist.

5 여기가 제가 일했던 곳입니다.
This is where I used to work.

6 다음 기차가 언제 도착하는지 모릅니다.
I don't know when the next train arrives.

7 그녀가 왜 화가 났는지 아시나요?
Do you know why she is upset?

2

토익스피킹 실전 문장 연습하기

1 동사

| be동사 일반동사 일반동사의 부정문, 의문문 |

연습 문제

❶ MP3 2_1

1 There is a laptop computer on the table. 테이블 위에 노트북 컴퓨터가 있습니다.

2 There are many cars on the street. 거리에 차가 많습니다.

3 There are two frames on the wall. 벽에 액자가 두 개 있습니다.

4 There is a train on the platform. 승강장에 기차가 있습니다.

5 There is a plane outside the window. 창 밖에 비행기가 있습니다.

6 There are many books in the bookshelves. 책장에 많은 책들이 있습니다.

7 There are four people in the meeting room. 회의실에 사람이 네 명 있습니다.

8 There are many shoes on the product shelves. 제품 진열대에 신발이 많이 있습니다.

9 There is a blackboard behind him. 그의 뒤에 칠판이 있습니다.

10 There is a boat on the water. 물 위에 보트가 한대 있습니다.

11 There are three lights on the ceiling. 천장에 세 개의 조명이 있습니다.

12 There are some groceries in the shopping cart. 쇼핑 카트에 식료품이 좀 있습니다.

❷ MP3 2_2

1 저는 클래식 음악을 좋아하지 않습니다. I don't like classical music.

해설 I don't like **classic** music. (X)

2 저는 집에서 요리를 하지 않습니다. I don't cook at home.

3 우리는 사무실에서 정장을 입지 않습니다. We don't wear suits in the office.

4 그녀는 스마트폰이 없습니다. She doesn't have a smartphone.

5 저는 TV를 보지 않습니다. I don't watch TV.

해설 TV가 방송 프로그램을 의미할 때는 불가산 명사로 쓰입니다.
He is watching TV. 그는 TV를 보는 중입니다. (방송 프로그램)
He bought a TV. 그는 TV를 샀습니다. (전자기기)
He is **watching a TV**. (X)

6 그는 체육 수업을 좋아하지 않았습니다. He didn't like physical education classes.

7 저는 운동을 하지 않았습니다. I didn't exercise.

8 그들은 중국어를 못했습니다. They didn't speak Chinese.

해설 언어의 구사 가능여부를 물을 때는 조동사 can 대신에 do를 사용하세요. 더 공손한 문장이 됩니다.
They **couldn't** speak Chinese. (X)

9 그는 출장을 가지 않았습니다. He didn't go on a business trip.

10 그녀는 숙제를 하지 않았습니다. She didn't do her homework.

Chapter 2

❸ MP3 2_3

1 Q When do you usually shop for groceries? 보통 언제 식료품을 사나요?
A I usually shop for groceries on weekends. 저는 보통 주말에 식료품을 삽니다.

2 Q What is your favorite hobby? 가장 좋아하는 취미가 무엇인가요?
A My favorite hobby is watching Netflix videos. 제가 가장 좋아하는 취미는 넷플릭스 영상 감상입니다.

해설 영상을 보는 것이므로 Netflix 뒤에 video를 더해주세요. YouTube도 마찬가지입니다.
My favorite hobby is **watching Netflix**. (X)

3 Q How often do you use public transportation? 얼마나 자주 대중교통을 이용하나요?
A I use public transportation almost every day. 저는 대중교통을 거의 매일 이용합니다.

4 Q What time do you usually have dinner? 보통 몇 시에 저녁을 먹나요?
A I usually have dinner at 7 o'clock. 저는 보통 7시에 저녁을 먹습니다.

해설 breakfast, lunch, dinner 앞에는 부정관사 a를 붙이지 않습니다.
I usually have **a dinner** at 7 o'clock. (X)

5 Q How many hours do you use a laptop or desktop computer a day?
하루에 노트북이나 데스크탑 컴퓨터를 몇 시간 사용하나요?
A I use a desktop computer for about 8 hours a day. 저는 하루에 8시간 정도 데스크탑 컴퓨터를 사용합니다.

6 Q How many times do you send emails a day? 하루에 이메일을 몇 번 보내나요?
A I send emails about twice a day. 저는 이메일을 하루에 두 번 정도 보냅니다.

7 Q What kinds of movies do you enjoy watching? 어떤 종류의 영화를 즐겨 보나요?
A I enjoy watching action movies and fantasy movies. 저는 액션 영화와 판타지 영화를 즐겨 봅니다.

8 Q What do you usually do after school or work? 당신은 방과 후나 퇴근 후에 주로 무엇을 하나요?
A I usually read books after work. 저는 퇴근 후에 주로 책을 읽습니다.

2 동사의 활용

❶ MP3 2_4

1 A woman is taking a picture. 한 여자가 사진을 찍고 있습니다.

2 A woman is riding a bicycle. 한 여자가 자전거를 타고 있습니다.

3 A man is talking on the phone. 한 남자가 통화를 하는 중입니다.

4 A woman is making copies. 한 여자가 복사를 하고 있습니다.

5 A man is looking at a monitor. 한 남자가 모니터를 쳐다보고 있습니다.

해설 의도적으로 뭔가를 보는 경우에 look at을 사용합니다. 반면에 변하거나 움직이는 것을 지켜볼 때는 watch를 써야 합니다.

6 A woman is typing on a laptop computer. 한 여자가 노트북 컴퓨터에 타이핑을 하고 있습니다.

해설 타이핑하는 대상의 앞에 전치사 on이 필요합니다. 예 A man is typing **on** a keyboard.

7 Two women are talking to each other. 두 여자가 서로 대화를 하고 있습니다.

8 A man is using a smartphone. 한 남자가 스마트폰을 사용하고 있습니다.

9 Many students are playing musical instruments. 많은 학생들이 악기를 연주하고 있습니다.

10 A man is taking an order. 한 남자가 주문을 받고 있습니다.

11 A man is carrying a box. 한 남자가 상자를 나르고 있습니다.

12 A woman is teaching a class. 한 여자가 수업을 가르치고 있습니다.

13 A woman is crossing a road. 한 여자가 길을 건너고 있습니다.

14 A man is pointing at a monitor. 한 남자가 모니터를 가리키고 있습니다.

해설 가리키는 대상의 앞에 전치사 at이 필요합니다.
A man is **pointing** a monitor. (X)

15 A woman is walking down the stairs. 한 여자가 계단을 내려가고 있습니다.

16 A woman is looking for something in her bag. 한 여자가 가방에서 뭔가를 찾고 있습니다.

17 A woman is painting a picture. 한 여자가 그림을 그리고 있습니다.

18 A man is sitting on a sofa. 한 남자가 소파에 앉아 있습니다.

19 Many people are having a meeting. 많은 사람들이 회의를 하고 있습니다.

20 A woman is showing a menu to a man. 한 여자가 남자에게 메뉴판을 보여주고 있습니다.

❷ MP3 2_5

1 제가 신입사원이었을 때, 저는 자주 야근을 했습니다.
When I was a new employee, I worked overtime often.

2 제가 고등학생이었을 때, 저는 밤 10시까지 학교에서 공부했습니다.
When I was a high school student, I studied at school until 10 P.M.

3 제가 중학생이었을 때, 저는 온라인 서점에서 책을 구매했습니다.
When I was a middle school student, I bought books at an online bookstore.

4 제가 대학생이었을 때, 저는 카페에서 아르바이트를 했습니다.
When I was a university student, I worked part-time at a café.

5 제가 인턴이었을 때, 저는 매일 회의를 했습니다.
When I was an intern, I had a meeting every day.

6 제가 초등학생이었을 때, 저는 교외 지역에서 살았습니다.
When I was an elementary school student, I lived in the suburb.

7 제가 취업 준비생이었을 때, 저는 혼자서 취업 면접을 준비했습니다.
When I was a job seeker, I prepared for a job interview alone.

해설 주어가 어떤 일에 대비하는 경우 prepare 뒤에 전치사 for를 붙입니다.

예 I prepared a job interview. (면접관 입장)
I prepared for a job interview. (취업 준비생 입장)
When I was a job seeker, I **prepared** a job interview alone. (X)

8 제가 팀 리더였을 때, 저는 일년에 한 번 신입사원을 채용했습니다.
When I was a team leader, I hired new employees once a year.

❸ MP3 2_6

1 **Q** Have you ever used a tablet PC? 태블릿 PC를 사용해본 적이 있나요?
A I have used a tablet PC. I used it to take a lecture.
저는 태블릿 PC를 사용해 본 적이 있습니다. 저는 강의를 듣기 위해 그것을 사용했습니다.

2 **Q** Have you ever bought a computer online? 온라인으로 컴퓨터를 구매한 적이 있나요?
A I have bought a computer online. I bought it about 2 years ago.
저는 온라인으로 컴퓨터를 구매한 적이 있습니다. 저는 그것을 약 2년 전에 구매했습니다.

3 **Q** Have you ever traveled abroad? 해외 여행을 해본 적이 있나요?
A I have traveled abroad. I traveled to Japan last year.
저는 해외 여행을 해본 적이 있습니다. 저는 작년에 일본을 여행했습니다.

4 **Q** Have you ever had Indian food? 인도 음식을 먹어본 적이 있나요?
A I have had Indian food. It was delicious.
저는 인도 음식을 먹어본 적이 있습니다. 그것은 맛있었습니다.

5 **Q** **Have you ever exercised at a gym?** 체육관(헬스장)에서 운동해본 적이 있나요?

A I have exercised at a gym. I exercised there to lose weight.
저는 체육관(헬스장)에서 운동해본 적이 있습니다. 저는 살을 빼기 위해 거기서 운동했습니다.

해설 there은 '그곳에서' 라는 의미의 부사로 동사 exercise를 꾸며줍니다.

4 MP3 2_7

1 **I have been studying English for six months.** 저는 영어를 6개월째 공부하고 있습니다.

2 I have been working for 10 years. 저는 10년째 일을 하고 있습니다.

3 I have been living in Seoul for 15 years. 저는 서울에서 15년째 살고 있습니다.

4 I have been playing the guitar for 3 years. 저는 3년째 기타를 치고 있습니다.

3 조동사

❶ MP3 2_8

1 Where do you prefer to buy clothes between the department store and the online store?
당신은 백화점과 온라인 매장 중 어디에서 옷을 사는 것을 선호하나요?

온라인 매장	저는 더 저렴한 가격에 옷을 구매할 수 있습니다. I can buy clothes at a cheaper price. 저는 장소에 상관없이 옷을 구매할 수 있습니다. I can buy clothes regardless of location.
백화점	저는 다양한 브랜드를 비교할 수 있습니다. I can compare various brands. 저는 직원들에게 옷에 대해 질문할 수 있습니다. I can ask the staff about clothes.

2 Do you prefer exercising at home or at the fitness center?
당신은 집과 피트니스 센터 중 어디에서 운동을 하는 것을 선호하나요?

집	저는 편안한 분위기에서 운동할 수 있습니다. I can exercise in a comfortable atmosphere. 저는 시간에 상관없이 운동을 할 수 있습니다. I can exercise regardless of time.
피트니스 센터	저는 다양한 운동기구를 이용할 수 있습니다. I can use various exercise equipment. 저는 트레이너에게 운동을 배울 수 있습니다. I can learn how to exercise from a trainer.

3 Which do you prefer, cooking yourself or eating at a restaurant?
당신은 직접 요리하는 것과 레스토랑에서 먹는 것 중 어느 것을 더 선호하나요?

직접 요리하기	제가 요리 재료를 선택할 수 있습니다. I can choose the ingredients. 저는 더 건강한 음식을 먹을 수 있습니다. I can eat healthier food.
레스토랑에서 먹기	저는 다양한 음식을 주문할 수 있습니다. I can order various foods. 해설 food가 다양한 종류의 음식을 가리킬 때는 복수형으로 사용 가능합니다. 저는 요리하는 시간을 절약할 수 있습니다. I can save time cooking.

4 Do you prefer driving your own car or using public transportation in your city?
당신은 살고 있는 도시에서 차를 운전하는 것과 대중교통을 이용하는 것 중 어느 것을 더 선호하나요?

차 운전	저는 늦은 밤에도 이동할 수 있습니다. I can travel late at night. 저는 많은 짐을 가지고 다닐 수 있습니다. I can carry a lot of luggage. 해설 bring과 carry의 차이점을 학습해두세요. bring: ~을 어떤 위치로 가져오다 carry: ~을 가지고 다니다
대중교통 이용	저는 돈을 아낄 수 있습니다. I can save money. 저는 교통체증을 피할 수 있습니다. I can avoid traffic jams.

❷ MP3 2_9

1 저는 시간에 상관없이 운동할 수 있습니다. I can exercise regardless of time.

2 저는 조용한 환경에서 공부할 수 있습니다. I can study in a quiet environment.

3 저는 이 프로젝트를 기한 내에 끝낼 수 있습니다. I can finish this project in time.

4 저는 유명한 IT회사에 입사할 수 있었습니다. I was able to enter a famous IT company.

5 우리는 일에 집중할 수 없었습니다. I was not able to concentrate on work.

6 그녀는 마감 기한을 지킬 수 있었습니다. She was able to meet the deadline.

7 그들은 더 많은 고객을 끌어올 수 있을 것입니다. They will be able to attract more customers.

8 우리는 매출을 향상시킬 수 있을 것입니다. We will be able to increase sales.

❸ MP3 2_10

1 우리는 종이와 플라스틱을 재활용해야 합니다.
We should recycle paper and plastic.

2 그들은 훌륭한 고객 서비스를 제공해야 합니다.
They should provide excellent customer service.

3 당신은 그것에 대해서 걱정하지 않아도 됩니다.
You don't have to worry about it.

4 저는 은행에 직접 가지 않아도 됩니다.
I don't have to go to a bank in person.

5 그는 혼자서 여러 업무를 해야 했습니다.
He had to do various tasks alone.

6 저는 다른 가방을 구매해야 했습니다.
I had to buy another bag.

7 저는 고등학교 때 교복을 입지 않아도 되었습니다.
I didn't have to wear a school uniform in high school.

8 그녀는 세금을 내지 않아도 되었습니다.
She didn't have to pay taxes.

해설 세금은 가산 명사입니다. 다양한 종류의 세금을 말할 때는 복수명사를 사용합니다.

❹ MP3 2_11

A

조지 핀, 인사 담당자
8월 17일, 화요일 일정

시간	이벤트	
오전 9:30	❶ 마케팅 부서와 회의	
오전 10:30	신입사원 오리엔테이션	❷ 환영사
오전 11:00		❸ 직원 복리후생에 대한 프레젠테이션
오전 11:30		❹ 질의응답 시간
오후 12:00	❺ CEO와 점심식사	
오후 2:00	❻ 온라인 컨퍼런스	

1 당신은 오전 9시 30분에 마케팅 부서와 회의를 할 예정입니다.
You are going to have a meeting with the marketing department at 9:30 A.M.
해설 부서명 앞에 정관사 the를 붙여주세요.

2 당신은 오전 10시 30분에 환영사를 할 예정입니다.
You are going to give a welcome speech at 10:30 A.M.

3 당신은 오전 11시에 직원 복리후생에 대한 프레젠테이션을 할 예정입니다.
You are going to give a presentation on employee benefits at 11 A.M.

4 당신은 오전 11시 30분에 질의응답 시간을 가질 예정입니다.
You are going to have a Q&A session at 11:30 A.M.

5 당신은 오후 12시에 CEO와 점심식사를 할 예정입니다.
You are going to have lunch with the CEO at 12 P.M.
해설 사람의 직위 앞에 정관사 the를 붙여주세요.

6 당신은 오후 2시에 온라인 컨퍼런스에 참여할 예정입니다.
You are going to attend an online conference at 2 P.M.

B

루크 에반스의 출장 일정

8월 15일

오후 2:45	❶ 시카고 출발
오후 6:00	❷ 필라델피아 도착 ❸ (블루 플레닛 호텔)

8월 16일

오전 10:00	❹ 공장 견학 (ENC 전자)

8월 17일

오전 9:30	❺ 회의 (ENC 전자 기술자)
오후 1:00	❻ 점심 식사 (제이콥 앨런)
오후 4:00	필라델피아 출발

1 당신은 오후 2시 45분에 시카고를 출발할 예정입니다.
You are going to depart Chicago at 2:45 P.M.

2 당신은 오후 6시에 필라델피아에 도착할 예정입니다.
You are going to arrive in Philadelphia at 6 P.M.

해설 arrive는 뒤에 목적어(명사)가 필요 없는 동사이며, 이를 자동사라고 합니다. 자동사의 뒤에 목적어를 더하려면 전치사가 필요합니다.

3 당신은 블루 플래닛 호텔에서 지낼 예정입니다.
You are going to stay at the Blue Planet Hotel.

해설 호텔 명 앞에 정관사 the를 붙여주세요.

4 당신은 오전 10시에 ENC 전자회사의 공장 견학에 참여할 예정입니다.
You are going to attend a factory tour of ENC Electronics at 10 A.M.

5 당신은 오전 9시 30분에 ENC 전자회사의 기술자들과 회의를 할 예정입니다.
You are going to have a meeting with ENC Electronics' engineers at 9:30 A.M.

6 당신은 오후 1시에 제이콥 앨런과 점심식사를 할 예정입니다.
You are going to have lunch with Jacob Allen at 1 P.M.

4 명사와 대명사

| 명사 관사 대명사 |

❶ MP3 2_12

1 저는 아침식사를 자주 거릅니다. I skip breakfast often.

2 저는 커피와 녹차를 좋아합니다. I like coffee and green tea.

3 저는 지하철로 출근을 합니다. I go to work by subway.

4 그녀는 프랑스어와 일본어를 합니다. She speaks French and Japanese.

5 그들은 아침에 배드민턴을 칩니다. They play badminton in the morning.

6 밖에 차가 한 대 있습니다. 그 차는 비싸 보입니다. There is a car outside. The car looks expensive.

해설 look은 ~처럼 보인다는 의미의 자동사입니다.

7 저는 그 사진들을 이메일로 전송했습니다. I sent the pictures by email.

8 그는 메인 스트리트에 있는 한 카페에서 일했습니다. He worked at a café on Main Street.

9 그는 서울에 빵집을 열었습니다. He opened a bakery in Seoul.

10 저는 영화를 봤습니다. 그 영화는 슬펐습니다. I watched a movie. The movie was sad.

❷ MP3 2_13

1 About 2 years ago, I had a part-time job at a convenience store.
I usually worked late at X night.
So, it was difficult to wake up in the morning.
And I often fell asleep in X class.
As a result, I quit the part-time job in 3 months.

2 When I was a university student, I lived in a big city.
So, I could study X English at a famous language school.
The language school had a good education system.
As a result, I was able to get a high score on the TOEIC.

3 In the case of my best friend, he opened a restaurant in a small town.
However, he didn't have many customers because the location was not good.
So, he moved the restaurant to X Seoul.
As a result, the number of X customers is increasing.

4 In the case of my university library, it has bad facilities.
For example, the chairs in the library are very uncomfortable.
Also, the air conditioners break down often in X summer.
So, I don't study in the library.

❸ MP3 2_14

1 저는 그로부터 어떤 이메일도 받지 못했습니다.
I haven't got any emails from (he / his / him).

2 그것은 그녀의 잘못이 아니었습니다.
That was not (she / her / hers) fault.

3 저는 노트북을 샀습니다.
I bought a laptop computer.

그런데 키보드가 작동하지 않았습니다.
But (it / its) keyboard didn't work.

4 저는 그들에게 도움을 요청했습니다.
I asked (they / their / them) for help.

5 저는 어제 그들과 회의를 했습니다.
I had a meeting with (they / their / them) yesterday.

그들은 저의 제안을 마음에 들어했습니다.
(They / Their / Them) liked my suggestion.

6 당신은 내일 그들의 사무실을 방문할 예정입니다.
You are going to visit (they / their / them) office tomorrow.

7 밖에 비가 오고 있습니다.
(It / This / That) is raining outside.

8 걸어서 한 시간 걸립니다.
(It / This / That) takes an hour on foot.

9 이 프레젠테이션들은 유용할 것입니다.
(This / These / Those) presentations will be useful.

10 저 그림들은 매우 비쌉니다.
(This / These / Those) paintings are very expensive.

❹ MP3 2_15

1 All of them are wearing lab coats.
그들 모두가 실험복을 입고 있습니다.

2 They are talking to each other.
그들은 서로 대화를 하고 있습니다.

3 Some paintings are hanging on the wall.
그림 몇 점이 벽에 걸려 있습니다.

해설 사물이 벽에 걸려 있거나 천장에 매달려 있을 때는 수동태를 사용하지 않습니다.
Some paintings **are hung** on the wall. (X)

4 Both of them are wearing black suits.
두 사람 다 검은색 정장을 입고 있습니다.

5 Next to her, another woman is drinking water.
그녀의 옆에, 다른 여자가 물을 마시고 있습니다.

해설 동일한 성별의 인물을 추가로 묘사할 때는 대명사 another를 사용하세요.
Next to her, **a woman** is drinking water. (X)

6 Most of the houses look similar.
대부분의 집들이 비슷하게 생겼습니다.

해설 Most houses도 주어로 사용 가능합니다.
Most of houses look similar. (X)

5 형용사와 부사

❶ MP3 2_16

1 혼자 운동을 하는 것은 지루했습니다. It was boring to exercise alone.

2 혼자 사는 것은 외로웠습니다. It was lonely to live alone.

3 이 키보드는 사용하기 불편합니다. It is inconvenient to use this keyboard.

해설 아래 두 형용사의 사용에 유의하세요
inconvenient: 사용하기가 까다롭고 불편함
uncomfortable: 몸에 잘 맞지 않거나 마음이 편하지 않음
It is **uncomfortable** to use this keyboard. (X)

4 큰 도시에서는 은행을 찾기 쉽습니다. It is easy to find a bank in a big city.

5 한국에서 대중교통을 이용하는 것은 저렴합니다. It is cheap to use public transportation in Korea.

6 영화관에서 영화를 보는 것은 비쌉니다. It is expensive to watch a movie in a movie theater.

해설 theater는 연극이나 뮤지컬 같은 라이브 공연이 열리는 장소입니다. 영화관은 movie theater 또는 cinema라고 합니다.
It is expensive to watch a movie in a **theater**. (X)

7 요즘은 집을 사기가 어렵습니다. It is hard to buy a house these days.

❷ MP3 2_17

1 제가 대학생이었을 때, 저는 종종 봉사활동을 했습니다.
When I was a university student, I often did volunteer work.

2 제가 고등학생이었을 때, 저는 항상 아침식사를 했습니다.
When I was a high school student, I always had breakfast.

3 제가 중학생이었을 때, 저는 수학을 거의 공부하지 않았습니다.
When I was a middle school student, I rarely studied math.

4 제가 신입사원이었을 때, 저는 주로 오전 8시에 출근했습니다.
When I was a new employee, I usually came to work at 8 A.M.

5 제가 인턴이었을 때, 저는 가끔 직장에서 실수를 했습니다.
When I was an intern, I sometimes made mistakes at work.

6 제가 취업 준비생이었을 때, 저는 절대 작은 회사에 지원하지 않았습니다.
When I was a job seeker, I never applied to a small company.

❸ MP3 2_18

1 저는 더 큰 집으로 이사를 했습니다.
I moved to a bigger house.

2 제 상사는 저보다 나이가 더 어렸습니다.
My supervisor was younger than me.
해설 비교급을 중복해서 사용하지 않도록 유의하세요.
My supervisor was **more younger** than me. (X)

3 요즘에는 집에서 요리를 하는 것이 더 비쌉니다.
It is more expensive to cook at home these days.

4 우리는 다른 팀들보다 그 프로젝트를 더 빨리 끝냈습니다.
We finished the project earlier than the other teams.

5 저는 가장 싼 음식을 주문했습니다.
I ordered the cheapest food.

6 그 레스토랑은 우리 동네에서 제일 유명합니다.
The restaurant is the most famous in my town.

7 그녀는 한국에서 가장 큰 IT회사에 입사했습니다.
She entered the largest IT company in Korea.
해설 최상급을 중복해서 사용하지 않도록 유의하세요.
She entered the **most largest** IT company in Korea. (X)

8 제주도는 한국에서 가장 인기있는 관광지입니다.
Jeju Island is the most popular tourist attraction in Korea.

6 부정사와 동명사

❶ MP3 2_19

1 제가 대학생이었을 때, 저는 중국어를 공부하기 위해 온라인 강의를 들었습니다.
When I was a university student, I took an online lecture to study Chinese.
그런데 중국어를 혼자 공부하는 것은 쉽지 않았습니다.
But it was not easy to study Chinese alone.
무엇보다도, 중국어 문법을 이해하기 어려웠습니다.
Above all, it was difficult to understand Chinese grammar.
그래서 저는 유명한 어학원에서 공부하기로 결심했습니다.
So, I decided to study at a famous language school.

2 제가 어렸을 때, 저는 여행을 준비하기 위해 가이드북을 읽었습니다.
When I was young, I read a travel guide book to prepare for a trip.
그런데 요즘에, 저는 여행 정보를 얻기 위해 스마트폰을 사용합니다.
But nowadays, I use my smartphone to get travel information.
그래서 여행 정보를 검색하는 것이 매우 편리합니다.
So, it is very convenient to search for travel information.
또한, 항공권과 호텔을 예매하는 것이 쉽습니다.
Also, it is easy to book flight tickets and hotels.

3 약 2년 전에, 저는 운동을 하기 위해 피트니스 센터에 등록했습니다.
About 2 years ago, I registered for a fitness center to exercise.
그런데 피트니스 센터에서 운동하는 것은 지루했습니다.
But it was boring to exercise at a fitness center.
또한, 규칙적으로 운동을 하기가 어려웠습니다.
Also, it was difficult to exercise regularly.
그래서 저는 체중을 줄이는 데 실패했습니다.
So, I failed to lose weight.

4 약 5년 전에, 저는 작은 마을에 있는 공장에 취업했습니다.
About 5 years ago, I got a job at a factory in a small town.
그런데 저는 질문을 할 상사가 없었습니다.
But I didn't have a supervisor to ask questions.
또한, 사무실에 고양이가 많아서 일에 집중하기가 어려웠습니다.
Also, it was difficult to concentrate on work because there were many cats in the office.
그래서 저는 두 달 만에 일을 그만 두기로 결심했습니다.
So, I decided to quit the job in 2 months.

❷ MP3 2_20

1 저는 제 방 청소를 끝냈습니다.
I finished cleaning my room.

2 저는 건강을 위해 술을 끊었습니다.
I stopped drinking for my health.

3 저는 그 프레젠테이션을 준비하느라 바빴습니다.
I was busy preparing for the presentation.

4 저는 유튜브 영상을 보는데 많은 시간을 보냈습니다.
I spent a lot of time watching YouTube videos.
해설 I **spent a lot of time to watch** YouTube videos. (X)

5 저는 밤에 운전을 하는데 어려움을 겪었습니다.
I had difficulty in driving at night.

6 저는 친구들과 수영을 하러 갔습니다.
I went swimming with my friends.
해설 I **went to swimming** with my friends. (X)

7 저는 주말에 자전거 타는 것을 즐깁니다.
I enjoy riding a bicycle on weekends.

8 저는 일찍 일어나는 것에 익숙하지 않습니다.
I am not used to waking up early.
해설 I **am not used to wake** up early. (X)

9 저는 유럽 여행을 기대하고 있습니다.
I am looking forward to going to Europe.
해설 I **am looking forward to go** to Europe. (X)

10 저는 운전을 잘 못합니다.
I am not good at driving.

7 수동태

❶ MP3 2_21

1 에어컨이 고장 났습니다.

The air conditioner was broken down.

해설 분사 broken 뒤에 전치사 down을 더해서 고장으로 인해 기기가 작동을 멈춘 사실을 강조할 수 있습니다.

2 제 스마트폰 화면에 금이 갔습니다.

My smartphone screen was cracked.

3 그 프로젝트는 성공적으로 끝났습니다.

The project was finished successfully.

4 그 가방은 이미 판매되었습니다.

The bag was sold already.

5 제 고등학교는 시골에 위치해 있었습니다.

My high school was located in the countryside.

6 그녀는 캠핑에 관심이 없었습니다.

She was not interested in camping.

7 그는 작년에 승진했습니다.

He got promoted last year.

해설 be동사 대신 get을 사용해서 수동태 문장을 만들 수 있습니다. be + p.p가 현재의 상태를 강조하는 반면, get + p.p는 상태의 변화를 강조합니다.

8 그는 제때에 월급을 받지 못했습니다.

He didn't get paid on time.

해설 He didn't get paid **in time**. (X)
on time: 정시에, 정해진 시간에
The subway arrived **on time**. 지하철이 정시에 도착했습니다.
in time: 시간 내에, 정해진 기간 내에
Can you finish this report **in time**? 그 보고서를 시간 내에 완성할 수 있나요?

❷ MP3 2_22

A

미드타운 산업 컨퍼런스

6월 2일, ❶ 그랜드 홀

오전 10:00 - 10:30	❷ ~~개회식~~ → 취소됨
오전 10:30 - 11:00	환영사 (마리아 힐즈)
오전 11:00 - 오후 12:00	❸ 특별 강연
오후 12:00 - 1:00	점심 식사
오후 1:00 - 2:00	❹ 신제품 발표 (제이 메이슨)
오후 2:00 - 3:00	❺ ~~연구소 견학~~ → 3일로 연기됨

1 컨퍼런스는 그랜드 홀에서 열릴 것입니다.
The conference will be held in Grand Hall.

2 개회식은 취소되었습니다.
The opening ceremony has been canceled.

3 특별 강연이 오전 11시에 예정되어 있습니다.
A special lecture is scheduled at 11 A.M.

4 신제품에 대한 프레젠테이션이 제이 메이슨으로부터 진행될 것입니다.
A presentation on new products will be conducted by Jay Mason.

5 연구실 견학은 3일로 연기되었습니다.
The tour of the research labs has been postponed to the 3rd.

B

리버사이드 커뮤니티 콘서트

❶ 9월 24일, 동관

❷ 등록 비용: $55 (점심식사 포함)

오전 10:30 - 11:30	등록 & ❸ ~~사인회~~ 취소됨	
오전 11:30 - 오후 12:30	*연주자* 클리블랜드 관현악단	*곡명* 봄의 교향곡
오후 12:30 - 1:30	점심식사	
오후 1:30 - 3:00 콘서트	*연주자* ❹ 알렉스 브라운 안젤로 관현악단	*곡명* 파란 강 월광 소나타
오후 3:00 - 3:30	❺ 연주자와의 질의응답 시간	

1 콘서트는 9월 24일에 동관에서 열릴 것입니다.
The concert will be held in Eastern hall on September 24th.

2 점심식사는 등록 비용에 포함되어 있습니다.
Lunch is included in the registration fee.

3 사인회는 취소되었습니다.
The signing event has been canceled.

4 'Blue River'는 알렉스 브라운에 의해 연주될 것입니다.
Blue River will be performed by Alex Brown.

5 연주자와의 질의응답 시간이 오후 3시에 예정되어 있습니다.
A Q&A session with the performers is scheduled at 3 P.M.

❸ MP3 2_23

1 Many cars are parked.
많은 차들이 주차되어 있습니다.

2 Some boats are docked.
보트 몇 대가 정박되어 있습니다.

3 Many books are arranged in the bookshelves.
많은 책들이 책장에 꽂혀 있습니다.

4 The shopping mall is crowded with people.
쇼핑몰은 사람들로 붐빕니다.

5 Many boxes are stacked.
많은 상자들이 쌓여 있습니다.

6 Many kinds of fruits and vegetables are displayed.
많은 종류의 과일과 채소들이 진열되어 있습니다.

7 Many people are gathered.
많은 사람들이 모여 있습니다.

8 접속사와 전치사

| 접속사 전치사 |

❶ MP3 2_24

1 만약 우리가 매일 운동을 한다면, 우리는 더 건강해 질 것입니다.
If we exercise every day, we will be healthier.

2 저는 학교에서 밤 11시까지 공부했습니다.
I studied at school until 11 P.M.

3 저는 일하는 동안 다양한 업무 스킬을 배웠습니다.
I learned various work skills while working.

4 저는 과일과 빵을 샀습니다.
I bought some fruits and bread.

5 저는 돈이 부족해서 그 차를 살 수 없었습니다.
I couldn't buy the car because I didn't have enough money.

6 그녀는 자주 야근을 했습니다. 하지만 그녀의 월급은 적었습니다.
She worked overtime often. But her salary was low.

7 그는 한국에 돌아온 후에 창업을 했습니다.
He started a company after he came back to Korea.

8 저는 항상 밖에서 운동을 합니다. 그래서 가끔 감기에 걸립니다.
I always exercise outside. So, I catch a cold often.

9 저는 심심할 때 책을 읽습니다.
I read books when I am bored.

10 저는 은행이나 IT 회사에 입사하고 싶었습니다.
I wanted to enter a bank or an IT company.

11 저는 졸업하기 전에 많은 자격증을 취득했습니다.
I got many certificates before I graduated.

2 MP3 2_25

1 저는 회의가 취소되었다고 들었습니다. I heard that the meeting has been canceled.

해설 has been 대신 was도 사용 가능합니다.

2 그들은 배송이 지연될 것이라고 말했습니다. They said that the delivery will be delayed.

3 저는 파워포인트를 배우는 것이 쉽다고 생각했습니다. I thought that it was easy to learn PowerPoint.

4 저는 그가 해고되었다는 것을 몰랐습니다. I didn't know that he was fired.

5 우리는 판매량이 증가할 것이라고 믿었습니다. We believed that the sales will increase.

6 그는 나에게 카메라가 새 것이라고 말했습니다. He told me that the camera is new.

해설 be동사 is 대신 was도 사용 가능합니다.

3 MP3 2_26

시간 전치사

1 저는 주로 밤에 공부를 합니다. I usually study at night.

2 저는 여름방학 동안에 인턴 근무를 했습니다. I did an internship during the summer vacation.

해설 기간을 설명하는 접속사 while은 뒤에 완전한 문장이나 동사의 -ing형이 옵니다.
I did an internship **while** the summer vacation. (X)

3 저는 두 달 동안 미국을 여행했습니다. I traveled to America for two months.

해설 전치사 during의 뒤에는 숫자 대신 특정 기간을 나타내는 명사가 옵니다.
예 weekend, lunch break 등
I traveled to America **during** two months. (X)

4 저는 주말에 일을 합니다. I work on weekends.

5 저는 아침에 조깅을 합니다. I go jogging in the morning.

6 당신은 저녁 7시에 그들과 회의를 할 예정입니다.
You are going to have a meeting with them at 7 P.M.

7 당신은 다음주 금요일까지 그 세미나에 등록해야 합니다.
You need to register for the seminar by next Friday.

해설 의무를 나타내는 조동사 must와 have to는 의미가 너무 강해서 토익스피킹에서는 잘 사용되지 않습니다.
You **must** register for the seminar until next Friday. (X)

장소 전치사

8 그 세미나는 리버사이드 호텔에서 열릴 것입니다. The seminar will be held at the Riverside Hotel.

9 테이블 위에 꽃병이 하나 있습니다. There is a flower vase on the table.

10 재즈 축제가 서울에서 열릴 것입니다. A jazz festival will be held in Seoul.

11 그 건물의 앞에 높은 나무가 한 그루 있습니다. There is a tall tree in front of the building.

12 한 여자가 의자에 앉아 있습니다. A woman is sitting in a chair.

13 한 남자가 파라솔 아래에 앉아 있습니다. A man is sitting under a parasol.

그 외의 전치사

14 저는 버스로 출근합니다. I go to work by bus.

15 그 컨퍼런스는 5월 3일부터 열릴 것입니다. The conference will be held from May third.

해설 날짜를 말할 때는 서수를 사용합니다. 1부터 31까지 서수로 말하는 법을 학습해두세요.
The conference will be held from May **three**. (X)

16 그들은 해변을 따라 걷고 있습니다. They are walking along the beach.

4 MP3 2_27

① On the left side of the picture,
a woman is sitting on a bench.
사진의 왼쪽에, 한 여자가 벤치에 앉아있습니다.

② In the middle of the picture,
a man is reading a newspaper.
사진의 가운데에, 한 남자가 신문을 읽고 있습니다.

③ On the right side of the picture,
another man is talking on the phone.
사진의 오른쪽에, 다른 남자가 통화를 하고 있습니다.

④ In the foreground of the picture,
two people are talking to each other.
사진의 앞쪽에, 두 사람이 서로 이야기를 하고 있습니다.

⑤ In the background of the picture,
two other people are coming down the stairs.
사진의 배경에, 다른 두 사람이 계단을 내려오고 있습니다.

⑥ On the left side of the picture,
a man is looking at a monitor.
사진의 왼쪽에, 한 남자가 모니터를 쳐다보고 있습니다.

⑦ In the middle of the picture,
a woman is writing something on a whiteboard.
사진의 가운데에, 한 여자가 화이트보드에 뭔가를 쓰고 있습니다.

⑧ On the right side of the picture,
a man is looking at the whiteboard.
사진의 오른쪽에, 한 남자가 화이트보드를 쳐다보고 있습니다.

⑨ On the left side of the picture,
another man is pointing at the whiteboard.
사진의 왼쪽에, 다른 남자가 화이트보드를 가리키고 있습니다.

9 분사

❶ MP3 2_28

1 사진의 왼쪽에, 쇼핑 카트를 밀고 있는 한 남자가 있습니다.
On the left side of the picture,
there is a man pushing a shopping cart.
해설 There is a man **is** pushing a shopping cart. (X)

2 사진의 오른쪽에, 모니터를 가리키는 한 여자가 있습니다.
On the right side of the picture,
there is a woman pointing at a monitor.

3 사진의 가운데에, 음식을 서빙하는 웨이터가 있습니다.
In the middle of the picture,
there is a waiter serving food.

4 사진의 배경에, 해변가를 따라 걷는 많은 사람들이 있습니다.
In the background of the picture,
there are many people walking along the beach.

5 사진의 앞쪽에, 수업을 듣고 있는 학생들이 몇 명 있습니다.
In the foreground of the picture,
there are some students taking a class.

6 사진의 왼쪽에, 줄을 서서 기다리는 많은 사람들이 있습니다.
On the left side of the picture,
there are many people waiting in line.

❷ MP3 2_29

1 A man wearing a black suit is reading a newspaper.
검정 정장을 입은 남자가 신문을 읽고 있습니다.
해설 A man **who** wearing a black suit is reading a newspaper. (X)

2 A man wearing a white shirt is riding a scooter.
흰 셔츠를 입은 남자가 스쿠터를 타고 있습니다.

3 A woman wearing a checkered shirt is hanging a frame on the wall.
체크무늬 셔츠를 입은 여자가 액자를 걸고 있습니다.

4 A woman wearing a red cardigan is mopping the floor.
빨간 가디건을 입은 여자가 대걸레로 바닥을 닦고 있습니다.

5 A man wearing a blue apron is grilling meat.
파란 앞치마를 두른 남자가 고기를 굽고 있습니다.

6 A man wearing glasses is reading a document.
안경을 낀 남자가 서류를 읽고 있습니다.

7 A woman wearing a striped shirt is washing her hands.
줄무늬 셔츠를 입은 여자가 손을 씻고 있습니다.

8 A woman wearing a hijab is reading a book.
히잡을 두르고 있는 여자가 책을 읽고 있습니다.

9 A man wearing a blue shirt is writing something on the paper.
파란 셔츠를 입은 남자가 종이에 뭔가를 쓰고 있습니다.

❸ MP3 2_30

1

10:00 A.M.	~~Guest Lecture~~ Canceled

오전 10시에 예정되어 있던 초청 강연은 취소되었습니다.
The guest lecture scheduled at 10 A.M. has been canceled.

2

2:00 P.M.	~~Product Demonstration~~ Postponed to 4 P.M.

오후 2시에 예정되어 있던 제품 시연은 오후 4시로 연기되었습니다.
The product demonstration scheduled at 2 P.M. has been postponed to 4 P.M.

3

9:00 A.M.	Keynote Speech	Nick White

오전 9시에 예정된 기조 연설은 닉 화이트가 진행할 것입니다.
The keynote speech scheduled at 9 A.M. will be conducted by Nick White.

4

Yoga Class	~~Fridays~~ Canceled

금요일에 예정되었던 요가 수업이 취소되었습니다.
The yoga class scheduled for Fridays has been canceled.

10 관계사

❶ MP3 2_31

1 저는 넓은 정원이 있는 카페에 갔습니다.
I went to a cafe which has a large garden.
해설 I went to a café which **have** a large garden. (X)

2 그는 한국에서 유명한 가수입니다.
He is a singer who is famous in Korea.

3 그녀는 전기 자동차를 만드는 회사에 들어갔습니다.
She entered a company which makes electric cars.
해설 She entered a company which **make** electric cars. (X)

4 저는 다양한 샐러드를 판매하는 레스토랑에 갔습니다.
I went to a store which sells various salads.
해설 I went to a store which **selling** various salads. (X)

5 저는 포토샵을 잘하는 친구가 있습니다.
I have a friend who is good at Photoshop.

❷ MP3 2_32

1 저는 제 친구가 추천한 영화를 봤습니다.
I watched a movie which my friend recommended.

2 그녀는 그녀가 3년간 준비한 시험에 합격했습니다.
She passed the test that she prepared for 3 years.

3 그는 모든 사람들이 좋아하는 가수가 되었습니다.
He became the singer who everyone likes.

4 저는 제가 온라인 서점에서 구매한 책을 한권 읽었습니다.
I read a book which I bought at an online bookstore.

❸ MP3 2_33

1 그녀는 제가 작성한 것을 맘에 들어 했습니다.
She liked what I wrote.

그녀는 제가 작성한 이메일을 맘에 들어 했습니다.
She liked the email that I wrote.

2 이것은 제가 평소에 사용하는 것이 아니었습니다.
It was not what I usually use.

이것은 제가 평소에 사용하는 프로그램이 아니었습니다.
It was not the program that I usually use.

3 그들이 저에게 보내준 것을 이해하기가 어려웠습니다.
It was hard to understand what they sent me.

그들이 저에게 보내준 이메일을 이해하기가 어려웠습니다.
It was hard to understand the email that they sent me.

❹ MP3 2_34

1 저는 제가 10년동안 살았던 도시를 떠났습니다.
I left the city where I lived for 10 years.

2 저는 그 식당이 왜 인기가 있는지 몰랐습니다.
I didn't know why the restaurant was popular.

3 스마트폰은 우리가 소통하는 방식을 바꿔왔습니다.
Smartphones have changed how we communicate.

4 여기가 직원들이 휴식을 취하는 공간인 것 같습니다.
I think this is the space where employees rest.

5 저는 제가 언제 이사를 갈 지 모릅니다.
I don't know when I will move out.

6 저는 왜 늦었는지 설명했습니다.
I explained why I was late.

7 그것은 우리가 전에 일했던 방식이 아니었습니다.
That was not how we worked before.

3

토익스피킹 문항별 답변에 적용하기

Questions **1-2**

Read a text aloud 지문 읽기

실전 연습

1 MP3 3_1 강세 / 끊어 읽기 ↗ 올려 읽기

If you want a superior dining experience↗, / why don't you try Harrods' Kitchen on Oxford Street? ↗ // Our restaurant combines an excellent service↗, / elegant atmosphere↗ // and world-class French cuisine. // Share the unforgettable experience with your family / and friends. // After all↗, / you deserve the very best.

만약 여러분이 최고의 식사를 경험하고 싶다면, 옥스포드 가에 있는 해러즈의 키친에 방문하는 것이 어떤가요? 저희 레스토랑은 훌륭한 서비스, 우아한 분위기, 그리고 세계적인 수준의 프랑스 요리가 하나로 결합되어 있습니다. 잊지 못할 경험을 가족과 친구들과 함께 나눠보세요. 무엇보다도, 당신은 최고의 대접을 받을 자격이 있습니다.

어휘 superior 최고의 combine 결합시키다 excellent 훌륭한 elegant 우아한 atmosphere 분위기 cuisine 요리 share 나누다 unforgettable 잊을 수 없는 experience 경험 deserve 받을 만하다

2 MP3 3_2 강세 / 끊어 읽기 ↗ 올려 읽기

Welcome to Galaxy Theater. / The show will begin in just a few minutes↗, / so please take your seats. // Before the show begins↗, / we request that you turn off your mobile phones. // In addition↗, / please remember that talking↗, / taking pictures↗, / or recording videos / are not permitted during the show. // Again↗, / the performance will be starting soon.

갤럭시 극장에 오신 것을 환영합니다. 잠시 후 공연을 시작하니 자리에 앉아 주시기를 바랍니다. 공연이 시작되기 전에 휴대폰을 꺼주실 것을 요청 드립니다. 또한, 공연 중에는 대화, 사진 촬영 또는 동영상 촬영이 금지되어 있다는 것을 기억해주세요. 다시 한번 말씀드리면, 공연이 곧 시작될 예정입니다.

어휘 begin 시작하다 request 요청 turn off 끄다 record 기록하다 permit 허용하다 performance 공연

3 (MP3) 3_3 강세 / 끊어 읽기 ↗ 올려 읽기

You have reached the office of Dr. Michael Harris↗, / a neck↗, / shoulder↗ / and back specialist. // Unfortunately↗, / we are currently closed in honor of the national holiday. // If you'd like to leave a message↗, / please press one. // Otherwise↗, / you can call us again at eight o'clock tomorrow morning.

목, 어깨 그리고 등 전문의인 마이클 해리스 박사의 사무실에 연락 주셨습니다. 안타깝게도 저희는 오늘 국경일을 기념하여 휴무입니다. 메시지를 남기고 싶으시면 1번을 눌러주세요. 아니면 내일 아침 8시에 다시 전화주세요.

어휘 reach 연락하다, 도착하다 neck 목 shoulder 어깨 back 등 specialist 전문의 unfortunately 안타깝게도 currently 현재 honor 명예 national holiday 국경일 press 누르다

4 (MP3) 3_4 강세 / 끊어 읽기 ↗ 올려 읽기

Good evening / and welcome to Channel Eight News. //Tonight↗, / we'll be covering the opening of a new shopping center↗, / upcoming festivals↗, / and yesterday's soccer games. // We'll also give you this weekend's weather forecast. // But first↗, / we have some news about on-going construction projects. // Stay tuned / and we'll be right back.

안녕하세요. 채널 8 뉴스에 오신 것을 환영합니다. 오늘 밤, 우리는 새로운 쇼핑 센터의 개장과 다가오는 축제들, 그리고 어제 있었던 축구 경기를 다룰 것입니다. 또한, 이번 주말의 일기 예보도 함께 알려드립니다. 하지만 먼저, 현재 진행 중인 건설 프로젝트에 대한 뉴스가 있습니다. 채널을 고정해 주시고, 저희는 잠시 후에 돌아오겠습니다.

어휘 cover 취재하다 opening 개막 upcoming 다가오는 weather forecast 일기 예보 on-going 진행 중인 construction 건설

Chapter 3

Questions 3-4 Describe a picture 사진 묘사하기

연습 문제 MP3 3_6

1 I think this picture was taken in a living room.

이 사진은 거실에서 찍힌 것 같습니다.

2 I think this picture was taken at an airport.

이 사진은 공항에서 찍힌 것 같습니다.

연습 문제 MP3 3_8

1

사람 On the left side of the picture, a man is giving a presentation.
사진의 왼쪽에, 한 남자가 프레젠테이션을 하고 있습니다.

사물 In the background of the picture, there is a (large) projector screen.
사진의 배경에, 커다란 프로젝터 스크린이 있습니다.

2

사람 On the right side of the picture, a man is pointing at a monitor.
사진의 오른쪽에, 한 남자가 모니터를 가리키고 있습니다.

사물 On the left side of the picture, there is a (gray) desk lamp.
사진의 왼쪽에, 회색 스탠드가 있습니다.

3

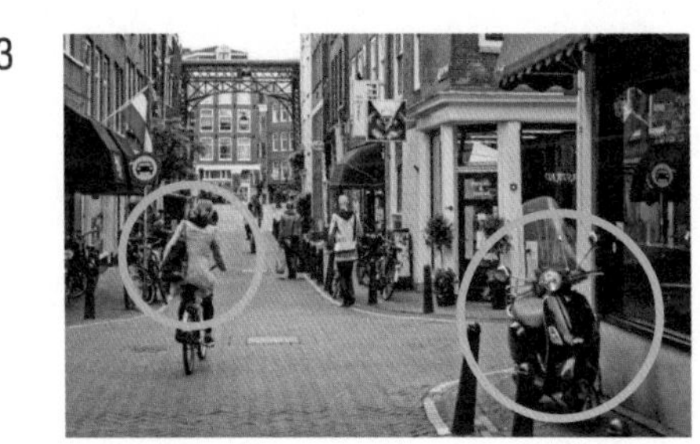

사람 On the left side of the picture, a woman is riding a bicycle.
사진의 왼쪽에, 한 여자가 자전거를 타고 있습니다.

사물 On the right side of the picture, there is a (black) scooter.
사진의 오른쪽에, 검정색 스쿠터가 있습니다.

4

사람 In the middle of the picture, a man is looking at a laptop screen.
사진의 가운데에, 한 남자가 노트북 화면을 쳐다보고 있습니다.

사물 Behind him, there is a (small) blackboard.
그의 뒤에, 작은 칠판이 있습니다.

* 괄호 안의 내용은 생략 가능합니다.

실전 연습

1 MP3 3_9

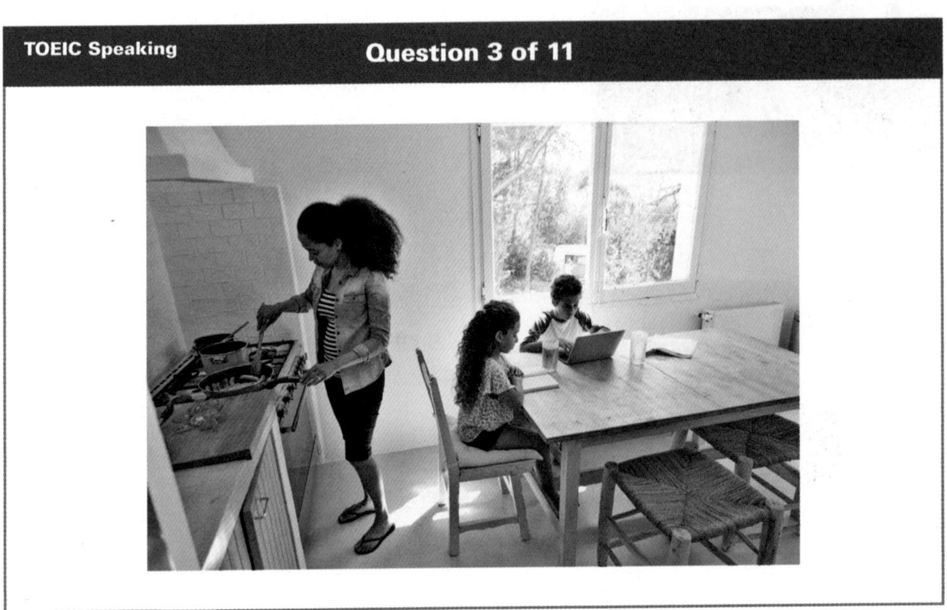

장소	I think this picture was taken in a kitchen. 이 사진은 부엌에서 찍힌 것 같습니다.
주요 대상	On the left side of the picture, a woman is cooking something. 사진의 왼쪽에, 한 여자가 뭔가를 요리하고 있습니다. In the middle of the picture, a girl is reading a book. 사진의 가운데에, 한 여자아이가 책을 읽고 있습니다. Next to her, a boy is typing on a laptop computer. 그녀의 옆에, 한 남자아이가 노트북에 타이핑을 하고 있습니다. Behind him, there is a large window. 그의 뒤에, 커다란 창문이 있습니다.

어휘 **kitchen** 부엌 **type** 타자를 치다

2 MP3 3_10

TOEIC Speaking	Question 4 of 11

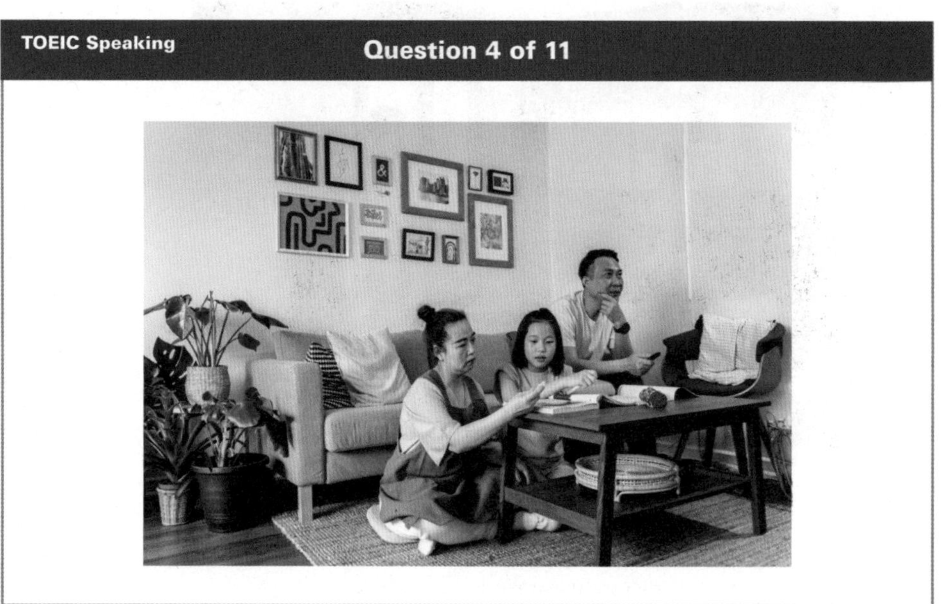

장소	I think this picture was taken in a living room. 이 사진은 거실에서 찍힌 것 같습니다.
주요 대상	In the middle of the picture, a woman and a girl are reading a book (together). 사진의 가운데에, 한 여자와 여자아이가 함께 책을 읽고 있습니다. Next to them, (I think) a man is watching TV. 그들의 옆에, 한 남자가 TV를 보는 것 같습니다. 해설 인물의 동작이 분명하지 않으면 주어 앞에 I think를 더해주세요. On the left side of the picture, there are some plants. 사진의 왼쪽에, 식물이 몇 개 있습니다. At the top of the picture, there are many frames (on the wall). 사진의 위쪽에, 많은 액자가 벽에 걸려있습니다.

어휘 living room 거실 watch 보다 plant 식물 frame 액자 wall 벽

* 괄호 안의 내용은 생략 가능합니다.

3 MP3 3_11

장소	I think this picture was taken in an office. 이 사진은 사무실에서 찍힌 것 같습니다.
주요 대상	On the left side of the picture, a man is pointing at a timetable. 사진의 왼쪽에, 한 남자가 시간표를 가리키고 있습니다. On the right side of the picture, another man and a woman are looking at the timetable. 사진의 오른쪽에, 다른 남자와 한 여자가 그 시간표를 쳐다보고 있습니다. At the top of the picture, there are some lights (hanging from the ceiling). 사진의 위쪽에, 몇 개의 조명이 천장에 매달려 있습니다. 해설 현재분사 hanging은 앞에 나오는 명사 lights를 꾸미는 형용사의 역할을 합니다. On the table, there are two laptop computers (and small plants). 테이블 위에, 두 대의 노트북 컴퓨터와 작은 식물들이 있습니다.

어휘 office 사무실 point at 가리키다 timetable 시간표 light 조명 ceiling 천장 laptop 노트북 plant 식물

* 괄호 안의 내용은 생략 가능합니다.

Questions **5-7** Respond to questions

듣고 질문에 답하기

연습 문제

A. MP3 3_13

1 Q How often do you eat at a restaurant? And who do you usually eat with?

A I eat at a restaurant about once a week and I usually eat with my family.

레스토랑에서 얼마나 자주 식사를 하나요? 그리고 주로 누구와 함께 식사를 하나요?

저는 일주일에 한 번 정도 레스토랑에서 밥을 먹고 주로 제 가족들과 함께 먹습니다.

2 Q Where is your favorite beach, and when was the last time you went there?

A My favorite beach is Daecheon beach and the last time I went there was about 2 years ago.

가장 좋아하는 해변은 어디이며, 그곳에 마지막으로 간 것은 언제인가요?

제가 가장 좋아하는 해변은 대천 해수욕장이며 그곳에 마지막으로 간 것은 약 2년 전입니다.

3 Q When was the last time you visited a bookstore and how long did you stay there?

A The last time I visited a bookstore was last week and I stayed there for about 30 minutes.

마지막으로 서점을 방문한 것은 언제고 거기에 얼마나 오래 머물렀나요?

마지막으로 서점을 방문한 것은 지난주였고, 저는 그곳에 약 30분 동안 머물렀습니다.

4 Q What kind of TV programs do you like the most and why?

A I like entertainment shows the most. It's because they are funny.

어떤 종류의 TV 프로그램을 가장 좋아하고 그 이유는 무엇인가요?

저는 예능 프로그램을 가장 좋아합니다. 왜냐하면 그것은 재미있기 때문입니다.

5 Q Do you shop at a department store often? Why or why not?

A I shop at a department store often. It's because it is convenient to shop at a department store.

당신은 백화점에서 쇼핑을 자주 하나요? 그 이유는 무엇인가요?

저는 백화점에서 자주 쇼핑을 합니다. 그 이유는 백화점에서 쇼핑하는 것이 편리하기 때문입니다.

6 Q If you were going on a trip, would you go alone or with your friends? Why?

A I would go with my friends. It's because I can travel more safely.

만약 당신이 여행을 간다면, 혼자 갈 것인가요 아니면 친구들과 갈 것인가요? 그 이유는 무엇인가요?

저는 친구들과 갈 것입니다. 왜냐하면 더 안전하게 여행할 수 있기 때문입니다.

연습 문제 MP3 3_14

1 If you drive a long distance, do you prefer to drive on a highway or on small roads? Why?
만약 당신이 장거리 운전을 한다면, 고속도로와 작은 도로 중 어디서 운전하는 것을 선호하나요? 그 이유는 무엇인가요?

입장	I prefer driving on a highway. 저는 고속도로에서 운전하는 것을 선호합니다.
이유 1	Because it is easier to drive on a highway. (easier) 왜냐하면 고속도로에서 운전하는 것이 더 쉽기 때문입니다.
이유 2	Also, there are many rest areas on a highway. (rest area) 또한, 고속도로에는 휴게소가 많습니다.
마무리	Therefore, I prefer driving on a highway. 따라서, 저는 고속도로에서 운전하는 것을 선호합니다.

어휘 distance 거리 prefer 선호하다 highway 고속도로 road 도로 rest area 휴게소

2 If a new historical museum opened in your area, would you visit it? Why or why not?
만약 살고 있는 지역에 새로운 역사 박물관이 문을 연다면 그곳을 방문할 건가요? 그 이유는 무엇인가요?

입장	If a new historical museum opened in my area, I would not visit it. 만약 저희 지역에 새로운 역사 박물관이 문을 연다면, 저는 그곳에 방문하지 않을 것입니다.
이유 1	Because I am not interested in history. (be interested in) 왜냐하면 저는 역사에 관심이 없기 때문입니다.
추가 문장	So, I will be very bored. (will, bored) 그래서, 저는 매우 지루해 할 것입니다.
마무리	Therefore, I would not visit it. 따라서, 저는 그곳에 방문하지 않을 것입니다.

어휘 historical 역사의 museum 박물관 interest 관심 history 역사 bored 지루한 visit 방문하다

3 For grocery shopping, would you recommend the supermarkets in your area to others? Why?

살고 있는 지역의 슈퍼마켓을 다른 사람들에게 식료품 쇼핑 목적으로 추천하겠나요? 그 이유는 무엇인가요?

입장	I would recommend the supermarkets in my area to others. 저는 저희 지역의 슈퍼마켓을 다른 사람들에게 추천하겠습니다.
이유 1	Because I can buy groceries at a cheaper price. 왜냐하면 식료품을 더 싼 가격에 살 수 있기 때문입니다.
이유 2 or 추가 문장	Also, they are open until late at night. 또한, 늦은 밤까지 영업을 합니다. 해설 late (늦은) + at night (밤에) = late at night (늦은 밤에) early (이른) + in the morning (아침에) = early in the morning (이른 아침에)
마무리	Therefore, I would recommend the supermarkets in my area to others. 따라서, 저는 저희 지역의 슈퍼마켓을 다른 사람들에게 추천하겠습니다.

어휘 grocery 식료품 recommend 추천하다 cheaper 더 싼 price 가격

4 If you need to contact a customer service representative, which of the following is the best way to contact them and why?

• Sending an email • Making a phone call

고객 서비스 담당자에게 문의를 해야 하는 경우 다음 중 가장 좋은 방법은 무엇이며 그 이유는 무엇인가요?

• 이메일 보내기 • 전화 걸기

입장	I think making a phone call is the best way to contact them. 저는 전화를 거는 것이 문의를 하기에 가장 좋은 방법이라고 생각합니다.
이유 1	Because I can communicate with them quickly. 왜냐하면 저는 그들과 빠르게 소통할 수 있기 때문입니다.
이유 2 or 추가 문장	So, I can solve the problem quickly. 그래서, 저는 문제를 빠르게 해결할 수 있습니다.
마무리	Therefore, I think making a phone call is the best way to contact them. 따라서, 저는 전화를 거는 것이 문의를 하기에 가장 좋은 방법이라고 생각합니다.

어휘 contact 연락을 취하다 customer 고객 representative 대표자, 담당자 send 보내다 communicate 소통하다 quickly 빨리 solve 해결하다

실전 연습

1 MP3 3_15

TOEIC Speaking

Imagine that a U.S marketing firm is doing research in your country. You have agreed to participate in the telephone interview about hotel.

미국의 한 마케팅 회사가 당신의 나라에서 조사를 하고 있다고 가정해 보세요. 당신은 호텔에 대한 전화 인터뷰에 참여하기로 동의했습니다.

Q5 When was the last time you stayed at a hotel and where was it?
마지막으로 호텔에 머문 것은 언제이며, 그 호텔은 어디에 있었나요?

A5 The last time I stayed at a hotel was about 6 months ago and it was in Seoul.
제가 마지막으로 호텔에 머문 것은 약 6개월 전이고, 그것은 서울에 있었습니다.

Q6 Do you prefer to stay in a big hotel or a small hotel? Why?
당신은 큰 호텔과 작은 호텔 중 어디에서 머무르는 것을 선호하나요? 그 이유는 무엇인가요?

A6 I prefer to stay in a big hotel because big hotels have better facilities.
저는 큰 호텔에 머무르는 것을 선호합니다. 왜냐하면 큰 호텔들은 더 나은 편의시설을 가지고 있기 때문입니다.

Q7 If the hotel you are staying had a restaurant, would you eat there or not? Why?
지내고 있는 호텔에 레스토랑이 있다면, 그곳에서 식사를 하시겠나요? 그 이유는 무엇인가요?

A7 If the hotel I am staying had a restaurant, I would eat there.
지내고 있는 호텔에 레스토랑이 있다면, 저는 그곳에서 식사를 하겠습니다.

Because I can have a meal in a luxurious atmosphere.
왜냐하면 저는 고급스러운 분위기에서 식사를 할 수 있기 때문입니다.

Also, the restaurant staff is very kind.
또한, 레스토랑 직원들은 매우 친절합니다.

Therefore, I would eat there.
따라서, 저는 거기서 식사를 하겠습니다

Q7 추가 아이디어 연습

입장	If the hotel I am staying had a restaurant, I would not eat there.
이유 1	Because it is very expensive to have a meal + at a hotel restaurant.
추가 문장	So, I can't have a meal + comfortably.

2 MP3 3_16

TOEIC Speaking

Imagine that a British marketing firm is doing research in your country. You have agreed to participate in a telephone interview about electronic products such as computers and mobile phones.

영국의 한 마케팅 회사가 당신의 나라에서 조사를 하고 있다고 가정해 보세요. 당신은 컴퓨터 및 휴대폰과 같은 전자제품에 대한 전화 인터뷰에 참여하기로 동의했습니다.

Q5 What was the last electronic product you bought and when did you buy it?
마지막으로 산 전자제품은 무엇이고 그것을 언제 샀나요?

A5 The last electronic product I bought was a tablet PC and I bought it about 2 weeks ago.

제가 마지막으로 산 전자제품은 태블릿 PC였고 저는 그것을 약 2주 전에 샀습니다.

Q6 Do you prefer to buy electronics made by famous brands? Why or why not?
당신은 유명 브랜드의 전자제품을 사는 것을 선호하나요? 그 이유는 무엇인가요?

A6 I prefer to buy electronics made by famous brands. It's because famous brands provide good customer service.

저는 유명 브랜드의 전자제품을 사는 것을 선호합니다. 왜냐하면 유명 브랜드는 좋은 고객 서비스를 제공하기 때문입니다.

해설 명사 electronics(전자제품)은 항상 복수형으로 사용합니다.

Q7 Besides the Internet, where is the best place to buy electronic products in your area, why?
인터넷 외에, 당신이 살고 있는 지역에서 전자제품을 사기에 가장 좋은 장소는 어디이며, 그 이유는 무엇인가요?

A7 The best place to buy electronic products in my area is Hi-Mart.
제가 사는 지역에서 전자제품을 사기에 가장 좋은 장소는 하이마트 입니다.

Because there are many kinds of electronics.

왜냐하면 그곳에는 많은 종류의 전자제품이 있기 때문입니다.

Also, the staff members are very kind.

또한, 직원들이 매우 친절합니다.

Therefore, I recommend Hi-Mart.

따라서, 저는 하이마트를 추천합니다.

해설 꼭 입장 문장을 이용해서 마무리 문장을 만들지 않아도 됩니다.

Chapter 3

3 MP3 3_17

TOEIC Speaking

Imagine that a Canadian car company is doing research in your area. You have agreed to participate in a telephone interview about driving cars.

캐나다의 한 자동차 회사가 당신의 나라에서 조사를 하고 있다고 가정해 보세요. 당신은 자동차 운전에 대한 전화 인터뷰에 참여하기로 동의했습니다.

Q5 Do you have a plan to buy a car soon? Why or why not?

당신은 조만간 차를 살 계획이 있나요? 그 이유는 무엇인가요?

A5 I don't have a plan to buy a car soon. It's because I bought a car last year.

저는 조만간 차를 살 계획이 없습니다. 왜냐하면 제가 작년에 차를 샀기 때문입니다.

Q6 Do you think your city is a good place to drive? Why or why not?

당신의 도시가 운전하기에 좋은 장소라고 생각하나요? 그 이유는 무엇인가요?

A6 I don't think my city is a good place to drive. It's because there are too many cars on the street.

저희 도시가 운전하기에 좋은 장소라고 생각하지 않습니다. 왜냐하면 거리에 차가 너무 많기 때문입니다.

Q7 If you travel a long distance, do you prefer to take public transportation or to drive a car? Why?

만약 당신이 장거리를 이동한다면, 대중교통을 타는 것과 차를 운전하는 것 중에 어느 것을 선호하나요? 그 이유는 무엇인가요?

A7 I prefer to take public transportation.

저는 대중교통을 타는 것을 선호합니다.

Because I can travel comfortably.

왜냐하면 저는 편안하게 이동할 수 있기 때문입니다.

I can sleep or read a book while traveling.

저는 이동 중에 자거나 책을 읽을 수 있습니다.

Therefore, I prefer to take public transportation.

따라서, 저는 대중교통을 타는 것을 선호합니다.

Q7 추가 아이디어 연습

입장	I prefer to drive a car.
이유 1	Because I can travel regardless of time.
이유 2	Also, I can travel in a quiet atmosphere.

Questions 8-10 Respond to questions using information provided
제공된 정보를 사용하여 질문에 답하기

연습 문제 MP3 3_19

Pixon Camera New Product Training for Sales Representatives
January 18th, 9 A.M. – 4 P.M. Conference room A

Q Where will the training be held and what time does it begin?
트레이닝은 어디에서 열리고 몇 시에 시작하나요?

A The training will be held in conference room A at 9 A.M.
트레이닝은 A 회의실에서 오전 9시에 열릴 것입니다.

연습 문제 MP3 3_20

11:00 - 11:30	~~Interview: Miranda Ann~~ *Canceled*

Q I remember there is an interview at 11 o'clock. Right?
11시에 면접이 있던 것으로 기억해요. 맞나요?

A I'm sorry, but you have the wrong information. The interview has been canceled.
죄송하지만 잘못 알고 계십니다. 그 면접은 취소되었습니다.

연습 문제 MP3 3_21

1

9:00 – 9:30 A.M.	Opening Ceremony
9:30 – 11:00 A.M.	Seminar: Effective Children's Medical Care

There are two scheduled sessions.
두 개의 예정된 세션이 있습니다.

First, there will be an opening ceremony at 9 A.M.
먼저, 오전 9시에 개회식이 있을 것입니다.

Second, a seminar on 'Effective Children's Medical Care' is scheduled at 9:30 A.M.
둘째로, '효과적인 어린이 의료'에 대한 세미나가 오전 9시 30분에 예정되어 있습니다.

2

1:00 – 2:00 P.M.	Presentation: New Markets (Dan Washington)
2:00 – 3:00 P.M.	Question and Answer Session for the Marketing Plans (Sarah Thomson)

There are two scheduled sessions.
두 개의 예정된 세션이 있습니다.

First, Dan Washington will give a presentation on 'New Markets' at 1 P.M.
먼저, 댄 워싱턴은 오후 1시에 '새로운 시장'에 대해 프레젠테이션을 할 것입니다.

Second, a question and answer session for the marketing plans will be conducted by Sarah Thomson at 2 P.M.
둘째로, 마케팅 계획에 대한 질의응답 시간이 오후 2시에 사라 톰슨으로부터 진행될 것입니다.

실전 연습

제 9회 전국 자동차 협회 컨퍼런스 4월 12일, 화이트 힐즈 호텔 비용: 40달러 (회원) / 60달러 (비회원)	
9:30 - 10:00	오전 티타임
10:00 - 11:00	프레젠테이션: 오늘날의 자동차 시장
11:00 - 12:00	프레젠테이션: 전기 자동차의 해외 판매
12:00 - 1:00	점심 식사
1:00 - 2:00	토론: 환경을 위한 자동차
2:00 - 3:00	프레젠테이션: 아시아와 유럽의 신차 디자인
3:00 - 3:30	질의응답 시간

1 MP3 3_22

Hello, I heard about the national conference of automobiles. I'm very interested in participating in it. But, I don't have the schedule sheet with me. So, I have some questions.

안녕하세요, 저는 전국 자동차 컨퍼런스에 대한 소식을 들었습니다. 저는 참여에 많은 관심이 있지만 일정표를 가지고 있지 않습니다. 그래서 몇 가지 질문이 있습니다.

Chapter 3

Q8 What date is the conference taking place and where will it be held?
컨퍼런스는 며칠에 열리며 장소는 어디인가요?

A8 The conference will be held on April 12th at the White hills Hotel.
컨퍼런스는 4월 12일에 화이트 힐즈 호텔에서 열립니다.

Q9 I heard that the conference fee is 50 dollars. Am I right?
컨퍼런스 비용이 50달러라고 들었습니다. 맞나요?

A9 I'm sorry, but you have the wrong information. It is 40 dollars for members and it is 60 dollars for non-members.
죄송하지만 잘못 알고 계십니다. 회원은 40달러이고 비회원은 60달러입니다.

해설 and 뒤의 it is는 생략 가능합니다.

Q10 I would like to know more about cars in international markets. Could you tell me about all sessions regarding cars in international markets?
저는 해외 시장에서의 자동차에 대해 더 알고 싶습니다. 해외 시장에서의 자동차에 관한 모든 세션에 대해 알려줄 수 있나요?

A10 There are two scheduled programs.
First, there will be a presentation on 'International Sales of Electric Cars' at 11 A.M.
Second, another presentation on 'New Car Designs in Asia and Europe' is scheduled at 2 P.M.
두 개의 예정된 프로그램이 있습니다. 먼저, '전기 자동차의 국제 판매'에 대한 프레젠테이션이 오전 11시에 있을 것입니다. 둘째로, '아시아와 유럽의 신차 디자인'에 대한 프레젠테이션이 2시에 예정되어 있습니다.

해설 답변 중 반복 사용되는 명사 presentation 앞에 대명사 another를 더했습니다.

어휘 national 전국의 conference 컨퍼런스 automobile 자동차 hold 열다 wrong 잘못 information 정보 international 국제의 market 시장 program 프로그램 presentation 프레젠테이션

직업 리더십 컨퍼런스

7월 9일, 넬슨 컨벤션 센터

9:30 ~ 10:00 A.M.	참여자 등록
10:00 ~ 11:00 A.M.	패널 토론 1 - 리더십 자질 (레이첼 벤)
11:00 ~ 정오	시연 - 대중 연설 기법 (나디아 베넷)
정오 ~ 1:30 P.M.	점심식사
1:30 ~ 2:30 P.M.	워크샵 (새라 존슨)
2:30 ~ 3:30 P.M.	강의 - 글로벌 비즈니스 동향 (나디아 베넷)
3:30 ~ 4:30 P.M.	패널 토론 2 - 인턴십의 장점 (카메론 오스)
4:30 ~ 5:00 P.M.	폐회사: 댄 올리브 (델타 마케팅 회사, 최고 경영자)

2 MP3 3_23

Hi, I received an invitation to the career leadership conference. But I seem to have lost it. I was hoping you could answer some questions.

안녕하세요, 저는 직업 리더십 컨퍼런스의 초대장을 받았습니다. 그런데 제가 그것을 잃어버린 것 같아요. 몇 가지 질문에 대답해 주셨으면 합니다.

Q8 What's the date of the conference and where will it be held?

컨퍼런스의 날짜와 장소는 어떻게 되나요?

A8 The conference will be held on July 9th at the Nelson Convention Center.

컨퍼런스는 7월 9일 넬슨 컨벤션 센터에서 열릴 예정입니다.

Q9 I heard that Rachel Ben will lead a panel discussion on 'The Merits of Internship' at 10 A.M. Right?

레이첼 벤이 10시에 '인턴십의 장점'에 대한 패널 토론을 진행한다고 들었습니다. 맞나요?

A9 I'm sorry, but you have the wrong information. Rachel Ben will lead a panel discussion on 'Leadership Qualities' at 10 A.M.

죄송하지만 잘못 알고 계십니다. 레이첼 벤은 10시에 '리더십 자질'에 대한 패널 토론을 진행할 것입니다.

Q10 I was told that Nadia Bennett is an excellent speaker. Can you give me the details of the sessions she will be leading?

저는 나디아 베넷이 훌륭한 연사라고 들었습니다. 그녀가 진행할 세션의 세부 내용을 알려주실 수 있나요?

A10 There are two scheduled programs.

First, Nadia Bennett will give a demonstration on 'Public Speaking Techniques' at 11 A.M. Second, a lecture on 'Global Business Trends' will be conducted by her at 2:30 P.M.

두 개의 예정된 프로그램이 있습니다. 먼저, 나디아 베넷은 11시에 '대중 연설 기법'에 대한 시연을 할 것입니다. 둘째로, '글로벌 비즈니스 트렌드'에 대한 강의가 2시 30분에 그녀에 의해 진행될 것입니다.

해설 두 번째 항목을 설명할 때 이름을 반복하는 대신에 대명사를 사용했습니다. 인물의 성별은 질문을 통해 확인 가능합니다.

어휘 receive 받다 invitation 초대장 career 직업 leadership 리더십 heard 듣다 lead 이끌다 discussion 토론 excellent 훌륭한 speaker 연설자 detail 세부 내용 demonstration 시연 conduct 실시하다, 수행하다

보스턴 도시 계획 컨퍼런스

9월 12일, 토요일, 보스턴 대학교

9:00 ~ 10:00 A.M.	**강의:** 도시의 물 소비 (엘리슨 헤일)
10:00 ~ 정오	**워크샵:** 고속도로 개선하기 (케빈 던컨)
정오 ~ 1:00 P.M.	점심식사 (채식주의자용 메뉴 준비됨)
1:00 ~ 2:00 P.M.	**토론:** 엘리자베스 스트리트 보수하기 (네이트 오스본)
2:00 ~ 3:00 P.M.	**강의:** 다리 건설 (대니얼 그리핀)
3:00 ~ 4:00 P.M.	**워크샵:** 에너지 효율적인 건물들 (조단 앤더슨)

3 MP3 3_24

Hello, I am an engineer working in the area. I was hoping you could tell me more about the Boston urban planning conference.

안녕하세요, 저는 이 지역에서 일하는 엔지니어입니다. 보스턴 도시계획 컨퍼런스에 대해 좀 더 말씀해 주셨으면 합니다.

Q8 What time does the first session begin and what is the topic?

첫 번째 세션은 몇 시에 시작하고, 그 주제는 무엇인가요?

A8 Allison Hale will give a lecture on 'Water Consumption in Cities' at 9 A.M.

엘리슨 헤일이 오전 9시에 '도시의 물 소비'에 대해 강의할 것입니다.

Q9 I was told that vegetarians should prepare their own lunch. Is it right?

채식주의자들은 점심을 직접 준비해야 한다고 들었습니다. 맞나요?

A9 I'm sorry, but you have the wrong information. Vegetarian menus are available for lunch.

죄송하지만 잘못 알고 계십니다. 채식주의자용 메뉴가 점심식사로 준비되어 있습니다.

해설 괄호 안에 동사가 생략되어 있습니다. 답변 시 동사 are을 포함해서 말해주세요.

Q10 My job focuses on road construction. Can you give me all the details of any sessions that deal specifically with highways or bridges?

제 직업은 도로 건설에 중점을 두고 있습니다. 고속도로나 다리 건설을 구체적으로 다루는 세션에 대해 상세히 설명해줄 수 있나요?

A10 There are two scheduled programs.
First, Kevin Duncan will lead a workshop on 'Highway Improvement' at 10 A.M.
Second, a lecture on 'Bridge Construction' will be conducted by Daniel Griffin at 2 P.M.

두 개의 예정된 프로그램이 있습니다. 먼저, 케빈 던컨이 '고속도로 개선하기'에 대한 워크샵을 10시에 진행할 것입니다. 둘째로, '다리 건설'에 대한 강의가 2시에 대니얼 그리핀에 의해 진행될 것입니다.

어휘 **urban** 도시 **planning** 계획 **vegetarian** 채식주의자 **prepare** 준비하다 **available** 이용할 수 있는 **focus** 집중시키다 **construction** 건설 **specifically** 구체적으로 **highway** 고속도로 **bridge** 다리

Question **11**

Express an opinion
의견 제시하기

연습 문제 MP3 3_26

People often want to learn a new skill that helps them in the workplace. What is the most helpful way to learn a new skill for a job?

• Studying at a library • Learning from a video • Working with an expert

사람들은 종종 직장에서 도움이 되는 새로운 기술을 배우고 싶어합니다. 직업을 위한 새로운 기술을 배우기에 가장 도움되는 방법은 무엇인가요?

• 도서관에서 공부하기 • 영상으로 학습하기 • 전문가와 함께 일하기

영상으로 학습하기	Most of all, we can watch difficult parts again. 무엇보다도, 우리는 어려운 부분을 다시 볼 수 있습니다.
전문가와 함께 일하기	Most of all, we can ask questions to experts. 무엇보다도, 우리는 전문가에게 질문을 할 수 있습니다.

연습 문제 MP3 3_27

입장		I disagree that keeping a traditional way of studying in a classroom is more effective than studying online individually. 저는 교실에서 공부하는 기존의 방법을 유지하는 것이 집에서 온라인으로 개인적으로 공부하는 것보다 더 효과적이라는 것에 반대합니다.
이유		Most of all, we can study online regardless of time and location. 무엇보다도, 우리는 온라인에서 시간과 장소에 상관 없이 공부할 수 있습니다. 해설 online은 동사 study를 꾸며주는 부사입니다.
예시	배경	About 6 months ago, I registered for a language school to learn Chinese. 약 6개월 전에, 저는 중국어를 배우기 위해 외국어 학원에 등록했습니다.
	문제점	However, I missed many classes because I worked overtime often. 하지만, 저는 야근을 자주 해서 수업에 많이 빠졌습니다.
	부정적 결과	So, I wasted a lot of money. 그래서, 저는 돈을 낭비했습니다.

어휘 learn 배우다 workplace 직장 helpful 도움이 되는 expert 전문가 traditional 전통적인 effective 효과적인 individually 개인적으로 regardless of 상관없이 register 등록하다 language 언어 Chinese 중국어 overtime 초과 근무 waste 낭비하다

실전 연습

1 (MP3) 3_28

What are the advantages of listening to recorded music rather than going to a concert to listen to music?
Give specific reasons or examples to support your opinion.
음악을 듣기 위해 콘서트에 가는 것보다 녹음된 음악을 듣는 것의 장점은 무엇인가요?
구체적인 이유나 예시를 들어 의견을 뒷받침하세요.

답변 가이드

이유 (장점)	우리는 편안한 분위기에서 음악을 들을 수 있다.	
예시	배경	내가 콘서트에 가게 된 상황 소개 (콘서트의 종류, 같이 간 사람 등)
	문제점	편안하게 음악을 듣기에 환경이 좋지 않았던 점 설명
	부정적 결과	그로 인해 발생한 부정적 결과

입장		There are some advantages of listening to recorded music rather than going to a concert to listen to music. 음악을 듣기 위해 콘서트에 가는 것보다 녹음된 음악을 듣는 것에는 몇 가지 장점이 있습니다.
이유 (장점)		Most of all, we can listen to music in a comfortable atmosphere. 무엇보다도, 우리는 편안한 분위기에서 음악을 들을 수 있습니다.
추가 문장 (생략 가능)		In other words, it is difficult to concentrate on music in a concert hall. 다시 말하면, 콘서트홀에서는 음악에 집중하기 어렵습니다.
예시	배경	About 6 months ago, I went to a classical music concert with my friends. 약 6개월 전에, 저는 친구들과 함께 클래식 음악 콘서트에 갔습니다.
	문제점	But some people chatted often during the concert. 그런데 어떤 사람들이 콘서트 중에 자주 잡담을 했습니다.
	부정적 결과	As a result, I couldn't concentrate on music. 그 결과, 저는 음악에 집중할 수 없었습니다.

해설 답변 시간이 남으면 마무리 문장을 더해주세요. 장단점을 묻는 유형에서는 'Therefore, I think' 뒤에 입장 문장을 더해서 마무리 문장을 만들 수 있습니다.

어휘 advantage 장점 rather than ~보다 comfortable 편안한 atmosphere 분위기 difficult 어려운 concentrate 집중하다 classical music 클래식 chat 채팅하다

2 MP3 3_29

Do you agree or disagree with the following statement?
Universities are the best places for high school student field trips.
Give specific reasons or examples to support your opinion.

다음의 의견에 동의하나요, 반대하나요?
대학교는 고등학생들의 현장 학습을 위한 최고의 장소이다.
구체적인 이유나 예시를 들어 의견을 뒷받침하세요.

답변 가이드

입장	동의	
이유	학생들이 열심히 공부하도록 동기부여가 될 수 있다.	
예시	배경	내가 대학으로 현장 학습을 가게 된 상황 소개 (방문 시점 및 장소)
	문제점	대학 방문 중에 인상적이었던 점 설명
	부정적 결과	그로 인해 발생한 긍정적 영향

입장		I agree that universities are the best places for high school student field trips. 저는 대학교가 고등학생들의 현장 학습을 위한 최고의 장소라는 것에 동의합니다.
이유		Most of all, students can be motivated to study hard. 무엇보다도, 학생들은 열심히 공부하도록 동기부여를 받을 수 있습니다. 해설 학생들이 대학에 의해 동기부여가 '되는' 것이므로 수동태를 사용했습니다.
예시	배경	When I was a high school student, I went on a field trip to Korea University. 제가 고등학생이었을 때, 저는 고려대학교로 현장 학습을 갔습니다.
	경과	The university campus was beautiful. 대학교 캠퍼스가 아름다웠습니다. Also, the students looked very nice. 또한, 학생들은 매우 멋져 보였습니다.
	긍정적 결과	So, I decided to study hard to enter a good university. 그래서, 저는 좋은 대학에 들어가기 위해 열심히 공부하기로 결심했습니다.

어휘 university 대학교 best 최고의 place 장소 field trip 현장 학습 motivate ~에 동기를 주다 hard 열심히 decide 결심하다 enter 들어가다

3 MP3 3_30

Do you agree or disagree with the following statement?
For employees beginning their career, it is better to work for a new company than for a well-known company.
Give specific reasons or examples to support your opinion.

다음의 의견에 동의하나요, 반대하나요?
직장 생활을 시작하는 직원들은 잘 알려진 회사보다 새로운 회사에서 일하는 것이 더 낫다.
구체적인 이유나 예시를 들어 의견을 뒷받침하세요.

답변 가이드

입장	반대	
이유	업무를 배우기 힘들다.	
예시	배경	신생 회사에 입사하게 된 지인 소개
	문제점	이제 막 창업한 회사에서 업무를 배우기 힘들었던 이유 설명
	부정적 결과	그로 인해 발생한 부정적 결과

입장		I disagree with the following statement. 저는 다음의 의견에 반대합니다. 해설 질문의 내용을 이용하지 않고 짧게 입장 문장을 만들 수 있습니다.
이유		Most of all, it is difficult to learn work. 무엇보다도, 업무를 배우기 어렵습니다.
예시	배경	In the case of my best friend, he entered a new IT company. 제 가장 친한 친구의 경우, 그는 새로운 IT 회사에 들어갔습니다.
	문제점	But he didn't receive a job training. 그런데 그는 어떠한 직무교육도 받지 못했습니다. Also, he didn't have a supervisor for the first three months. 또한, 그는 입사 후 첫 3개월간 상사가 없었습니다.
	부정적 결과	So, he had to work overtime almost every day. 그래서 그는 거의 매일 야근을 해야 했습니다.

어휘 employee 직원 begin 시작하다 career 직업 company 회사 well-known 잘 알려진 receive 받다 supervisor 감독, 상사

Chapter 3

4

토익스피킹 실전 모의고사 연습하기

실전 모의고사 1

Questions 1-2 지문 읽기

1 광고문 MP3 AT1_1

So far this afternoon↗, / traffic out of Tennyson City / is moving very nicely. // One exception is Route 17 / where a truck has broken down / and is blocking one of the three lanes. // If you need to travel east↗, / you can avoid this slowdown / by taking Chermside Avenue↗, / Bella Vista Road↗ / and Castlecrag Road.

오늘 오후 지금까지 테니슨 시의 교통 상황은 매우 양호합니다. 한 가지 예외가 있다면 17번 도로에 트럭 한대가 고장나서 세 차선 중 하나를 막고 있습니다. 동쪽으로 이동해야 할 경우 첨사이드가, 벨라 비스타로, 캐슬크래그로를 이용하면 이러한 정체를 피할 수 있습니다.

강세 / 끊어 읽기 ↗ 올려 읽기

어휘 so far 지금까지 (이 시점까지) traffic 교통(량) exception 예외 break down 고장 block 막다 lanes 차선 avoid 피하다 slowdown 속도가 떨어짐 avenue 길

2 공지사항 및 안내문 MP3 AT1_2

The free Southport Shuttle Bus runs every 30 minutes↗, / seven days a week. //This convenient / and fast shuttle bus / will connect the major train stations / and transport interchanges in the city / with local shopping malls↗, / markets↗ / and our representative tourist attractions. // Please remember / that you don't need to buy a ticket.

무료 사우스포트 셔틀 버스는 일주일 내내 30분 간격으로 운행됩니다. 이 편리하고 빠른 셔틀버스는 시내 주요 기차역과 교통 분기점과 함께 지역 쇼핑몰, 시장 및 우리의 대표적인 관광 명소와 연결해 줄 것입니다. 표를 구매할 필요가 없다는 점을 기억해주세요.

강세 / 끊어 읽기 ↗ 올려 읽기

어휘 run 운영하다 convenient 편리한 connect 연결하다 major 주요한 transport 교통 interchanges 분기점 local 지역의 representative 대표적인 tourist attractions 관광 명소

Questions 3-4 사진 묘사하기

3 MP3 AT1_3

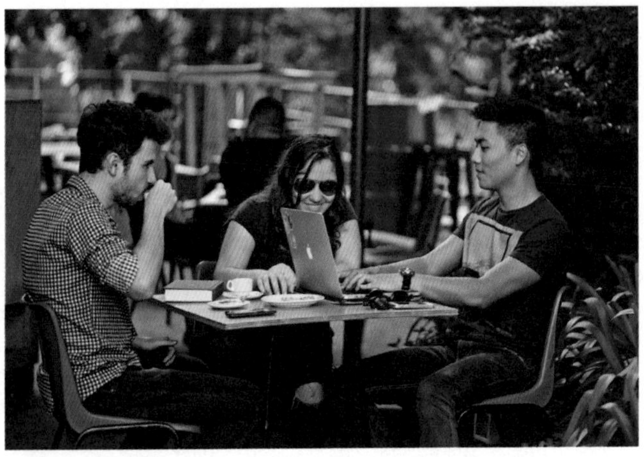

장소	I think this picture was taken in a cafe. 이 사진은 카페에서 찍힌 것 같습니다.
주요 대상	On the right side of the picture, a man is typing on a laptop computer. 사진의 오른쪽에, 한 남자가 노트북 컴퓨터에 타이핑을 하고 있습니다. In the middle of the picture, a woman is looking at the laptop screen. 사진의 가운데에, 한 여성이 노트북 화면을 쳐다보고 있습니다. (She is wearing sunglasses.) 그녀는 선글라스를 착용하고 있습니다. On the left side of the picture, a man is drinking something. 사진의 왼쪽에, 한 남자가 뭔가를 마시고 있습니다. (I think he is drinking coffee.) 그는 커피를 마시는 것 같습니다.

어휘 type 타자를 치다 look at ~을 보다 screen 화면

* 괄호 안의 내용은 생략 가능합니다.

4 MP3 AT1_4

장소	I think this picture was taken in a hotel lobby. 이 사진은 호텔 로비에서 찍힌 것 같습니다.
주요 대상	On the right side of the picture, two women are walking along the aisle. 사진의 오른쪽에, 두 여자가 통로를 따라 걷고 있습니다. In the middle of the picture, a man is pushing a luggage cart. 사진의 가운데에, 한 남자가 짐수레를 밀고 있습니다. On the left side of the picture, three people are standing by the door. 사진의 왼쪽에, 세 사람이 문가에 서있습니다. (It seems like they are leaving the building.) 그들이 건물을 나서는 것처럼 보입니다.

어휘 **lobby** 로비 **walk along** ~을 따라 걷다 **aisle** 통로 **luggage cart** 짐수레 **seem** ~처럼 보이다 **leave** 떠나다

* 괄호 안의 내용은 생략 가능합니다.

Chapter 4

Questions 5-7 듣고 질문에 답하기

전화 인터뷰

Imagine that a tea magazine is doing research in your country. You have agreed to participate in a telephone interview about coffee shops.
한 차 잡지가 당신의 나라에서 조사를 하는 중이라고 가정해 보세요. 당신은 커피숍에 대한 전화 인터뷰에 참여하기로 동의했습니다.

MP3 AT1_5

Q5 When was the last time you went to a coffee shop and how long did you wait in line to order?
마지막으로 커피숍에 간 것은 언제고 주문하기 위해 얼마나 오래 줄을 서서 기다렸나요?

A5 The last time I went to a coffee shop was yesterday and I waited in line for about 5 minutes to order.
마지막으로 커피숍에 간 것은 어제였고 저는 주문하기 위해 5분 정도 줄을 서서 기다렸습니다.

MP3 AT1_6

Q6 Other than coffee, what do you want the coffee shops in your town to serve, and why?
커피 외에, 살고 있는 동네에 있는 커피숍이 어떤 것을 제공하기를 원하며, 그 이유는 무엇인가요?

A6 I want the coffee shops in my town to serve various dessert. It's because I like to drink coffee with dessert.
저는 우리 동네에 있는 커피숍이 다양한 디저트를 제공하길 원합니다. 왜냐하면 저는 디저트와 함께 커피를 마시는 것을 좋아하기 때문입니다.

해설
- 동사 like 뒤에 to부정사나 동명사를 이용해서 좋아하는 것을 설명할 수 있습니다.
  I like (drinking 또는 to drink) coffee. 저는 커피 마시는 것을 좋아합니다.
- 동사 want의 활용
  want + A + to 동사원형: A가 동사하길 원하다

MP3 AT1_7

Q7 Please describe your favorite café.
당신이 가장 좋아하는 카페에 대해 설명해주세요.

A7 My favorite café is Starbucks in my town.
제가 가장 좋아하는 카페는 우리 동네에 있는 스타벅스입니다.

Because they sell delicious coffee.
왜냐하면 그들은 맛있는 커피를 팔기 때문입니다.

So, I go there almost every day.
그래서 저는 그곳에 거의 매일 갑니다.

TIP 추가 아이디어

A5 I didn't wait in line to order. There were no customers in the café.
저는 주문하기 위해 줄을 서서 기다리지 않았습니다. 카페에 손님이 없었습니다.

A6 I want the coffee shops in my town to serve various tea. It's because I don't drink coffee.
저는 우리 동네에 있는 커피숍이 다양한 차를 제공하기를 원합니다. 왜냐하면 저는 커피를 마시지 않기 때문입니다.

A7 Because the café is quiet. So, I usually study there.
그 카페는 조용하기 때문입니다. 그래서 저는 주로 그곳에서 공부를 합니다.

Questions 8-10 제공된 정보를 사용하여 질문에 답하기

트레버 제약회사 분기별 관리자 회의 목요일, 5월 1일, 3번 회의실	
9:30 a.m. - 10:00 a.m.	~~제프 영 회장의~~ 개회사 에린 스미스, 부사장
10:15 a.m. - 11:30 a.m.	토론: 차기 장기 프로젝트
11:30 a.m. - 정오	~~프레젠테이션: 현재 시공 상태~~ *(연기됨)*
정오 - 1:00 p.m.	점심식사 (사내 식당)
1:00 p.m. - 3:30 p.m.	**관리자 보고서** 다가오는 프로젝트 (피오나 존슨, 총괄 관리자) 새로운 시장 가능성 (조쉬 폴슨, 마케팅 관리자)
3:30 p.m. - 4:00 p.m.	부사장과의 질의응답 시간

Hello, this is Kevin Orson, the sales manager. I'm participating in the managers' meeting next week. Let me ask some questions about the meeting.

안녕하세요, 저는 영업 관리자 케빈 올슨입니다. 저는 다음 주에 관리자 회의에 참석합니다. 회의에 대해 몇 가지 물어보고 싶습니다.

MP3 AT1_8

Q8 Where does the meeting take place and what time does the first session start?

회의는 어디에서 열리며 첫번째 세션은 몇 시에 시작하나요?

A8 The meeting will be held in meeting room 3 and the first session is scheduled at 9:30.

회의는 3번 회의실에서 열리며 첫번째 세션은 9시 30분에 예정되어 있습니다.

MP3 AT1_9

Q9 I heard the president will be out of town on May 1st. So, I guess the opening remarks will be canceled. Right?

회장님이 5월 1일에 출장을 간다고 들었습니다. 그래서 개회사가 취소될 것 같은데, 맞을까요?

A9 I'm sorry, but you have the wrong information. Erin Smith, the vice president will give the opening remarks (instead of the president).

죄송하지만 잘못 알고 계십니다. 에린 스미스 부사장이 (회장님을 대신해서) 개회사를 할 것입니다.

MP3 AT1_10

Q10 Can you give me all the information about the manager's reports?

관리자 보고서에 대한 모든 정보를 알려주실 수 있나요?

A10 There are two scheduled sessions. First, Fiona Johnson, the general manager will give a report on 'Upcoming Projects' at 1 p.m. And then, another report on 'New Market Possibilities' will be conducted by Josh Paulson, the marketing manager.

두 가지 예정된 세션이 있습니다. 먼저, 총괄 관리자인 피오나 존슨이 오후 1시에 '다가오는 프로젝트'에 대한 보고를 할 것입니다. 그 후에, '새로운 시장 가능성'에 대한 또 다른 보고가 마케팅 관리자인 조쉬 폴슨으로부터 진행 될 것입니다.

해설 시간 순으로 이어지는 두번째 세션은 Second 대신 And then으로 문장을 시작했습니다.

* 괄호 안의 내용은 생략 가능합니다.

Question 11 의견 제시하기

직장 생활 MP3 AT1_11

For business leaders, which of the following qualities is the most important for their success? Choose one of the options below and provide specific reasons or examples to support your opinions.

· Making quick decisions
· Being passionate about work
· Being honest

다음 중 비즈니스 리더의 성공을 위해 가장 중요한 자질은 무엇인가요?
아래 선택지 중 하나를 고른 뒤 구체적인 이유와 예를 들어 의견을 뒷받침 하세요.
· 빠른 결정 내리기 · 일에 대해 열정적이기 · 솔직하기

입장		I think making quick decisions is the most important for their success. 저는 빠른 결정을 내리는 것이 리더의 성공을 위해 가장 중요하다고 생각합니다. 해설 I think 뒤에 접속사 that이 생략되어 있으며, 동명사구 making quick decisions가 새로 시작되는 문장의 주어입니다. 동명사구는 단수 취급을 하기 때문에 뒤에 동사 is가 필요합니다.
이유		Most of all, we can finish our work quickly. 무엇보다도, 우리는 일을 빠르게 마칠 수 있습니다.
예시	배경	In the case of my boss, he has difficulty in making decisions quickly. 저의 상사의 경우, 그는 빠르게 결정을 내리는 데 어려움이 있습니다.
	문제점	So, our projects are delayed often. 그래서 우리의 프로젝트는 자주 지연됩니다. 해설 사람에 의해 지연이 되는 것이므로 수동태를 사용했습니다.
	부정적 결과	As a result, we receive complaints often from our customers. 그 결과, 우리는 고객으로부터 자주 컴플레인을 받습니다.
마무리		Therefore, I think making quick decisions is the most important for their success. 따라서, 저는 빠른 결정을 내리는 것이 리더의 성공을 위해 가장 중요하다고 생각합니다.

어휘 quality 자질 important 중요한 success 성공 decision 결정 passionate 열정적인 honest 솔직한 delay 지연시키다 receive 받다

실전 모의고사 2

Questions 1-2 지문 읽기

1 공지사항 및 안내문 MP3 AT2_1

First↗, / I want to say how grateful we are to welcome you / to the dedication of the New South Wales Bridge. // This bridge / which connects Gosford / and Hamlyn Terrace / will definitely relieve the traffic congestion in the area. // This new bridge will allow our local residents to save time↗, /money↗ / and fuel on daily commutes.

먼저, 저는 뉴사우스웨일스 다리의 개관식에 오신 여러분을 환영하게 되어 얼마나 감사한지 말씀드리고 싶습니다. 가스포드와 햄린 테라스를 연결하는 이 다리는 이 지역의 교통 혼잡을 확실히 완화시켜 줄 것입니다. 이 새로운 다리는 우리 지역 주민들이 매일 통근하는 데 드는 시간, 돈, 연료를 절약할 수 있게 해줄 것입니다.

강세 / 끊어 읽기 ↗ 올려 읽기

어휘 grateful 감사하는 bridge 다리 definitely 확실하게 relieve 완화시키다 traffic congestion 교통체증 allow ~을 할 수 있게 하다 resident 주민 fuel 연료 commute 통근

2 자동 응답 메시지 MP3 AT2_2

Thank you for calling Madison Cinema↗, / Bristol's favorite movie theater. //This week↗, / we are offering special discounts on popcorn↗, / sweets↗ / and other snacks. // Please press one to hear the list of this week's movies↗, / or press two to buy tickets in advance. // If you have any other requests↗, / press three to speak to our staff member.

브리스톨에서 가장 사랑받는 영화관인 매디슨 시네마에 전화해 주셔서 감사합니다. 이번 주에는 팝콘, 과자 및 기타 스낵에 대해 특별 할인을 제공합니다. 이번 주 영화 목록을 들으시려면 1번을 누르시고, 티켓 사전 예매를 원하시면 2번을 누르세요. 다른 요청 사항이 있으시면 3번을 눌러 저희 직원에게 말씀해주세요.

강세 / 끊어 읽기 ↗ 올려 읽기

어휘 offer 제공하다 discount 할인 press 누르다 in advance 미리, 사전에 request 요청

Questions 3-4 사진 묘사하기

3 MP3 AT2_3

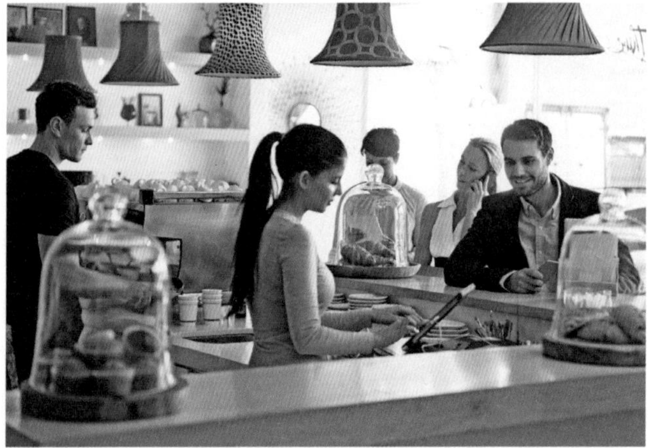

장소	I think this picture was taken in a cafe. 이 사진은 카페에서 찍힌 것 같습니다.
주요 대상	In the middle of the picture, a woman is taking an order from a man. 사진의 가운데에, 한 여자가 남자로부터 주문을 받고 있습니다. Behind the man, another woman is talking on the phone. 남자의 뒤에, 다른 여자가 통화를 하고 있습니다. On the left side of the picture, a staff member is making coffee. 사진의 왼쪽에, 한 직원이 커피를 만들고 있습니다. 해설 staff은 직원 전체를 뜻하는 복수형 명사입니다. 한 명의 직원은 a staff member라고 부릅니다. At the top of the picture, there are some big lights. 사진의 위쪽에, 큰 조명이 몇 개 있습니다.

어휘 take an order 주문을 받다 light 조명

* 괄호 안의 내용은 생략 가능합니다.

4 MP3 AT2_4

장소	I think this picture was taken in a meeting room. 이 사진은 회의실에서 찍힌 것 같습니다.
주요 대상	In the middle of the picture, a man and a woman are talking to each other. 사진의 가운데에, 한 남자와 한 여자가 서로 이야기를 하고 있습니다. He is wearing a pink shirt. 남자는 분홍색 셔츠를 입고 있습니다. (Behind them, the wall is covered with plants.) 그들의 뒤에, 벽이 식물들로 덮여 있습니다. On the right side of the picture, another man is coming into the meeting room. 사진의 오른쪽에, 다른 남자가 회의실에 들어오고 있습니다. (He is reading something.) 그는 무언가를 읽고 있습니다.

어휘 meeting room 회의실 each other 서로 cover 덮다 plant 식물 something 무언가 come into ~로 들어오다

* 괄호 안의 내용은 생략 가능합니다.

Questions 5-7 듣고 질문에 답하기

전화 인터뷰

Imagine that a U.S. education company is doing research in your area. You have agreed to participate in a telephone interview about study habits.
미국의 한 교육 회사가 당신이 살고 있는 지역에서 조사를 하는 중이라고 가정해 보세요. 당신은 공부 습관에 대한 전화 인터뷰에 참여하기로 동의했습니다.

MP3 AT2_5

Q5 At what time of the day do you prefer to study and why?
하루 중 몇 시에 공부하는 것을 선호하고 그 이유는 무엇인가요?

A5 I prefer to study at night. It's because I can concentrate better at night.
저는 밤에 공부하는 것을 선호합니다. 왜냐하면 밤에 집중이 더 잘됩니다.

해설 명사 a study는 특정 분야에서의 전문적인 연구나 학습을 뜻합니다. 우리가 일상에서 '공부'라고 부르는 명사는 복수형인 studies로 표기합니다. 또한 두 번째 문장에서의 better는 부사 well의 비교급으로 '더 잘' 이라는 의미입니다.

MP3 AT2_6

Q6 What do you usually do when you take a break from studying?
당신은 공부를 하다 쉴 때 보통 무엇을 하나요?

A6 I usually watch YouTube videos. Also, I search for information on my smartphone.
저는 주로 유튜브 영상을 봅니다. 또한, 저는 스마트폰으로 정보를 검색합니다.

MP3 AT2_7

Q7 Other than books, what do you usually bring when you go to a library to study? Why?
책 말고, 당신은 도서관에 공부하러 갈 때 보통 무엇을 가지고 가나요? 그 이유는 무엇인가요?

A7 I usually bring my iPad when I go to a library to study.
저는 보통 도서관에 공부하러 갈 때 아이패드를 가져갑니다.

Because I can watch online lectures in the library.
왜냐하면 도서관에서 온라인 강의를 볼 수 있기 때문입니다.

Also, it is convenient to take notes on the iPad.
또한, 아이패드에 필기하는 것은 편리합니다.

Therefore, I usually bring my iPad when I go to a library to study.
따라서, 저는 보통 도서관에 공부하러 갈 때 아이패드를 가져갑니다.

해설 첫 문장에서 when은 '~할 때'라는 의미의 시간 접속사입니다.

Questions 8-10 제공된 정보를 사용하여 질문에 답하기

아시안 비즈니스 컨퍼런스 4월 13일, 락우드 컨퍼런스 센터		
시간	프레젠테이션	장소
9:00 - 10:00	중국에서의 비즈니스 관계 (타오 주)	C 회의실
10:30 - 11:30	한국 펀드 사업 (케이트 강)	D 회의실
정오 - 1:00	점심식사 *	C 회의실
1:00 - 2:00	일본의 경제 전망 (준 이토)	A 회의실
2:00 - 3:00	말레이시아 은행 시스템 (말리타 타후)	B 회의실
3:00 - 4:00	다과 및 회의	D 회의실

* 앰버 인도음식점에서 점심 제공

Hi, I'm planning to attend the Asian Business Conference. Before I sign up, I want to check a few things. Let me ask you some questions please.

안녕하세요, 저는 아시안 비즈니스 컨퍼런스에 참석하려고 합니다. 등록하기 전에 확인하고 싶은 것이 있습니다. 괜찮으시면 제가 몇 가지 질문을 드리겠습니다.

MP3 AT2_8

Q8 What is the date of the conference, and where is it being held?
컨퍼런스 날짜가 언제이며, 어디서 열리나요?

A8 The meeting will be held on April 13th at the Lockwood Conference Center.
회의는 4월 13일 락우드 컨퍼런스 센터에서 열릴 예정입니다.

MP3 AT2_9

Q9 I was told that lunch is not provided. Is that right?
점심식사가 제공되지 않는다고 들었습니다. 맞나요?

A9 I'm sorry, but you have the wrong information. Lunch will be catered by Amber's Indian Restaurant.
죄송하지만 잘못 알고 계십니다. 점심식사는 앰버 인도음식점에서 제공될 것입니다.

MP3 AT2_10

Q10 My company does a lot of business in China and Japan. What are the details for presentations that address issues in China and Japan?
우리 회사는 중국과 일본에서 많은 사업을 합니다. 중국과 일본의 이슈를 다루는 프레젠테이션의 세부 사항은 무엇인가요?

A10 There are two scheduled presentations. First, Tao Zhu will give a presentation on 'Business Relationship in China' in conference room C at 9 A.M. Second, another presentation on 'Economy Outlook of Japan' will be conducted by Jun Ito in conference room A at 1 P.M.
두 가지 예정된 프레젠테이션이 있습니다. 먼저 타오 주는 오전 9시에 C 회의실에서 '중국에서의 비즈니스 관계'에 대한 프레젠테이션을 할 것입니다. 다음으로 '일본의 경제 전망'에 대한 프레젠테이션이 준 이토로부터 오후 1시에 A 회의실에서 진행될 것입니다.

Question 11 의견 제시하기

사회적 이슈 (MP3) AT2_11

Do you agree or disagree with the following statement?
Nowadays, it is easier to be a school teacher than it was in the past.
Give specific reasons or examples to support your opinion.

다음의 의견에 동의하나요, 반대하나요?
요즘은 과거보다 교사가 되는 것이 더 쉽다.
구체적인 이유나 예시를 들어 의견을 뒷받침하세요.

입장		I disagree that it is easier to be a school teacher than it was in the past nowadays. 저는 요즘은 과거보다 교사가 되는 것이 더 쉽다는 의견에 반대합니다. 해설 부사(nowadays)로 시작하는 문장의 앞에 접속사(that)가 오는 경우, 부사를 문장의 끝으로 보내주세요.
이유		Most of all, schools don't hire teachers often. 무엇보다도, 학교가 교사를 자주 고용하지 않습니다.
예시	배경	When I was a young student, there were many students in school. 제가 어린 학생이었을 때, 학교에 학생들이 많았습니다.
	문제점	But the number of students is decreasing these days. 그런데 요즘 학생들의 수가 줄어들고 있습니다. 해설 • 주어 'the number of + 복수명사'의 뒤에는 동사의 단수형이 옵니다. • 현재 완료 진행형 시제(has been decreasing)를 이용해서 동작(학생 수 감소)이 아직 끝나지 않았다는 사실을 강조할 수 있습니다.
	부정적 결과	As a result, schools hire less teachers. 그 결과, 학교가 교사를 덜 고용합니다.
마무리		Therefore, I disagree that it is easier to be a school teacher than it was in the past nowadays. 따라서, 저는 요즘은 과거보다 교사가 되는 것이 더 쉽다는 의견에 반대합니다.

어휘 nowadays 요즘의 easier 더 쉬운 past 과거의 hire 고용하다 the number of ~의 수 decrease 줄어들다 less 덜한

부록

토익스피킹 아이디어 필기 노트

- Question 7
- Question 11

Scratch Paper

토익스피킹 아이디어 필기 노트

Question 7

· 평소에 아이디어를 만드는 연습을 꾸준히 해주세요. 본 페이지를 미리 복사해 두는 것을 권장합니다.

· 아이디어 연습을 위해 문제별로 두가지 이유와 각 이유에 대한 추가문장을 만들어보세요.

문제	
입장	
이유 1	
추가 문장 (생략 가능)	
이유 2	
추가 문장 (생략 가능)	

문제	
입장	
이유 1	
추가 문장 (생략 가능)	
이유 2	
추가 문장 (생략 가능)	

문제	
입장	
이유 1	
추가 문장 (생략 가능)	
이유 2	
추가 문장 (생략 가능)	

문제	
입장	
이유 1	
추가 문장 (생략 가능)	
이유 2	
추가 문장 (생략 가능)	

문제	
입장	
이유 1	
추가 문장 (생략 가능)	
이유 2	
추가 문장 (생략 가능)	

문제	
입장	
이유 1	
추가 문장 (생략 가능)	
이유 2	
추가 문장 (생략 가능)	

Question 11

· 한 문제에 대해 다양한 입장으로 답변 아이디어를 만들어보세요.

NO. (   )
주제 : 교육 / 직장 생활 / 일상 생활 / 사회적 이슈
연습 횟수 : 1 / 2 / 3 / 4 / 5

문제 :
입장 :

우리말 아이디어 만들기

이유		
이유 추가 문장 (생략 가능)		
예시		

아이디어 영작하기

이유		
이유 추가 문장 (생략 가능)		
예시		

중요 표현	

NO. (   )

주제 : 교육 / 직장 생활 / 일상 생활 / 사회적 이슈

연습 횟수 : 1 / 2 / 3 / 4 / 5

문제 :
입장 :

우리말 아이디어 만들기

이유		
이유 추가 문장 (생략 가능)		
예시		

아이디어 영작하기

이유		
이유 추가 문장 (생략 가능)		
예시		

중요 표현	

Scratch Paper

Scratch Paper

* 실제 시험장에서 나눠주는 메모장(Scratch Paper)과 유사하게 제작한 필기 연습 부분입니다.
평소 모의고사 학습 진행 시 실전감 향상을 위해 활용하실 수 있습니다.

Scratch Paper

시원스쿨 LAB

동사원형	과거	과거분사	동사원형	과거	과거분사
become			make		
begin			meet		
break			pay		
bring			put		
build			quit		
buy			read		
catch			ride		
choose			run		
come			say		
cost			see		
cut			sell		
do			send		
draw			set		
drink			show		
drive			sing		
eat			sit		
fall			sleep		
feel			speak		
find			spend		
forget			stand		
get			steal		
give			swim		
go			take		
hang			teach		
have			tell		
hear			think		
hold			throw		
keep			understand		
know			wake		
leave			wear		
lead			win		
lose			write		

절취선을 따라 뜯어서 사용하세요. ▸

토익스피킹 빈출 동사 변화표

MP3 빈출 동사 변화표

토익스피킹 시험에 자주 쓰이는 아래 불규칙 동사를 소리내어 암기해주세요. 그리고 뒷면을 활용해 암기한 동사의 형태를 한번 더 확인해주세요.

동사원형	과거	과거분사	동사원형	과거	과거분사
become	became	become	make	made	made
begin	began	begun	meet	met	met
break	broke	broken	pay	paid	paid
bring	brought	brought	put	put	put
build	built	built	quit	quit	quit
buy	bought	bought	read	read	read
catch	caught	caught	ride	rode	ridden
choose	chose	chosen	run	ran	run
come	came	come	say	said	said
cost	cost	cost	see	saw	seen
cut	cut	cut	sell	sold	sold
do	did	done	send	sent	sent
draw	drew	drawn	set	set	set
drink	drank	drunk	show	showed	shown
drive	drove	driven	sing	sang	sung
eat	ate	eaten	sit	sat	sat
fall	fell	fallen	sleep	slept	slept
feel	felt	felt	speak	spoke	spoken
find	found	found	spend	spent	spent
forget	forgot	forgotten	stand	stood	stood
get	got	got	steal	stole	stolen
give	gave	given	swim	swam	swum
go	went	gone	take	took	taken
hang	hung	hung	teach	taught	taught
have	had	had	tell	told	told
hear	heard	heard	think	thought	thought
hold	held	held	throw	threw	thrown
keep	kept	kept	understand	understood	understood
know	knew	known	wake	woke	woken
leave	left	left	wear	wore	worn
lead	led	led	win	won	won
lose	lost	lost	write	wrote	written

◂ 절취선을 따라 뜯어서 사용하세요.

시원스쿨 LAB

토익스피킹 필수 문장 연습

MP3 필수 문장 연습

교재의 표현 중 시험에서 자주 사용되는 문장을 모았습니다. 자신 있게 말할 수 있도록 반복해서 연습하고 뒷면을 활용해 우리말을 보고 해당하는 문장을 소리내어 말해보세요.

테이블 위에 노트북 컴퓨터가 있습니다.	There is a laptop computer on the table.
저는 클래식 음악을 좋아하지 않습니다.	I don't like classical music.
두 여자가 서로 대화를 하고 있습니다.	Two women are talking to each other.
그는 중국으로 출장을 갔습니다.	He went on a business trip to China.
저는 조용한 분위기에서 공부할 수 있습니다.	I can study in a quiet atmosphere.
저는 더 저렴한 가격에 옷을 구매할 수 있습니다.	I can buy clothes at a cheaper price.
저는 시간과 장소에 상관없이 운동을 할 수 있습니다.	I can exercise regardless of time and location.
그녀는 마감 기한을 지킬 수 있었습니다.	She was able to meet the deadline.
그들은 훌륭한 고객 서비스를 제공해야 합니다.	They should provide excellent customer service.
저는 은행에 직접 가지 않아도 됩니다.	I don't have to go to a bank in person.
저는 다른 스마트폰을 구매해야 했습니다.	I had to buy another smartphone.
당신은 오후 12시에 CEO와 점심식사를 할 예정입니다.	You are going to have lunch with the CEO at 12 P.M.
저는 영화를 봤습니다. 그 영화는 지루했습니다.	I watched a movie. The movie was boring.
저는 지하철로 출근을 합니다. 약 20분 정도 걸립니다.	I go to work by subway. It takes about 20 minutes.
한국에서 대중교통을 이용하는 것은 저렴합니다.	It is cheap to use public transportation in Korea.
저는 더 큰 집으로 이사를 했습니다.	I moved to a bigger house.
그녀는 한국에서 가장 큰 IT회사에 입사했습니다.	She entered the largest IT company in Korea.
약 2년 전에, 저는 피트니스 센터에 등록했습니다.	About 2 years ago, I registered for a fitness center.
업무에 집중하기가 어려웠습니다.	It was difficult to concentrate on work.
저는 두 달 만에 일을 그만 두기로 결심했습니다.	I decided to quit the job in 2 months.
저는 주말에 자전거 타는 것을 즐깁니다.	I enjoy riding a bicycle on weekends.
에어컨이 고장 났습니다.	The air conditioner was broken down.
저는 역사에 관심이 없습니다.	I am not interested in history.
컨퍼런스가 취소되었습니다.	The conference has been canceled.
콘서트는 9월 24일에 열릴 것입니다.	The concert will be held on September 24th.
많은 종류의 꽃들이 진열되어 있습니다.	Many kinds of flowers are displayed.
저는 여름방학 동안에 인턴 근무를 했습니다.	I did an internship during the summer vacation.
저는 두 달 동안 미국을 여행했습니다.	I traveled to America for two months.
저는 주로 운전을 하면서 음악을 듣습니다.	I usually listen to music while driving.
죄송하지만 잘못 알고 계십니다.	I'm sorry, but you have the wrong information.
가격은 200달러입니다.	It is 200 dollars.
제가 신입사원이었을 때, 저는 자주 야근을 했습니다.	When I was a new employee, I worked overtime often.

◂ 절취선을 따라 뜯어서 사용하세요.

테이블 위에 노트북 컴퓨터가 있습니다.

저는 클래식 음악을 좋아하지 않습니다.

두 여자가 서로 대화를 하고 있습니다.

그는 중국으로 출장을 갔습니다.

저는 조용한 분위기에서 공부할 수 있습니다.

저는 더 저렴한 가격에 옷을 구매할 수 있습니다.

저는 시간과 장소에 상관없이 운동을 할 수 있습니다.

그녀는 마감 기한을 지킬 수 있었습니다.

그들은 훌륭한 고객 서비스를 제공해야 합니다.

저는 은행에 직접 가지 않아도 됩니다.

저는 다른 스마트폰을 구매해야 했습니다.

당신은 오후 12시에 CEO와 점심식사를 할 예정입니다.

저는 영화를 봤습니다. 그 영화는 지루했습니다.

저는 지하철로 출근을 합니다. 약 20분 정도 걸립니다.

한국에서 대중교통을 이용하는 것은 저렴합니다.

저는 더 큰 집으로 이사를 했습니다.

그녀는 한국에서 가장 큰 IT회사에 입사했습니다.

약 2년 전에, 저는 피트니스 센터에 등록했습니다.

업무에 집중하기가 어려웠습니다.

저는 두 달 만에 일을 그만 두기로 결심했습니다.

저는 주말에 자전거 타는 것을 즐깁니다.

에어컨이 고장 났습니다.

저는 역사에 관심이 없습니다.

컨퍼런스가 취소되었습니다.

콘서트는 9월 24일에 열릴 것입니다.

많은 종류의 꽃들이 진열되어 있습니다.

저는 여름방학 동안에 인턴 근무를 했습니다.

저는 두 달 동안 미국을 여행했습니다.

저는 주로 운전을 하면서 음악을 듣습니다.

죄송하지만 잘못 알고 계십니다.

가격은 200달러입니다.

제가 신입사원이었을 때, 저는 자주 야근을 했습니다.

절취선을 따라 뜯어서 사용하세요. ▸